Jakob Schwarz

# DOS 5.0 – Einsteigen leichtgemacht

Jakob Schwarz

# DOS 5.0
## Einsteigen leichtgemacht

Der Verlag Vieweg ist ein Unternehmen der Verlagsgruppe Bertelsmann International.

Alle Rechte vorbehalten
© Friedr. Vieweg & Sohn Verlagsgesellschaft mbH, Braunschweig 1991

Umschlaggestaltung: Schrimpf & Partner, Wiesbaden
Gedruckt auf säurefreiem Papier

ISBN 978-3-528-05170-9     ISBN 978-3-322-91758-4 (eBook)
DOI 10.1007/978-3-322-91758-4

# Inhaltsverzeichnis

# 1 Die fünf Befehle der Menü-Oberfläche

*Menü-
Oberfläche
von DOS*

Nach dem Einschalten des PCs sollte der folgende Bildschirm der *Menü-Oberfläche* von DOS erscheinen:

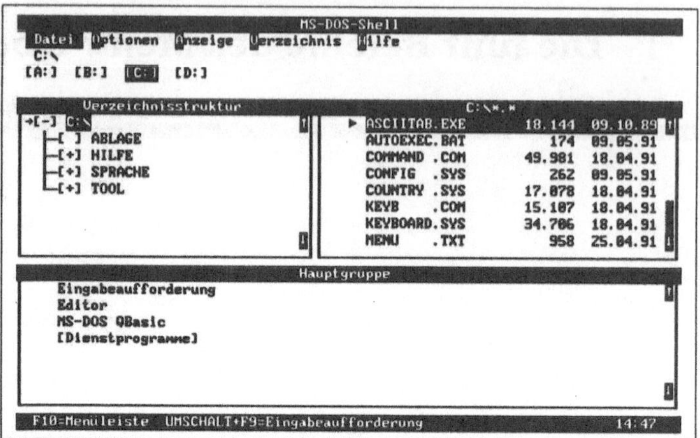

*Abb. 1-1: Bildschirm der Menü-Oberfläche von DOS*

*Befehls-
Oberfläche
von DOS*

Erscheint an Ihrem PC nicht dieser Bildschirm, sondern nur eine Mitteilung wie zum Beispiel "C:\>", "C>" oder "C:PC\>", dann ist nach dem Starten von DOS nicht die *Menü-Oberfläche*, sondern die *Befehls-Oberfläche* aktiviert worden (siehe *Abb. 1-2*).

```
C:\>dir

 Datenträger in Laufwerk C ist FEST_KAI
 Datenträgernummer: 16A9-43C7
 Verzeichnis von C:\

COMMAND  COM      49981 18.04.91    9:22
CONFIG   SYS        262 09.05.91   15:43
SPEED    COM      26139 01.06.86   11:55
AUTOEXEC BAT        174 09.05.91   15:45
COUNTRY  SYS      17078 18.04.91    9:51
KEYB     COM      15107 18.04.91    9:37
ASCIITAB EXE      18144 09.10.89   14:28
KEYBOARD SYS      34706 18.04.91    9:55
HILFE            <DIR>  03.05.89   19:31
SPRACHE          <DIR>  03.05.89   19:31
TOOL             <DIR>  03.05.89   19:31
ABLAGE           <DIR>  11.05.91   14:48
MENU     TXT        958 25.04.91   12:04
        13 Datei(en)       162549 Byte
                          1851392 Byte frei

C:\>dosshell_
```

*Abb. 1-2: Bildschirm der Befehls-Oberfläche von DOS*

In diesem Fall geben Sie hinter der Mitteilung "C:\>" das Befehlswort "DOSSHELL" ein (die Buchstaben können Sie groß oder klein schreiben) und schließen die Eingabe mit der *Return-*Taste ab. DOS schaltet nun von der *Befehls-Oberfläche* zur *Menü-Oberfläche* um, und es erscheint der Bildschirm von *Abb. 1-1*.

Der Bildschirm der Menü-Oberfläche ist in drei Teile unterteilt: Oben in der zweiten Zeile des Bildschirms werden die
Namen der fünf DOS-Befehle genannt: *Datei, Optionen,
Anzeige, Verzeichnis* und *Hilfe.* Man bezeichnet diese Zeile auch
als Menüzeile, Menüleiste bzw. Befehlszeile. Hinter jedem
dieser Befehle verbirgt sich ein Menü.

*Menüleiste
oben*

In der unteren Zeile des Bildschirms zeigt DOS die derzeit
möglichen besonderen Tasten (so erreichen Sie durch Tippen
der Funktionstaste F10 die Befehle der Menüzeile direkt) und
rechts die Uhrzeit an. Zusätzlich kann DOS in dieser Zeile
auch besondere Mitteilungen ausgeben.

*Statuszeile
unten*

Zwischen der Menüleiste und der Statuszeile sehen Sie Fenster, über die Informationen über die laufenden Arbeiten enthalten. Der Bildschirm ist stets in Fenster unterteilt; hier sind
es vier Fenster: Laufwerks-, Verzeichnisstruktur-, Datei- und
Programm-Fenster.

*Vier Fenster
in der Mitte*

1. *Laufwerks-Fenster* oben am Bildschirm: Hier stehen die
   Laufwerks-Buchstaben A: (erste Diskette), B: (zweite Diskette), C: (Festplatte) und D (RAM-Disk). Der Buchstabe
   des gerade aktiven Laufwerks ist hell markiert; hier ist es
   C:, also die Festplatte. Die anderen Fenster beziehen sich
   stets auf das aktive Laufwerk, hier also auf die Festplatte.

*Laufwerke*

2. *Verzeichnisstruktur-Fenster* links am Bildschirm: Auf der
   Festplatte können zahlreiche Dateien gespeichert sein.
   Damit man den Überblick nicht verliert, ordnet man die
   Dateien (ähnlich einem Stammbaum) in Form eines Ver-
   zeichnisbaums an. Sie erkennen die Verzeichnisse \, AB-
   LAGE, HILFE, SPRACHE und TOOL. Im Verzeichnis
   HILFE sind Dateien gespeichert, die Hilfen beinhalten.

*Verzeichnisse
im aktiven
Laufwerk*

3. *Datei-Fenster* rechts am Bildschirm. Die Dateien ASCII-
   TAB.EXE, AUTOEXEC.BAT usw. sind alle im Verzeichnis \ der Festplatte C: gespeichert; die Überschrift "C:*.*"
   weist darauf hin. Zu jeder Datei wird der Dateiname
   (AUTOEXEC, maximal 8 Zeichen), der Dateityp (BAT,
   maximal 3 Zeichen), die Größe (174 Zeichen groß) und
   das Datum der letzten Speicherung angegeben.

*Dateien
im aktiven
Verzeichnis*

4. *Programm-Fenster* in der unteren Hälfte des Bildschirmes:
   In diesem *Hauptgruppe*-Fenster nennt DOS die Namen
   der verfügbaren Programme (wie *Editor*) und Programmgruppen (wie *Dienstprogramme*).

*Programme*

*Was bedeutet
DOS?*

DOS steht für "Disk Operating System". Mit "Disk" sind die Diskette bzw. Festplatte (Hard Disk) als Speichereinheiten gemeint. "Operating System" ist das Betriebssystem:

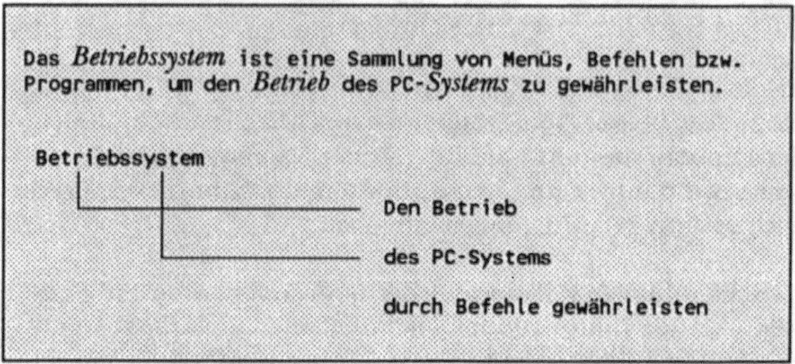


*Menü
bzw.
Menübefehl*

DOS stellt eine Vielzahl solcher Befehle bereit, die sich zudem recht benutzerfreundlich in Form von Menüs aufrufen lassen. Man spricht deshalb von Menübefehlen:

-   Ein Menü im Restaurant umfaßt mehrere Gänge, die je nach Lokal, Geldbeutel, Geschmack und Zeit in mehr oder weniger großer Vielfalt ausgewählt und genossen werden.

-   Ein Menü in DOS umfaßt mehrere Wahlmöglichkeiten, die über die Maus (durch Anklicken) oder Tastatur (durch Eintippen) aufgerufen werden können.

DOS stellt die Menübefehle *Anzeige, Datei, Hilfe, Optionen* und *Verzeichnis* bereit.
Beginnen wir bei dem Streifzug durch die Befehlswelt von DOS mit dem Menübefehl *Anzeige*.

## 1.1 Anzeige-Menübefehl verwaltet Fenster

Ist an Ihrem PC eine Maus installiert? Dann können Sie die Befehlsauswahl bequem mit der Maus vornehmen. Rollen Sie dazu die Maus über Ihren Tisch, bis der Mauszeiger (das ist der kleine Pfeil am Bildschirm) auf dem gewünschten Befehl steht, und drücken Sie dann einmal kurz auf den linken Mausknopf.

*Maus zur Steuerung*

Wir wollen dies anhand des *Anzeige*-Befehls testen: Bewegen Sie den Mauszeiger auf das *Anzeige* und klicken Sie das Befehlswort durch Drücken der linken Maustaste an; das in *Abb. 1-3* gezeigte Pull down-Menü wird heruntergeklappt (pull down für "herunterklappen"). *Anzeige* bietet sieben Befehle zur Auswahl an; der *Programme und Dateien*-Befehl ist markiert.

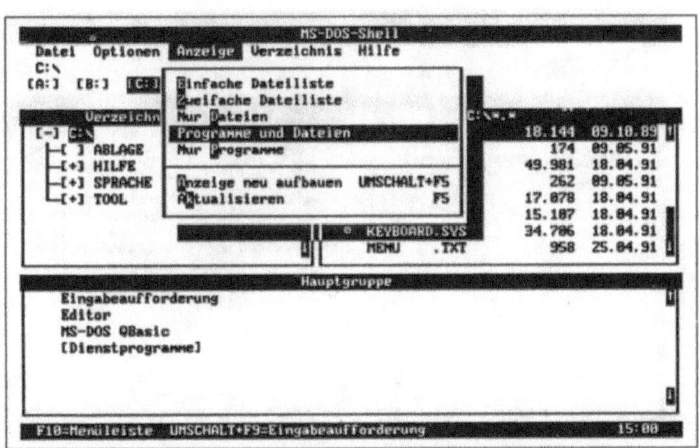

*Abb. 1-3: Pull down-Menü des Anzeige-Befehls*

Schrittfolge zum Aufrufen des *Anzeige*-Befehls (Maus-Steuerung):

1.    Bewegen Sie den Mauszeiger mit der Maus auf das Befehlswort *Anzeige*.

2.    Drücken Sie die linke Maustaste.

Aufrufen bzw. Anklicken heißt: Den Mauszeiger auf das Befehlswort bewegen und die linke Maustaste drücken. Das Anklicken wirkt wie ein Ein-/Aus-Schalter: Klickt man das Befehlswort *Anzeige* an, wird ein Menü heruntergeklappt; klickt man *Anzeige* erneut an, dann schließt sich das Menü wieder.

*Drei*
*Fenster*

Bewegen Sie nun den Mauszeiger von *Programme und Dateien* nach *Einfache Dateiliste*, und klicken Sie diesen Befehl an. Das Pull down-Menü von *Anzeige* verschwindet und der Bildschirm ist nicht mehr in vier, sondern nur noch in drei Fenster unterteilt (siehe *Abb. 1-4*):

1.  Oben das Laufwerks-Fenster mit den vier Laufwerken A: (Diskette), B: (Diskette), C: (Festplatte) und D:.

2.  Links das Verzeichnisstruktur-Fenster von C:.

3.  Rechts das Datei-Fenster mit den Dateien von C:\.

Das *Hauptgruppe*-Fenster ist also verschwunden, um die Fenster für den Verzeichnisbaum und die Dateien zu vergrößern.

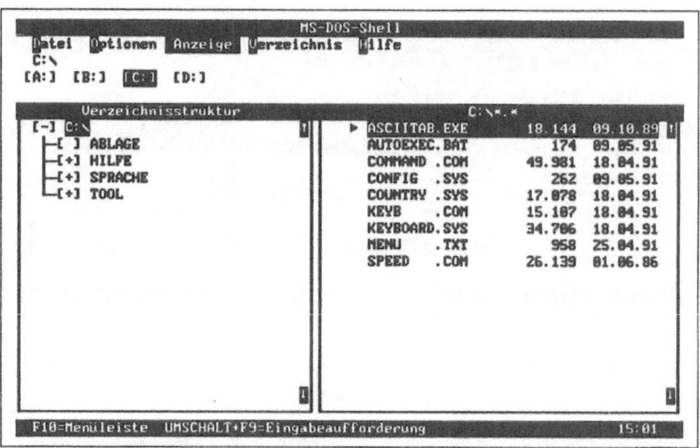


*Abb. 1-4: Der Einfache Dateiliste-Unterbefehl des Anzeige-Befehls*
*zeigt nur die drei Fenster des Datei-Managers*

### Datei-Manager und Programm-Manager

*Zwei*
*Manager*

Die *Menü-Oberfläche* gliedert sich in den *Datei-Manager* und den *Programm-Manager*. Der *Datei-Manager* umfaßt das Laufwerks-, Verzeichnisstruktur- und Datei-Fenster. Mit dem in *Abb. 1-4* gewählten *Einfache Dateiliste*-Befehl wird dem *Datei-Manager* bzw. seinen drei Fenstern der gesamte Bildschirm zugeordnet.

Im Laufwerks-Fenster ist C: markiert; demzufolge bezieht sich die Verzeichnisstruktur auf die Festplatte.

Sobald im Verzeichnisstruktur-Fenster ein Verzeichnis markiert ist, zeigt der Datei-Manager im rechten Datei-Fenster sofort die darin gespeicherten Dateien an.

Starten Sie MS-DOS erstmalig nach der Installation, dann erscheint unter dem *Datei-Manager* auch das Fenster des *Programm-Managers* (siehe *Abb. 1-3*). Die beiden Manager teilen sich somit die Arbeitsfläche am Bildschirm. Mit dem *Nur Programme*-Befehl wird dem *Programm-Manager* der komplette Bildschirm bereitgestellt (siehe *Abb. 1-5*). Wir gehen darauf in Abschnitt 2.1 näher ein.

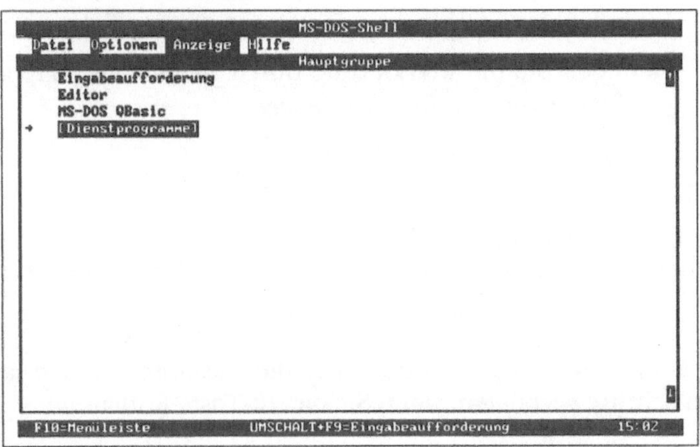


*Abb. 1-5: Der Nur Programe-Unterbefehl des Anzeige-Befehls ordnet den gesamten Bildschirm dem Programm-Manager zu*

Alle Befehle von DOS lassen sich sowohl mit der Maus als auch mit der Tastatur aufrufen. Für ein Vorgehen mit der Tastatur verwendet man folgende wichtige Tasten:

*Tastatur zur Steuerung*

- *Alt*-Taste (to alternate, wechseln), um aus einem beliebigen Fenster zur Menüleiste mit den Menübefehlen *Datei, Optionen, Anzeige, Verzeichnis* und *Hilfe* zu wechseln.

- *Pfeil*-Tasten, um den Auswahlcursor bzw. die Markierung von einem Feld zu einem anderen Feld zu bewegen.

- *Tab*-Taste (Tabulator-Sprung), um zum nächsten Fenster zu springen.

- *Return*-Taste (Eingabe-Taste bzw. Enter-Taste genannt), um eine Eingabe abzuschließen und an DOS abzusenden.

Umseitig wurde beschrieben, wie man den *Anzeige*-Befehl durch Anklicken mit der Maus aufruft. Arbeiten Sie mit der Tastatur, dann können Sie in drei Schritten vorgehen:

**Schrittfolge zum Aufrufen des *Anzeige*-Befehls (Tastatur-Steuerung, 1. Möglichkeit):**

1.   Drücken Sie kurz die *Alt*-Taste: Der Befehl File wird markiert (hell bzw. farbig unterlegt).

2.   Bewegen Sie die Markierung durch zweimaliges Tippen der Pfeil-Taste von *Datei* zu *Anzeige*.

3.   Drücken Sie die *Return*-Taste.

Das Pull-Down Menü des *Anzeige*-Befehls wird aufgeklappt und *Anzeige* bietet sieben Unterbefehle zur Auswahl (siehe *Abb. 1-3*).

Sie können den Befehlsaufruf über die Tastatur von drei auf zwei Schritte verkürzen, wenn Sie die *Alt*-Taste festhalten:

**Schrittfolge zum Aufrufen des *Anzeige*-Befehls (Tastatur-Steuerung, 2. Möglichkeit):**

1.   Halten Sie die *Alt*-Taste gedrückt.

2.   Tippen Sie die Taste mit dem Buchstaben V und lassen Sie nun die Tasten los.

*Menü-Oberfläche verlassen*

Zum Beenden von DOS rufen Sie den *Datei*-Menübefehl auf (*Datei* anklicken bzw. *Alt/D* eintippen), um dann in dessen Menü den *Beenden*-Befehl zu wählen.

... übrigens: DOS merkt sich die Einstellungen, die Sie in der *Menü-Oberfläche* vorgenommen haben. Verlassen Sie DOS ordnungsgemäß mit *Datei/Beenden*, dann speichert das System die Einstellung des *Anzeige*-Befehls und meldet sich beim späteren Starten wieder mit dem Bildschirm von *Einfache Dateiliste*.
Ist auf Ihrem PC nach dem Starten von DOS zwar die *Menü-Oberfläche* erschienen, jedoch mit einer anderen Unterteilung in Bildschirm-Fenster? Dann liegt dies daran, daß auf dem PC bei der letzten Arbeit mit DOS eben die entsprechenden Einstellungen eingegeben worden sind.

**FRAGEN ZU:**

**1.1 Anzeige-Menübefehl verwaltet Fenster**

1.  Welche fünf Befehle stellt DOS in der Menüleiste bzw. Menüzeile am oberen Bildschirmrand bereit?

2.  Wozu dient der Befehl *Anzeige*?

3.  Wie kann man den Befehl *Anzeige* aufrufen, um sein Pull down-Menü bzw. Rolladen-Menü herunterzuklappen?

4.  Wie heißt das Fenster, in dem [A:], [B:] und [C:] angezeigt wird? Nach dem Starten von DOS ist zumeist [C:] markiert - was bedeutet dies?

5.  Was bedeutet DOS und wozu dient DOS?

6.  Auf dem Bildschirm der Menü-Oberfläche (DOS-Shell) kann man den *Datei-Manager* und den *Programm-Manager* betrachten bzw. einsetzen.

    Der *Datei-Manager* zeigt sich im Laufwerks-Fenster oben, im Verzeichnisbaum-Fenster links und im Datei-Fenster rechts.

    Der *Programm-Manager* zeigt sich - zunächst- im *Hauptgruppe*-Fenster unten.

    Mit welcher Befehlsfolge kann man dem *Datei-Manager* den gesamten Bildschirm zuordnen, d.h. das Fenster des *Programm-Managers* verschwinden lassen.

7.  Mit der Befehlsfolge *Datei/Beenden* (im *Datei*-Menü den *Beenden*-Befehl aufrufen) verläßt man die Menü-Oberfläche von DOS. Spielt die beim Beenden über der *Anzeige*-Befehl gewählte Fensteraufteilung beim nächsten Starten von DOS eine Rolle?

## ANTWORTEN ZU:

### 1.1 Anzeige-Menübefehl verwaltet Fenster

1.  DOS bietet die fünf Menübefehle *Datei (Dateien bearbeiten)*, *Optionen* (Bildschirm, Farbe usw. einstellen), *Anzeige* (Fenster gestalten), *Verzeichnis* (Verzeichnisbaum betrachten) und *Hilfe* (Hilfe-Texte anfordern) zur Auswahl an.

2.  Mit dem Befehl *Anzeige* legt man fest, wie der Bildschirm in Fenster unterteilt werden soll.

3.  Befehlsaufruf mit der Maus: Das Befehlswort *Anzeige* anklicken (Mauszeiger bewegen, linke Maustaste drücken).

    Aufruf mit der Tastatur: *Alt*-Taste oder *F10*-Taste tippen, die Markierung mit den *Pfeil*-Tasten auf das Befehlswort bewegen und die Return-Taste tippen. Oder: Bei gedrückter *Alt*-Taste die A-Taste kurz antippen.

4.  Im Laufwerks-Fenster wird das aktive Laufwerk festgelegt. Durch Markieren von [A:], [B:] bzw. [C:] wird die Diskette A:, die Diskette B: bzw. die Festplatte C: aktiviert. Beim Starten von DOS ist zumeist [C:] markiert; somit werden im Verzeichnisstruktur-Fenster die Verzeichnisse der Festplatte C: angezeigt.

5.  DOS als Abkürzung für *Disk Operating System* bzw. *Disketten-Betriebssystem*. Das "Betriebssystem" ermöglicht den benutzerfreundlichen "Betrieb" des PC-"Systems".

6.  Mit der Befehlsfolge *Anzeige/Einfache Dateiliste* werden das Verzeichnisbaum-Fenster und das Datei-Fenster bis zum unteren Bildschirmrand ausgeweitet (siehe *Abb. 1-4*).

7.  Ja. DOS merkt sich die vom Benutzer gewählten Einstellungen (zu Fenster, Farbe, Laufwerk usw.) und übernimmt diese beim nächsten Starten des PCs bzw. Betriebssystems.

## 1.2 Optionen-Menübefehl für Einstellungen

Klicken Sie in der Menüzeile den Befehl *Optionen* an, dann
öffnet sich das Menü mit sieben Befehlen; mit der Tastatur
tippen Sie bei gedrückter *Alt*-Taste die "O"-Taste.

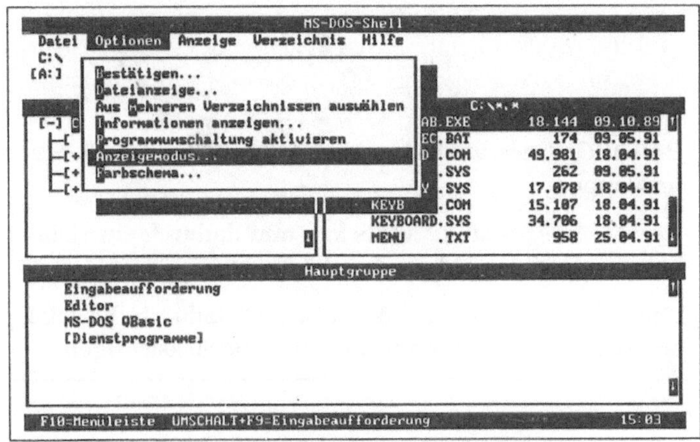

*Abb. 1-6: Menü des Optionen-Befehls*

Mit *Optionen* passen Sie das System an Ihre Wünsche an. Ste-                *Bildschirm*
hen hinter dem Befehlswort (wie z.B. hinter *Anzeigemodus*...)              *einstellen*
drei Punkte, dann bedeutet dies, daß der Befehl eine Dialog-
box mit weiteren Wahlmöglichkeiten bereitstellt. Probieren
Sie dies aus: Nach dem Aufrufen von *Anzeigemodus*... (Befehlswort anklicken bzw. "D"-Taste tippen) öffnet sich eine Dialogbox, um die Darstellung von Text bzw. Grafik einzustellen.

*Abb. 1-7: Dialogbox von Befehl Optionen/Anzeigemodus...*

*Anzeigemodus-*
*Dialogbox*
*mit der Maus*

Die Dialogbox hat zwei Ausgänge: den *OK*-Ausgang (geänderte Einstellungen übernehmen) und den *Abbrechen*-Ausgang (unwirksam abbrechen). Lassen Sie die Einstellungen zunächst unverändert, und schließen Sie die *Anzeigemodus...*-Dialogbox durch Anklicken der *Abbrechen*-Optionsfeld: Den Mauszeiger auf *Abbrechen* bewegen und die linke Maustaste drücken.

**Befehlsfolge zum Aufrufen und Abbrechen der *Anzeigemodus...*-Dialogbox über das *Abbrechen*-Optionsfeld (Maus-Steuerung):**

1.  Befehl *Optionen* anklicken und dadurch ein Menü herunterklappen.

2.  Befehl *Anzeigemodus...* anklicken und dadurch eine Dialogbox (auch Dialogfeld genannt) öffnen.

3.  Optionsfeld *Abbrechen* anklicken und dadurch die Dialogbox schließen, ohne Änderungen zu berücksichtigen.

*Anzeigemodus-*
*Dialogbox*
*mit der Tastatur*

Verwenden Sie zur Steuerung nicht die Maus, sondern die Tastatur, dann haben Sie zwei Möglichkeiten zum Aufrufen von *Anzeigemodus...* als Unterbefehl von *Optionen*:

-  Die Markierung mit den Pfeiltasten zum *Anzeigemodus...*-Befehl bewegen und dann die *Return*-Taste drücken

-  "D" als den im Befehlswort hervorgehobenen Buchstaben eintippen.

Die zweite Möglichkeit ist kürzer:

**Befehlsfolge zum Aufrufen und Abbrechen der *Anzeigemodus...*-Dialogbox über das *Abbrechen*-Feld (Tastatur-Steuerung):**

1.  Befehl *Optionen* mit Tasten *Alt/O* aufrufen und dadurch ein Menü herunterklappen.

2.  Befehl *Anzeigemodus...* mit der Taste D aufrufen und dadurch eine Dialogbox öffnen.

3.  Mit der *Tab*-Taste den Cursor zum *Abbrechen*-Feld bewegen, die *Return*-Taste drücken und dadurch die Dialogbox schließen, ohne Änderungen zu berücksichtigen.

Der Cursor wird als Strich "-" dargestellt und markiert die Stelle am Bildschirm, auf den sich der nächste Tastendruck bezieht.

Am Beispiel der *Farbschema...*-Dialogbox soll gezeigt werden, wie man Einstellungen ändert bzw. selbst vornimmt. Klicken Sie den *Optionen*-Befehl und dann *Farbschema...* an:

*Farben einstellen*

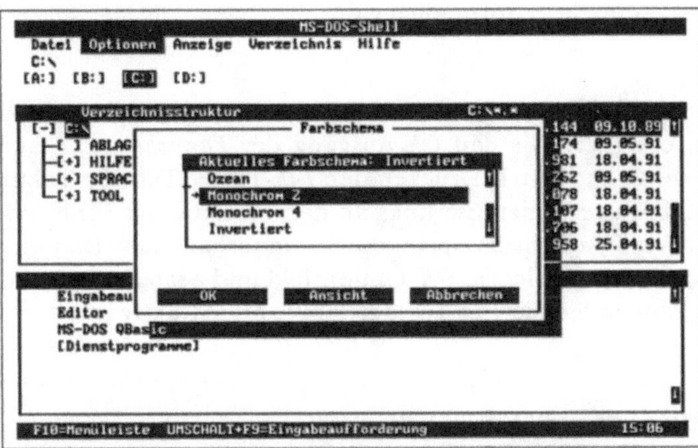

*Abb. 1-8: Dialogbox von Befehl Optionen/Farbschema...*

In der ersten Zeile steht *Invertiert* als voreingestellte Farbe. Klicken Sie *Monochrom 2* an, dann wird dieses Wort zwar markiert, aber nicht aktiviert. *Erst durch einen Doppelklick* (die linke Maustaste zweimal unmittelbar nacheinander drücken) wird auf die *Monochrom 2*-Darstellung umgeschaltet: die Hell/Dunkel-Darstellung kehrt sich um.

*Doppelklick schaltet um*

Testen Sie die anderen Darstellungsarten der *Farbschema...*-Dialogbox, in dem Sie einen Doppelklick auf die jeweilige Darstellungsart vornehmen.

Befehlsfolge zum Aufrufen und Beenden der *Farbschema...*-Dialogbox über das *OK*-Optionsfeld (Maus-Steuerung):

1. Den *Optionen*-Befehl anklicken und dadurch ein Menü herunterklappen.

2. Den *Farbschema...*-Befehl anklicken und dadurch eine Dialogbox öffnen.

3. Einen Doppelklick auf die gewünschte Option vornehmen.

4. Das *OK*-Optionsfeld anklicken und die Dialogbox schließen, wobei die gewählte Option übernommen wird.

Verlassen Sie die *Farbschema...*-Dialogbox über den *OK*-Ausgang, dann merkt sich DOS diese Darstellungsart, um sie ab jetzt beizubehalten. Verlassen Sie die Dialogbox dagegen über den *Abbrechen*-Ausgang, dann stellt DOS wieder die Darstellungsart ein, die ursprünglich galt.

*Farben mit der Tastatur einstellen*

Arbeiten Sie nicht mit der Maus, sondern mit der Tastatur, dann erreichen Sie den *OK*-Ausgang der *Farbschema...*-Dialogbox wie folgt: Durch Drücken der *Tab*-Taste (Tab für Tabulator; die Taste finden Sie links an der Tastatur mit "Tab" oder "<-->" als Aufschrift) springen Sie innerhalb der Dialogbox zwischen Listenfeldern, *OK*-Optionsfeld und *Abbrechen*-Optionsfeld. Tippen Sie die *Tab*-Taste so lange, bis *OK* aktiv ist.

> **Befehlsfolge zum Aufrufen und zum Beenden der Dialogbox**
> ***Farbschema...* über das *OK*-Optionsfeld (Tastatur-Steuerung):**

1. Mit den *Alt/O*-Tasten (bei gedrückter *Alt*-Taste den Buchstaben O eingeben) den *Optionen*-Befehl aufrufen und dadurch ein Menü herunterklappen.

2. Durch Eingabe des Buchstabens O den *Farbschema...*-Befehl anklicken und dadurch eine Dialogbox öffnen.

3. Die Markierung mit den Pfeiltasten auf die gewünschte Option bewegen und die *Return*-Taste drücken, um die Option einzustellen.

4. Mit der *Tab*-Taste den Cursor "-" in den OK-Ausgang bewegen und *Return*-Taste drücken; dadurch die Dialogbox schließen, wobei die Option übernommen wird.

*Befehl Optionen/ Dateianzeige*

Mit *Dateianzeige...* als Unterbefehl des *Optionen*-Menübefehls legen Sie die Form fest, in der die Dateien im Datei-Fenster angezeigt werden (siehe *Abb. 1-9*). Rufen Sie den Unterbefehl auf, und ersetzen Sie in der Dialogbox im *Name*-Feld "*.*" (*Dateiname egal.Dateityp egal*) durch "*.SYS" (*Dateiname egal.Dateityp SYS*), damit nur die SYS-Dateien angezeigt werden (siehe *Abb. 1-10*). Wählen Sie die absteigende Sortierfolge aus und bewegen Sie dann im Sortier-Feld den Markierungspunkt von *Name* auf *Größe*, um die EXE-Dateien nach der Dateigröße geordnet anzuzeigen (siehe *Abb. 1-11*).

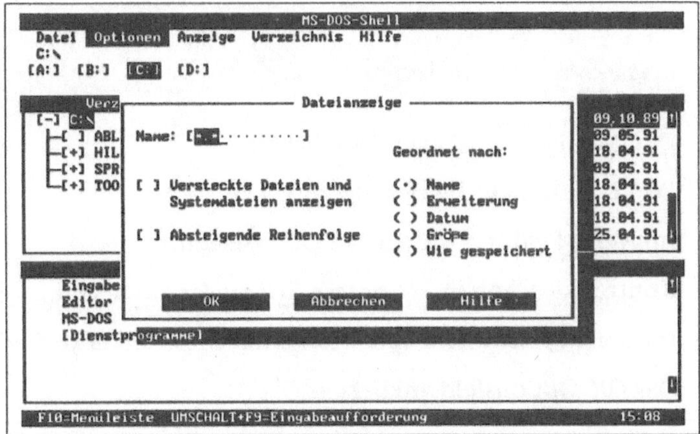

*Abb. 1-9: Optionen/Dateianzeige...-Dialogbox aufrufen*

**.**
*durch*
**.SYS*
*ersetzen*

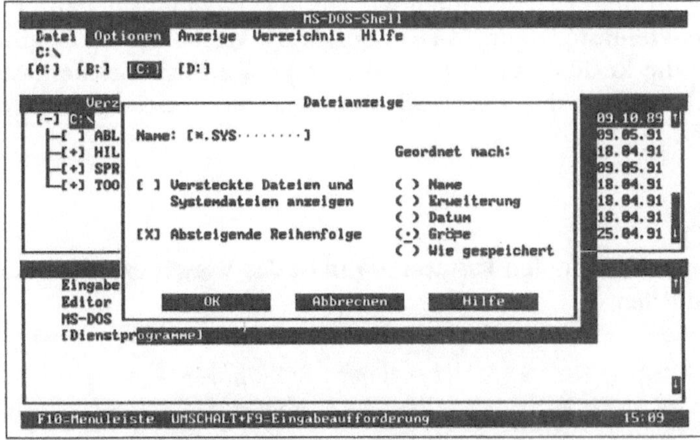

*Abb. 1-10: "*.SYS", absteigende Sortierfolge nach der Dateigröße*

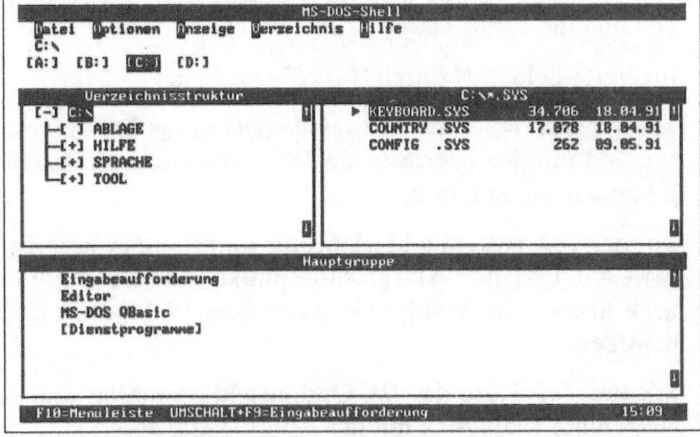

*Abb. 1-11: Datei-Fenster mit drei SYS-Dateien als Ergebnis*

*Geordnet anzeigen*
*mit der Maus*

Befehlsfolge, um SYS-Dateien nach Dateigröße absteigend sortiert im Datei-Fenster anzuzeigen (Maus-Steuerung):

1. Den Menübefehl *Optionen* anklicken.

2. Den Unterbefehl *Dateianzeige* anklicken.

3. Im *Name*-Feld "*.*" durch "*.SYS" ersetzen.

4. Kontrollkästchen in *Absteigende Reihenfolge* anklicken.

5. Im *Geordnet nach*-Feld den Wahlpunkt *Größe* anklicken.

6. Das *OK*-Optionsfeld anklicken.

Zu 3. Punkt "*.*" durch "*.SYS" ersetzen: Der Cursor "_" steht zunächst hinter "*.*". Tippen Sie die Rechts-Pfeiltaste, dann die Links-Pfeiltaste, dann "SYS" oder "sys". Wenn Sie zu Beginn nicht die Rechts-Pfeiltaste, sondern eine beliebige Zeichentaste drücken, wird die von DOS voreingestellte Zeichenkette gelöscht.

*Geordnet anzeigen*
*mit der Tastatur*

Arbeiten Sie mit der Tastatur, dann ist das Vorgehen etwas umständlicher:

Befehlsfolge, um SYS-Dateien nach Dateigröße absteigend sortiert im Datei-Fenster anzuzeigen (Tastatur-Steuerung):

1. Den Menübefehl *Optionen* mit *Alt/O* aufrufen.

2. Die Markierung auf den Unterbefehl *Dateianzeige* bewegen und die *Return*-Taste drücken.

3. Im *Name*-Feld "*.*" durch "*.SYS" ersetzen.

4. Mit der *Tab*-Taste das *Absteigende Reihenfolge*-Feld markieren und mit der Leertaste ein "X" in das Kontrollkästchen [ ] einschreiben lassen.

5. Mit der *Tab*-Taste die Markierung zum *Geordnet nach*-Feld bewegen und den Markierungspunkt mit der Pfeiltaste nach unten vom Wahlpunkt *Name* zum Wahlpunkt *Größe* bewegen.

6. Mit der *Tab*-Taste das *OK*-Optionsfeld anwählen und die ausgefüllte Dialogbox mit der *Return*-Taste absenden.

Rufen Sie den *Dateianzeige*-Befehl auf, und geben Sie im *Name*-Feld "KEY*.*" ein. Im *Datei*-Fenster erscheinen die Dateien
KEYB.COM und KEYBOARD.EXE (siehe *Abb. 1-12*).

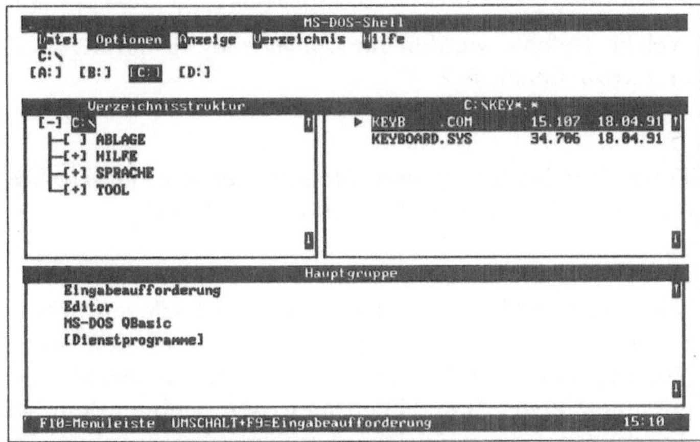

*Abb. 1-12: "KEY.*" zeigt Dateien, deren Namen mit "KEY" anfangen*

Ersetzt man im Name-Feld "KEY*.*" durch "KEY?.*", dann
wird nur die *eine* Datei KEYB.COM angezeigt. Grund: Das
Dateigruppenzeichen "*" ersetzt mehrere Zeichen, das Dateigruppenzeichen "?" hingegen nur ein einziges Zeichen.

*Dateigruppen-
zeichen "*" durch
"?" ersetzen*

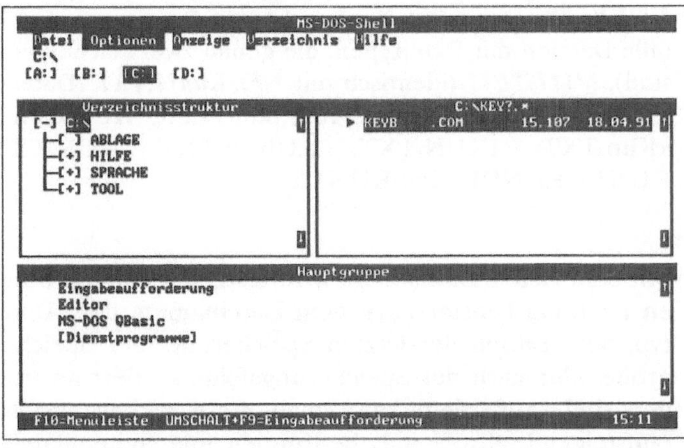

*Abb. 1-13: "KEY?.*" für maximal 4 Zeichen lange Dateinamen*

Die Dateigruppenzeichen "*" (Zeichenfolge) und "?" (Einzelzeichen) werden auch Jokerzeichen oder Wildcards genannt.

1.  Welche Befehle werden im *Optionen*-Menü bereitgestellt und wozu dienen sie?

2.  Einige Befehle im *Optionen*-Menü haben drei Punkte hinter dem Befehlsnamen. Worauf weist "..." hin?

3.  Mit dem Befehl *Dateianzeige* kann man festlegen, welche Dateien im Datei-Fenster jeweils anzeigt werden sollen. Voreingestellt ist die Angabe *.* (es werden also alle Dateinamen (erstes *) und alle Dateitypen (* hinter dem . als Trennungszeichen). Welche der folgenden Angaben sind falsch?

    *.TXT* (alle TXT-Dateien), *.txt* (alle txt-Dateien, wobei txt als Dateiname klein geschrieben sein muß), *Kunden*-.TXT* (TXT-Dateien, deren Dateinamen mit den 6 Zeichen "Kunden" beginnen), *Kunden*.** (wie vorhergehend, aber beliebige Dateitypen), *Kun?.TXT* (TXT-Dateien, deren vier Zeichen lange Dateiname mit "Kun" beginnen), *?.** (alle Dateien mit 1 Zeichen langen Dateinamen), *.??* (alle Dateien mit Dateitypen, die genau zwei Zeichen lang sind), *????????.??* (identisch mit *.*), *Kun??.TXT* (Dateien wie Kun12.TXT, KUN1.TXT, kun12.txt, KUNk.TXT, kKun.TXT, 1KUN.TXT, KUNku.TXT, KUN.TXT, KUN12, KUND12 und KUN12.SIK).

4.  Mit dem Befehl *Dateianzeige* wird festgelegt, ob die Dateien im Datei-Fenster nach dem Dateinamen, dem Dateityp, dem Datum der letzten Speicherung, der Speichergröße oder nach der Speicherungsfolge sortiert anzuzeigen sind. Außerdem kann man die Speicherungsfolge (aufsteigend, absteigend) bestimmen und Systemdateien erscheinen lassen. Was heißt "aufsteigende Sortierfolge"?

5.  PC-Bildschirme sind zum Beispiel schwarz-weiß oder farbig, 12" oder 14" groß, textorientiert (Hercules) oder grafikorientiert (MCGA, EGA, VGA, SpuperVGA als Standards). Hat dies Einfluß auf *Optionen/Farbschema* aus?

## ANTWORTEN ZU:

## 1.2 Optionen-Menübefehl für Einstellungen

1.  *Bestätigen...*: Einstellen, ob vor dem Löschen, vor dem Ersetzen und vor Maus-Operationen vom Benutzer eine Bestätigung eingeholt werden soll oder nicht (siehe ....).

    *Dateianzeige...*: Einstellen, wie Dateien anzuzeigen (z.B. nach Namen sortiert)? Siehe *Abb. 1-9* bis *Abb. 1-11*.

    *Aus mehreren Verzeichnissen auswählen*: Schalter setzen, um Dateien in mehreren Verzeichnissen zu suchen.

    *Informationen anzeigen...*: Über die aktive Datei, das aktive Verzeichnis und das aktive Laufwerk informieren.

    *Programmumschaltung aktivieren*: Ist dieser Schalter gesetzt, dann kann man aus einem Programm (wie Word) mit *Alt/Esc* zeitweilig zu einem anderen Programm wechseln, ohne Word zu verlassen. Siehe Abschnitt 4.5.

    *Anzeigemodus...*: Die Grafik einstellen (siehe *Abb. 1-7*).

    *Farbschema...*: Die Farbdarstellung am Bildschirm einstellen (siehe *Abb. 1-8*).

2.  "..." als Anhängsel an den Befehlsnamen zeigt an, daß eine Dialogbox folgt, d.h. es liegt kein Schalter vor.

3.  *.TXT und *.txt sind identisch (DOS unterscheidet keine Groß- und Kleinbuchstaben). *.?? für Dateitypen, die maximal zwei Zeichen lang sind (also auch 1 Zeichen lang und auch ohne Dateityp). Kun??.TXT bezieht sich nicht auf die Dateien 1KUN.TXT, KUND12 und KUN12.SIK.

4.  Bei "aufsteigender Sortierfolge" wird nach dem Alphabet geordnet (a,b, c, d, .... vor z). Die Sortierung der Zeichen erfolgt entsprechend dem ASCII.

5.  Ja: Für Bildschirme mit Hercules-Karte können die Auflösungen mit Grafik über den *Optionen/Anzeigemodus*-Befehl nicht aktiviert werden.

## 1.3  Hilfe-Menübefehl für Hilfestellungen

*Hilfe* als fünfter und letzter Befehl der Menüleiste stellt um-
fangreiche Hilfen bereit. Klicken Sie *Hilfe* mit der Maus an,
oder geben Sie *Alt/H* auf der Tastatur ein, dann erscheint das
folgende Menü:

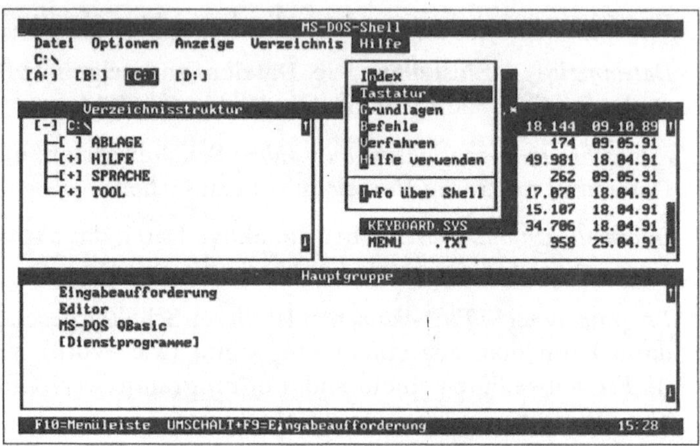


*Abb. 1-14: Menü des Hilfe-Befehls*

Im Pull down-Menü von *Hilfe* werden folgende Befehle angeboten:

1.   *Index:* Stichwortverzeichnis, nach Alphabet geordnet.

2.   *Tastatur:* Tasten und -kombinationen zur Steuerung.

3.   *Grundlagen:* Bedienung der Menü-Oberfläche bzw. Shell.

4.   *Befehle:* Befehle Datei, Optionen, Anzeige, Verzeichnis
     und Hilfe mit allen Unterbefehlen.

5.   *Verfahren:* Verfahren zur Dateiliste (Datei-Fenster), Pro-
     grammliste (Programm-Fenster), Programmstart usw.

6.   *Hilfe verwenden:* Hilfestellungen zur Benutzung des Help-
     Systems von DOS geben.

7.   *Info über Shell:* Hier wird über die Versionsnummer Ihres
     DOS-Betriebssystems informiert.

Jeder dieser Befehle öffnet eine weitere Dialogbox mit Aus-
wahlmöglichkeiten zu Hilfe-Texten und den Ausgängen *OK*
(Hilfe-Dialogbox verlassen), *Keys* (zur Keyboard-Dialogbox
wechseln), *Index* (zur Index-Dialogbox wechseln) und Help
(Hilfe zur Hilfe).

Wie fordert man Hilfe über das *Hilfe*-Menü an? Angenommen, Sie wünschen eine allgemeine Hilfe zur Tastatur. Rufen Sie im *Hilfe*-Menü den *Tastatur*-Befehl auf. Wählen Sie dort ein Thema (durch Anklicken bzw. mit der *Tab*-Taste und der *Return*-Taste) aus.

Hilfe über<br>das<br>Hilfe-Menü

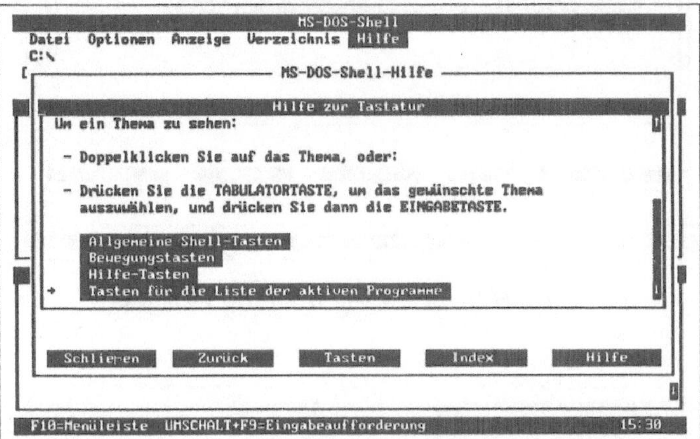


*Abb. 1-15: Befehl Hilfe/Tastatur aufrufen*

Zum Lesen von Hilfetext: Klicken Sie die senkrechte, rechtsstehende Bildlauf-Leiste an bzw. gehen Sie mit den Pfeiltasten nach unten. Lassen Sie den Text einmal rollen: Am oberen Bildschirmrand verschwinden Zeilen und am unteren Bildschirmrand kommen neue Zeilen mit Hilfetext hinzu. Verlassen Sie die jeweilige *Hilfe*-Dialogbox über den *OK*-Ausgang.

Hilfe über<br>die<br>F1-Taste

Oben haben Sie Hilfe über das *Hilfe*-Menü angefordert. Daneben können Sie auch Hilfe zu einem bestimmten Begriff direkt anfordern: Markieren Sie dazu diesen Begriff, tippen Sie die Funktionstaste F1 - und schon haben Sie Hilfe. Aber betrachten wir auch hierzu (umseitig) ein Beispiel.

Angenommen, Ihnen ist unklar, was *Einfache Dateiliste* als der erster Unterbefehl im *Anzeige*-Menü bewirkt. Sorgen Sie dafür, daß dieser Unterbefehl markiert ist (*Einfache Dateiliste* mit der Maus anklicken bzw. mit der Pfeiltaste markieren), und tippen Sie dann die F1-Taste. Am Bildschirm wird eine Dialogbox mit Hilfetext zu diesem Befehl angezeigt (siehe umseitig *Abb. 1-16*).

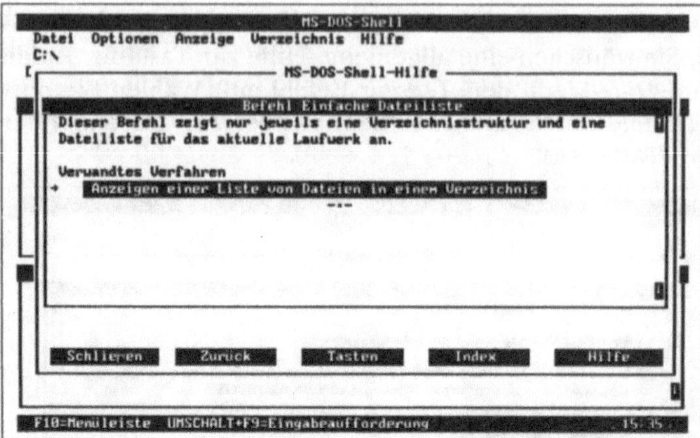

*Abb. 1-16: Hilfe zu "Anzeige/Einfache Dateiliste"*

---

**FRAGEN ZU:**

**1.3 Hilfe-Menübefehl für Hilfestellungen**

1. Welche Möglichkeiten hat man, um Hilfen anzufordern?

2. Wie kann man im Hilfetext blättern bzw. scrollen?

3. Wie verläßt man eine Dialogbox des *Hilfe*-Befehls, um mit der unterbrochenen Arbeit fortzufahren?

---

**ANTWORTEN ZU:**

**1.3 Hilfe-Menübefehl für Hilfestellungen**

1. Hilfen fordert man über das *Hilfe*-Menü (zum ausgewählten Unterbefehl sowie Thema) oder über die F1-Taste (zum gerade markierten Begriff) an.

2. Im Hilfetext einer Dialogbox blättert man mit der Maus (senkrechte Bildlaufleiste) bzw. der Tastatur (Pfeiltasten).

3. Eine Dialogbox mit Hilfetext kann man über die Optionsfelder *Schließen*, *Zurück* (zum letzten Hilfetext), *Tasten* (Hilfe zu Tasten), *Index* (Hilfe zu Stichworten) und *Hilfe* (Hilfe zur Hilfe) verlassen.

## 1.4 Verzeichnis-Menübefehl für den Verzeichnisbaum

Nach dem Starten liest das Betriebssystem die Verzeichnisstruktur des aktiven Laufwerks - das ist zumeist die Festplatte C: - ein und zeigt sie im Verzeichnisstruktur-Fenster an. Dabei zeigt MS-DOS standardmäßig nur die Unterverzeichnisse des Hauptverzeichnisses an: ABLAGE, HILFE, SPRACHE und TOOL (*Abb. 1-1*). Da diese weitere Unterverzeichnisse enthalten, steht links vom Namen jeweils ein "+"-Zeichen. Durch Anklicken des "+"-Zeichens wird die nächst tiefere Verzeichnisebene aufgeklappt, und das "+"-Zeichen verwandelt sich in ein "-"-Zeichen. In *Abb. 1-17* wurden der Reihe nach die "+"-Zeichen von SPRACHE bzw. TP angeklickt und somit durch "-"-Zeichen ersetzt. Klicken Sie ein "-"-Zeichen an, dann wird das Unterverzeichnis wieder zugeklappt, und aus "-" wird "+".

*... entweder das "+"-Zeichen anklicken*

Ist dieses Auf- und Zuklappen einzelner Verzeichnisse zu mühsam, dann setzen Sie den *Verzeichnis*-Menübefehl ein. Markieren Sie SPRACHE, um mit *Nächste Ebene einblenden* die Verzeichnisse BASIC, COBOL, ... oder mit *Zweig einblenden* alle Verzeichnis-Ebenen aufzuklappen. Mit *Alle Ebenen einblenden* erhalten Sie den kompletten Verzeichnisbaum.

*... oder den Verzeichnis-Befehl aufrufen*

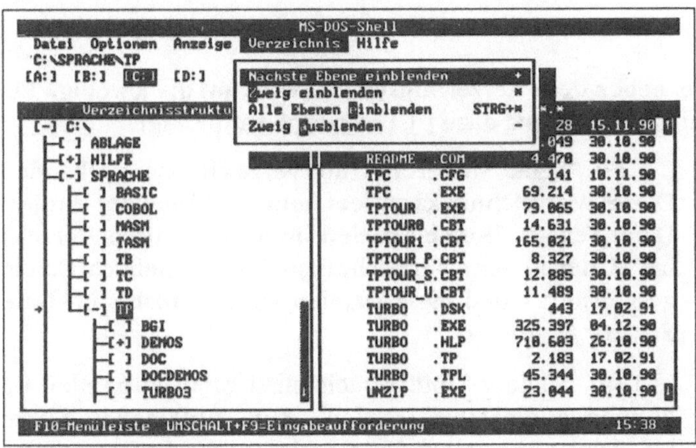

Abb. 1-17: *Verzeichnis-Menübefehl klappt Verzeichnisse von TP auf*

Sobald links im Verzeichnisstruktur-Fenster ein Verzeichnis markiert ist, werden rechts im Datei-Fenster die darin gespeicherten Dateien angezeigt. Das Verzeichnisstruktur-Fenster wiederum bezieht sich auf das Laufwerk, das im Laufwerks-Fenster gerade markiert bzw. aktiviert ist.

*Laufwerk*
^
*Verzeichnisbaum*
^
*Dateien*

*Baum mit der Wurzel nach oben*

Auf der Festplatte sind die Dateien nicht durcheinander gespeichert, sondern in Verzeichnissen baumartig geordnet. Im Verzeichnisbaum-Fenster wird der Baum angezeigt:

- Jedes Verzeichnis hat einen Namen, wie zum Beispiel HILFE, SPRACHE und auch das Verzeichnis \ .

- Das oberste Verzeichnis nennt man Stammverzeichnis; es erhält von DOS automatisch \ als Name, es wird also mit dem Backslash benannt. Sie erreichen das "\"-Zeichen über die Tasten *AltGr/*\ (bei gedrückter *AltGr*-Taste die "\"-Taste tippen) oder *Alt/92* (bei gedrückter *Alt*-Taste die Ziffern-Tasten 9 und dann 2 tippen).

- Der Baum "steht auf dem Kopf": Stammverzeichnis \ ganz oben und die Äste ABLAGE, HILFE, SPRACHE usw. weiter unten. \ wird auch als Wurzel (engl. Root) bezeichnet.

- Das aktive Verzeichnis ist durch einen kleinen Linkspfeil und einen markierten Verzeichnisnamen gekennzeichnet.

- ABLAGE, HILFE, SPRACHE und TOOL usw. gehören zur ersten Verzeichnisebene.

- BASIC, COBOL usw. gehören zur zweiten Verzeichnisebene, die der ersten Ebene untergeordnet ist.

*[+] und [-]*

Links neben dem Verzeichnisnamen wird auf die jeweilige Ebene hingewiesen und dazu [ ], [+] oder [-] angezeigt:

- [ ] für "keine weiteren Unterverzeichnisse vorhanden". Dieses Verzeichnis kann leer sein. DOS meldet dann im Datei-Fenster "Keine Dateien im ausgewählten Verzeichnis". Oder in dem Verzeichnis sind ausschließlich Dateien gespeichert - und diese Dateien werden rechts im Datei-Fenster angezeigt.

- [+] für "weitere Unterverzeichnisse sind vorhanden und können aufgeklappt werden". Zum Aufklappen klicken Sie das [+] an, oder Sie markieren das [+]-Verzeichnis und tippen dann ein "+"-Zeichen ein. Mit der Eingabe von "+" verwandelt sich [+] zu [-].

- [-] für "das Verzeichnis ist gerade aufgeklappt", das heißt seine Unterverzeichnisse werden angezeigt. Durch Anklicken des [-] bzw. Eintippen von "-" wird das Verzeichnis wieder zugeklappt und seine Unterverzeichnisse verschwinden.

Nach dem Starten des PCs wird in der ersten Zeile des Datei-Fensters C:*.* angezeigt (siehe *Abb. 1-1*). Dies bedeutet "Auf der Festplatte (C:) in deren Stammverzeichnis (also in \\) nach allen Dateien mit beliebigen Dateinamen (erstes Sternchen von *.*) und beliebigem Dateitypen (zweites Sternchen von *.*) suchen und diese Dateien im Datei-Fenster anzeigen". C:*.* bezeichnet man als Datei-Suchpfad.

*C:*.*
als Suchpfad*

In *Abb. 1-18* ist TP als das Unterverzeichnis des Verzeichnisses SPRACHE im Verzeichnisbaum-Fenster aktiviert worden; damit werden alle im Verzeichnis TP gespeicherten Dateien im Datei-Fenster angezeigt. Deshalb steht oben in der Titelleiste des Datei-Fensters C:\\SPRACHE\\TP*.* als Datei-Suchpfad

*C:\\SPRACHE\\TP
als Suchpfad*

Das Backslash-Zeichen \\ dient nicht nur als Name des Stammverzeichnisses, sondern auch zum Trennen von Verzeichnissen unterschiedlicher Ebenen. Im Suchpfad C:\\SPRACHE-\\TP*.* bezeichnet das erste Zeichen \\ das Stammverzeichnis, während die beiden folgenden \\ zum Trennen von Verzeichnisnamen dienen (siehe *Abb. 1-18*).

*\\ mit zwei
Bedeutungen*

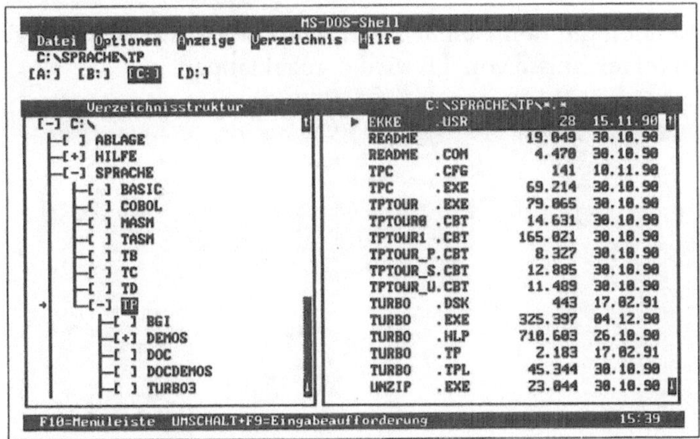

*Abb. 1-18: C:\\SPRACHE\\TP*.* in der Titelleiste des Datei-Fensters*

Wird C:\\SPRACHE\\TP*.* durch C:\\SPRACHE\\TP\\???.* ersetzt, dann werden nur die Dateien gesucht, deren Name maximal drei Zeichen lang ist. Das Jokerzeichen ? ersetzt also ein einzelnes Zeichen.

** für Zeichenfolge
und
? für Zeichen*

*Bestandteile*      Die folgende Übersicht zeigt die Bestandteile des im Datei-Fen-
*eines Pfades*      ster (*Abb. 1-18*) gezeigten Pfades C:\SPRACHE\TP*.* auf.

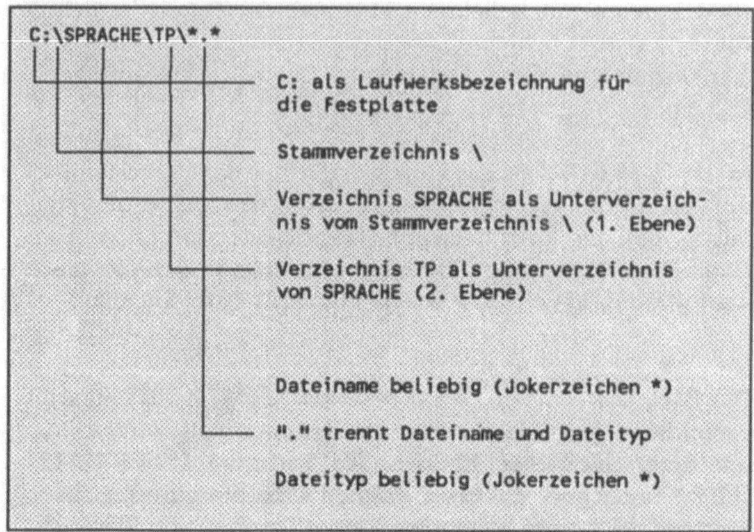


Verwenden Sie den Befehl *Verzeichnis/Zweig ausblenden*, um die
Unterverzeichnisse von TP wieder zuzuklappen.

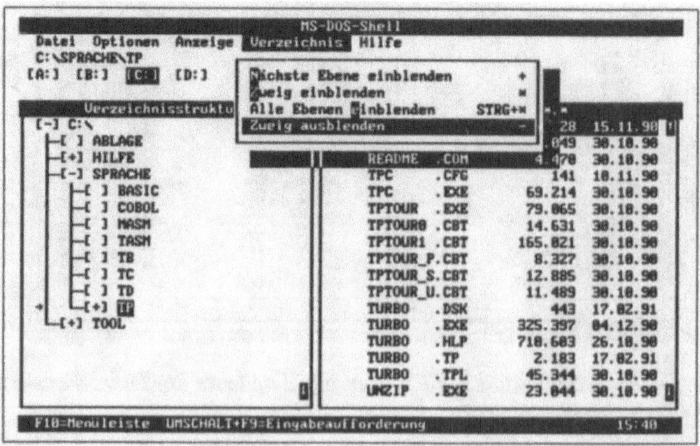


*Abb. 1-19: Die Verzeichnisse von TP über den Verzeichnis-Befehl*
*wieder zuklappen*

Das [-] vor dem Verzeichnisnamen TP (*Abb. 1-18*) hat sich in
ein [+] verwandelt (*Abb. 1-19*), und die BGI, DEMOS, ... als
Unterverzeichnisse von TP werden nicht mehr angezeigt.

**FRAGEN ZU:**

**1.4 Verzeichnis-Menübefehl für den Verzeichnisbaum**

1. Der Baum im Verzeichnisstruktur-Fenster steht auf dem Kopf, mit der Wurzel nach oben und den Blättern nach unten. Wie bezeichnet man Wurzel und Blätter?

2. "Bewegt man im Laufwerks-Fenster die Markierung von [C:] auf [A:], dann erscheinen im linken Verzeichnis-struktur-Fenster die Verzeichnisse, die auf der Diskette in A: angelegt sind, und das Stammverzeichnis A:\ ist markiert; im rechten Datei-Fenster werden die Namen der in A:\ abgelegten Dateien gezeigt. Somit gilt als Wir-kungskette: *Verzeichnisstruktur --> Laufwerk --> Dateien*".

   Was ist falsch an dieser Aussage?

3. Was bedeuten die links neben den Verzeichnisnamen an-gezeigten Symbole [ ], [+] und [-].

4. Mit der Maus klickt man das neben SPRACHE stehende Symbol [+] an; oder man bewegt die Markierung auf SPRACHE und drückt die "+"-Taste. Werden dadurch sämtliche Unterverzeichnisse von SPRACHE aufgeklappt oder nur die nächste Verzeichnis-Ebene?

5. Welche zwei Bedeutungen hat der Backslash "\" in der Pfadangabe C:\TOOL\CLIP*.*?

6. Am oberen Rand des Datei-Fensters wird als Datei-Such-pfad B:\PRIVAT\BRIEFE*.* angezeigt. Was bedeutet dies? Welcher Verzeichnisname ist im Verzeichnisbaum-Fenster markiert? Ist dieses Verzeichnis aufgeklappt?

7. Wie geht man vor, um im Verzeichnisbaum-Fenster alle Verzeichnisse anzuzeigen, die auf der in Laufwerk A: be-findlichen Diskette angelegt sind (derzeit ist C:\ aktiv)?

---

**ANTWORTEN ZU:**

**1.4 Verzeichnis-Menübefehl für den Verzeichnisbaum**

1.  Wurzel (engl. Root) als Stammverzeichnis, abgekürzt durch den Backslash "\". Blätter als Unterverzeichnisse bzw. die darin abgelegten Dateien.

2.  *"Laufwerk --> Verzeichnisstruktur --> Dateien"* muß die Wirkungskette korrekt heißen: Für das aktive Laufwerk (Laufwerks-Fenster) werden die Verzeichnisse angezeigt (Verzeichnisbaum-Fenster); für das im Baum markierte Verzeichnis erscheinen die Dateinamen (Datei-Fenster).

3.  Das Verzeichnis ist leer ([ ]), kann durch Anklicken aufgeklappt werden ([+]) bzw. kann durch erneutes Anklicken wieder zugeklappt werden ([-]).

4.  Durch Anklicken von [+] wird nur die nächste Verzeichnis-Ebene aufgeklappt. Um sämtliche Ebenen anzuzeigen, klickt man entweder der Reihe nach alle [+]-Symbole an, oder man ruft *Verzeichnis/Zweig einblenden* auf.

5.  In C:\TOOL\CLIP*.* benennt der erste Backslash \ das Stammverzeichnis; die zwei anderen \ sind Trennzeichen.

6.  Alle Dateien, die im Verzeichnis C:\PRIVAT\BRIEFE abgelegt sind, werden im Datei-Fenster angezeigt. Im Verzeichnisstruktur-Fenster ist BRIEFE markiert. Das BRIEFE-Verzeichnis kann aufgeklappt sein ([-] BRIEFE sowie alls Unterverzeichnisse werden angezeigt) oder nicht ([+] BRIEFE wird angezeigt).

7.  Im Laufwerks-Fenster klickt man [A:] an, um das Diskettenlaufwerk A: zu aktivieren. Im Verzeichnisstruktur-Fenster werden nun der Verzeichnisbaum in der untersten Ebene angezeigt. Man ruft den Befehl *Alle Ebenen einblenden* im *Verzeichnis*-Menü auf, um alles aufzuklappen.

---

## 1.5 Datei-Menübefehl für das Datei-Management

Der *Datei*-Menübefehl ist der wichtigste Befehl des Datei-Managers. Mit ihm lassen sich die Datei(en) verarbeiten, die zuvor im Datei-Fenster markiert worden sind. Am Beispiel des *Datei*-Unterbefehls *Dateiinhalt anzeigen* soll der Einsatz dieses Menübefehls erklärt werden.

*15 Unterbefehle im Datei-Menü*

Klicken Sie im Datei-Fenster die Datei AUTOEXEC.BAT und anschließend in der Menüleiste den *Datei*-Befehl an. Das folgende Rolladen-Menü mit 15 Befehlen wird heruntergeklappt:

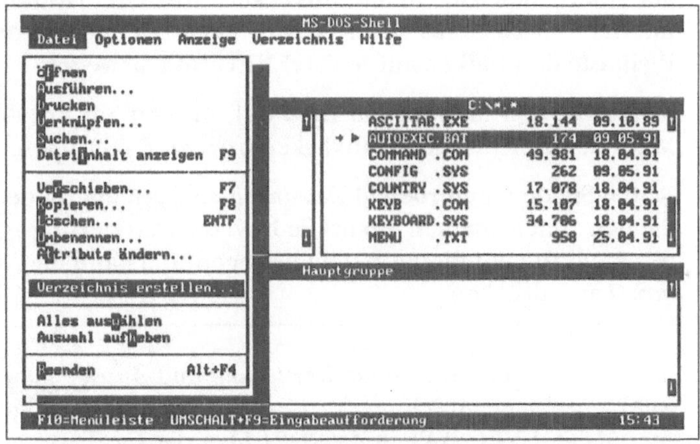

*Abb. 1-20: Datei-Menübefehl mit den 15 Unterbefehlen des Datei-Managers*

Mit dem *Beenden*-Unterbefehl können Sie die Arbeit mit dem Betriebssystem beenden und MS-DOS verlassen.

*Die DOS-Shell verlassen*

Alle anderen Unterbefehle beziehen sich auf die Datei AUTOEXEC.BAT, die Sie zuvor im Datei-Fenster markiert haben. Der Pfeil kennzeichnet diese Datei als aktive Datei.

*Aktive Datei*

Klicken Sie nun den *Dateiinhalt anzeigen* an, und MS-DOS zeigt Ihnen in einem neuen Fenster den Inhalt der Datei an (siehe umseitig *Abb. 1-21*).

*Inhalt der Datei anzeigen*

*Datei mit
lesbarem Inhalt
anzeigen*

Die in *Abb. 1-21* angezeigte Datei AUTOEXEC.BAT ist eine
Stapeldatei, in der die Befehle ECHO OFF, VERIFY ON,
PATH, KEYB, MOUSE, PROMPT, CLS und MENU gestapelt
abgelegt sind. MS-DOS führt die Befehle beim Starten automatisch aus; wir werden später auf diese Befehle eingehen.

Die Befehle können von uns gelesen werden. Man sagt auch:
AUTOEXEC.BAT ist eine Datei mit benutzerlesbarem Inhalt.

---

**Befehlsfolge zum Anzeigen des Inhalts der Datei AUTOEXEC.-
BAT mit dem Befehl *Datei/Dateiinhalt anzeigen*:**

1. Markieren Sie im *Datei*-Fenster AUTOEXEC.BAT. Mit
   der Maus: den Dateiname anklicken. Mit der Tastatur:
   mit der *Tab*-Taste ins Datei-Fenster wechseln und mit der
   Pfeiltaste den Balken auf AUTOEXEC.BAT bewegen.

2. Rufen Sie den Menübefehl *Datei* auf, in dem Sie mit der
   Maus den Befehlsnamen anklicken bzw. *Alt/F* eintippen.

3. Rufen Sie den Unterbefehl *Dateiinhalt anzeigen* auf, in dem
   Sie den Befehlsnamen anklicken bzw. die Markierung mit
   der Pfeiltaste auf diesen Befehl bewegen und dann die *Return*-Taste drücken.

---

Auf die nun verfügbaren Befehle *Darstellung* und *Anzeige* gehen
wir später ein (siehe Abschnitt 3). Beenden Sie das Anzeigen
der Datei AUTOEXEC.BAT in *Abb. 1-21* über die *Esc*-Taste.

*Abb. 1-21: AUTOEXEC.BAT als Beispiel einer Datei mit
benutzerlesbarem Inhalt*

AUTOEXEC.BAT haben wir als Beispiel einer Datei mit lesbarem Inhalt betrachtet. Daneben gibt es auch Dateien mit "nur" computerlesbarem Inhalt. Klicken Sie dazu im Datei-Fenster die Datei COMMAND.COM an, und rufen Sie dann den Menübefehl *Datei/Dateiinhalt anzeigen* auf. COMMAND-.COM als Befehlsprozessor des Betriebssystems ist computerlesbar in Maschinensprache geschrieben und vom Benutzer nicht lesbar (siehe *Abb. 1-22*).

*Datei mit nicht-lesbarem Inhalt anzeigen*

```
                      MS-DOS-Shell  -  COMMAND.COM
 Darstellung  Anzeige  Hilfe
        zen Sie BILD-↑, BILD-↓, ↑ oder ↓ zum Rollen der Dateianzeige!
 ASCII
 Hex        20646965  20766F6D  207A7520  6C616465    die vom zu lade
            6E64656E  0D0A2020  20202020  20202020   nden..
 00ABC0     28202058  726F6772  616D6D20  62656E94      Programm benö
 00ABD0     74696774  20776572  64656E2E  0D0A0E07   tigt werden.....
 00ABE0     8D3E445A  81C1002D  C3010500  04020010   1>DZü┴.-┤.......
 00ABF0     00030021  00080031  00FFFF45  00144461   ...!...1.  E..Da
 00AC00     74656920  6E696368  74206765  66756E64   tei nicht gefund
 00AC10     656E1350  66616420  6E696368  74206765   en.Pfad nicht ge
 00AC20     66756E64  656E175A  7577656E  69672041   funden.Zuwenig A
 00AC30     72626569  74737370  65696368  65721545   rbeitsspeicher.E
 00AC40     72776569  74657274  65722046  65686C65   rweiterter Fehle
 00AC50     72202531  0E078D3E  498783C1  71C30205   r %1..1>Ig&┴q┤..
 00AC60     0001FFFF  04000F50  61727365  2D466568    ..  ...Parse-Feh
 00AC70     6C657220  25310E07  8D3EBE87  83C11EC3   ler %1..1>┘g&┴.┤
 00AC80     FF000000  000B003D  95000000  10800020   .......=ð....ç.
 00AC90     EA0300EB  0300EC03  00EF0300  F00300F1   Ω..δ..∞..∩..≡..±
 00ACA0     0300F203  00F30300  F60300F7  0300F803   ..≥..≤..÷..≈..°.
 00ACB0     00F90300  FA03010B  003F9500  0001A109   .•..·....?ð...í.
 00ACC0     0920FB03  010B0042  95000001  A1090920   . √....Bð...í..
 00ACD0     FC03010B  00449500  0001B11C  1C20FD03   ⁿ....Dð...█..·²·
 ←┘=Bild-nach-unten  Esc=Abbrechen  F9=Hex/ASCII                 15:48
```

*Abb. 1-22: COMMAND.COM als Beispiel einer Datei mit nicht-benutzerlesbarem Inhalt*

- In der linken Spalte des Bildschirms sehen Sie Speicherplatz-Adressen, wie zum Beispiel 00ABD0.

- In den mittleren vier Spalten steht der Inhalt der Datei COMMAND.COM - in codierter bzw. nicht benutzerlesbarer Form; jeweils 16 Zeichen werden in einer Zeile angezeigt.

- In der rechten Spalte werden die 16 Zeichen einer Zeile - so weit als möglich - benutzerlesbar sichtbar gemacht. Schalten Sie mit der F9-Taste um, damit diese Spalte vergrößert angezeigt wird.

*Dateien mit nicht-benutzerlesbarem Inhalt* erkennen Sie an Dateitypen wie COM (Command File) und EXE (Executable File); in diesen Dateien sind Befehle in ausführbarer bzw. computerlesbarer Form gespeichert.

*Dateien mit benutzerlesbarem Inhalt* erkennen Sie an Dateitypen wie BAT (Batch, Stapel), DOC (Dokumentation), HLP (Help), INF (Information) und TXT (Text).

**FRAGEN ZU:**

**1.5 Datei-Menübefehl für das Datei-Management**

1.     Ist eine Datei im Datei-Fenster markiert, dann werden beim Aufruf des *Datei*-Befehls alle Unterbefehle im Menü angezeigt. Wie sieht das *Datei*-Menü aus, a) wenn zuvor keine Datei im Datei-Fenster markiert ist, b) wenn das Fenster des Programm-Managers aktiviert worden ist?

2.     Was ist eine *aktive Datei* und ein *aktives Verzeichnis?*

3.     Versucht man, Dateien mit nicht-benutzerlesbarem Inhalt mit dem *Datei*-Menübefehl anzeigen zu lassen, kann es zu Überraschungen kommen. Warum?

4.     Warum ist *Verzeichnis erstellen (Abb. 1-20)* ggf. unsichtbar?

5.     Die Speicherplätze der Hauptspeichers sind durchnumeriert mit Platz 1, Platz 2, Platz 3, ... Man bezeichnet 1, 2, 3, ... auch als Speicherplatzadressen bzw. kurz als Adressen. Jeder Speicherplatz kann ein Zeichen aufnehmen, also z.B. den Buchstaben "W", die Ziffer "7" oder das Sonderzeichen "&".

      In *Abb. 1-22* wird versucht, den Inhalt der Datei COMMAND.COM anzuzeigen, so wie sie in den Speicherplätzen des Hauptspeichers abgelegt ist. Dabei wird als Speicherplatzadresse z.B. *0004C0* angezeigt.

      Warum erscheint "C" als Buchstabe in einer Zahl, die normalerweise nur Zuffern enthält? Die Adresse wird im Hexadezimalsystem (16er-System) ausgegeben; dieses 16er-System umfaßt die 16 Hex-Ziffern 0, 1, 2, 3, 4, 5, 6, 7, 8, 9, A, B, C, D, E und F. Die Hex-Ziffer 0 hat den Dezimalwert 0 und die Hex-Ziffer F den Dezimalwert 15. Die Adresse *0004C0* steht für "(0 mal 1) plus (12 mal 16) plus (4 mal 256)", also für "0 plus 192 plus 1024" bzw. 1216. Man sagt: Die Adresse *0004C0 hex* entspricht der Adresse 1216 dez.

      Wie lautet die Adresse *000F2E hex* in dezimaler Angabe?

**ANTWORTEN ZU:**

**1.5 Datei-Menübefehl für das Datei-Management**

1.  Fall a): Im *Datei*-Menü werden nur die Unterbefehle angeboten, die für das gerade im Verzeichnisbaum-Fenster
    markierte Verzeichnis zugelassen sind. Einige Unterbefehle (wie *Dateiinhalt anzeigen*) werden verborgen.

    Fall b): Für den Programm-Manager bietet der *Datei*-Befehl ein ganz anderes Menü an. Siehe dazu Abschnitt 4.

2.  Die Datei, die im Datei-Fenster markiert ist, bezeichnet
    man als *aktive Datei*. Die dateibezogenen Menübefehle
    beziehen sich immer auf die gerade *aktive Datei*. Deshalb
    die Reihenfolge: Zuerst im Datei-Fenster eine Datei als
    aktiv markieren und dann den Menübefehl aufrufen.

    Das Verzeichnis, das im Verzeichsbaum-Fenster markiert
    ist, bezeichnet man als *aktives Verzeichnis*. Dieses Verzeichnis beeinflußt das Datei-Fenster (da dessen Dateien hier
    angezeigt werden) und den aufgerufenen Menübefehl.

3.  Wenn der *Datei*-Befehl versucht, Steuer- bzw. Kontrollzeichen als Tonsignale, Blinken usw. anzuzeigen, kann
    das System zusammenbrechen. Man bricht die Ausgabe
    durch Drücken der Tasten *Strg/C, Abbr* bzw. *Break* ab.

4.  Mit AUTOEXEC.BAT ist im Datei-Fenster eine Datei aktiviert. Da der Befehl *Datei/Verzeichnis erstellen* nicht für
    Dateien, sondern nur für Verzeichnisse gilt, ist er (je
    nach Bildschirmtyp) nicht oder nur matt sichtbar.

```
000F2E hex
            E mal 1        =  14 *         1   =      14
            2 mal 16       =   2 *        16   =      32
            F mal 256      =  15 *       256   =    3840
            0 mal 4096     =   0 *      4096   =       0
            0 mal 65536    =   0 *     65536   =       0
            0 mal 1048576  =   0 *   1048576   =  ____ 0
                                                    3886 dez
```

5.  Die Adresse *000F2E hex* entspricht der Adresse *3886 dez*.
    *hex* bzw. *dez* für Hexadezimal- bzw. Dezimal-System.

    Stellenwerte: $1 = 16^0$, $16 = 16^1$, $256 = 16^2$, $4096 = 16^3$

Im Abschnitt 1 dieses Buchs haben Sie nun die fünf Menübefehle der DOS-Shell kennengelernt, die in der Menüleiste am
oberen Rand des Bildschirms zur Auswahl angeboten werden:

- *Anzeige*-Befehl zur Gestaltung der Fenster

- *Optionen*-Befehl für die Einstellungen des Systems

- *Hilfe*-Befehl, um Hilfetexte anzufordern

- *Verzeichnis*-Befehl für die Verzeichnisstruktur

- *Datei*-Befehl zum Datei-Management

Arbeiten Sie mit dem Datei-Manager, dann können Sie die Menüs der o.a. fünf Befehle nutzen.

Arbeiten Sie hingegen mit dem Programm-Manager (z. B. mit
einem Programm der *Dienstprogramme*), dann steht Ihnen der
*Verzeichnis*-Befehl nicht zur Verfügung, und der Datei-Befehl
hat ein etwas verkürztes Menü.

Im nächsten Abschnitt 2 wenden wir uns dem Programm-Manager zu. Sie erfahren, wie man den Programm-Manager ver-
anlaßt, Disketten zu formatieren und zu kopieren.

# 2 Diskette formatieren und kopieren mit dem Programm-Manager

## 2.1 Eine neue Diskette formatieren

Beim Formatieren wird die fabrikneue Diskette in eine dem Betriebssystem gemäße Form gebracht; erst danach kann man Dateien vom RAM auf die Diskette speichern (schreiben) und Dateien von der Diskette in den RAM laden (lesen). Achtung: Wird eine bereits gebrauchte Diskette formatiert, dann werden dadurch alle Dateien unwiderruflich gelöscht.

Zum Formatieren von Disketten stellt der Programm-Manager das Hilfsprogramm *Datenträger formatieren* bereit.

*Schritt 1:*
*Programm-Fenster*
*am Bildschirm*
*anzeigen lassen*

Rufen Sie zunächst den *Anzeige*-Befehl auf, und klicken Sie den Unterbefehl *Programe und Dateien* an (siehe Abschnitt 1.1). Nun wird unten am Bildschirm das Programm-Fenster für den Programm-Manager bereitgestellt:

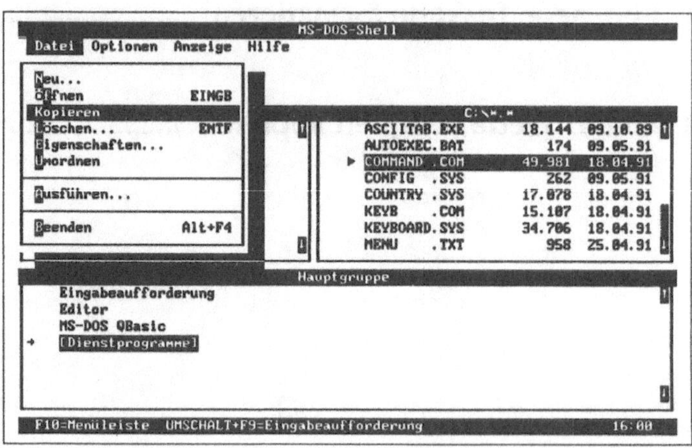


*Abb. 2-1: Hauptgruppe mit vier aufgelisteten Programmen*

*Schritt 2:*
*Dienstprogramme*
*aufrufen*

Rufen Sie nun die Programmgruppe *Dienstprogramme* auf, in dem Sie das Wort *Dienstprogramme* mit der Maus anklicken.
Falls Sie mit der Tastatur arbeiten: Aktivieren Sie mit der *Tab*-Taste das *Hauptgruppe*-Fenster, bewegen Sie die Markierung auf *Dienstprogramme* und geben Sie dann die *Return*-Taste ein.

Am Bildschirm erscheint das *Dienstprogramme*-Fenster, in dem Ihnen neben *Hauptgruppe* (zur Rückkehr) u. a. auch das Programm *Datenträger formatieren* angeboten wird (*Abb. 2-2*).

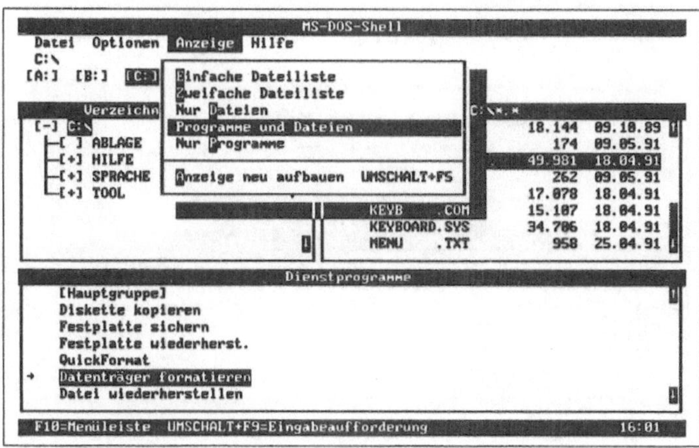

*Abb. 2-2: Datenträger formatieren aus Dienstprogramme*

Rufen Sie nun das *Datenträger formatieren*-Programm durch einen Doppelklick (Maus) bzw. durch Markieren und Drücken der *Return*-Taste (Tastatur) auf. Nach dem Aufrufen öffnet sich eine Dialogbox, in der Format-Befehl nähere Angaben für die zu formatierende Diskette erwartet (*Abb. 2-3*). Zwischen [ ] wird mit "a:" angeboten, die in Laufwerk "A:" befindliche Diskette zu formatieren. Der Cursor steht direkt hinter dem Doppelpunkt von "a:". Sie haben nun drei Möglichkeiten:

*Schritt 3:*
*"Datenträger*
*formatieren"*
*aufrufen*

1. Sie akzeptieren das Angebot, eine neue Diskette in Laufwerk A: formatieren zu lassen, und geben die *Return*-Taste ein bzw. klicken das OK-Feld an.

2. Sie möchten hinter "a:" noch einen Zusatz (man spricht von Parameter) schreiben; dazu bewegen Sie den Cursor mit der Rechts-Taste hinter "a:" und geben dann den Parameter wie z. B. "/f:720" ein.

3. Sie verwerfen das Angebot von MS-DOS, da sie eine andere Eingabe vornehmen wollen. Geben Sie z. B. "b:" ein, dann wird das Angebot "a:" sofort gelöscht.

Wählen Sie bitte die 3. Möglichkeit (auf den Grund gehen wird später näher ein). Geben Sie in der Dialogbox von *Abb. 2-3* jetzt die acht Zeichen "b:/f:720" ein. Damit zeigen Sie dem Format-Befehl an, daß eine Diskette im Laufwerk B: mit 720 KB formatiert werden soll. 720 KB bedeutet 720 Kilo-Bytes, also ungefähr 720000 Bytes bzw. 720000 Zeichen. Genau sind es 737280 Bytes bzw. Zeichen (720 mal 1024 ergibt 737280, wobei mit 2 hoch 10 = 1024 multipliziert wird).

*Schritt 4:*
*b:/f:720 eingeben*

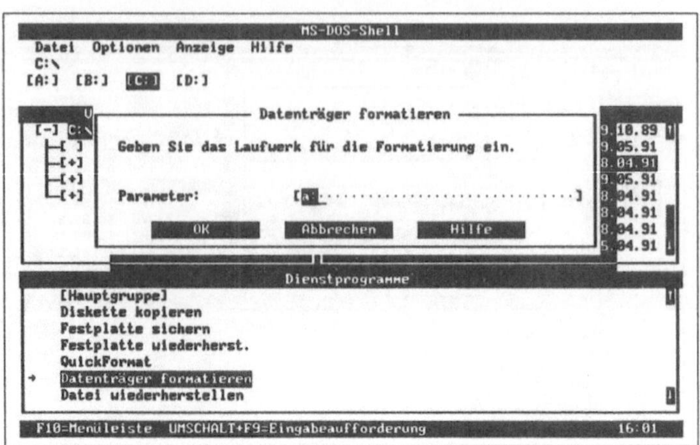

*Abb 2-3: Dialogbox des Format-Befehls nach dem Aufruf*

Sie ersetzen "a:" durch "b:/f:720", um in Laufwerk B: eine Diskette mit einer Speicherkapazität von ungefähr 720000 Zeichen bzw. genau 737280 zu formatieren.

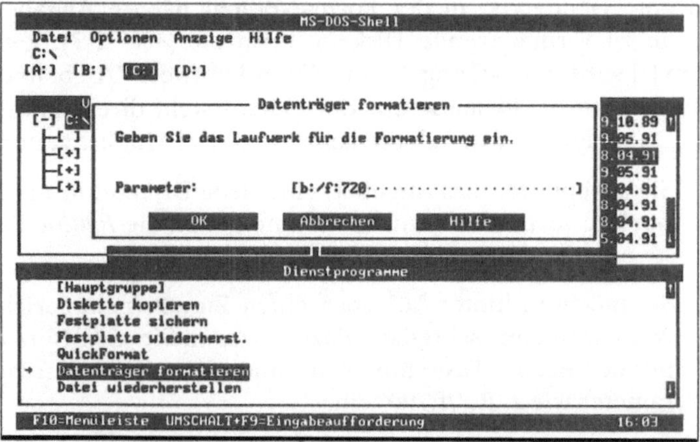

*Abb. 2-4: Dialogbox des Format-Befehls nach Eingabe von "b:/f:720"*

*Schritt 5:*
*Diskette*
*Spur für Spur*
*formatieren*

Verlassen Sie die Dialogbox des *Datenträger formatieren*-Befehls über den *OK*-Ausgang, dann wird der Bildschirm gelöscht und Sie werden aufgefordert, eine neue, leere Diskette in B: einzulegen und dann eine Taste zu drücken. Jetzt formatiert das Betriebssystem die in Laufwerk B: befindliche Diskette und meldet wiederholt, wieviel Prozent der Diskettenoberfläche bereits formatiert sind. Die Klappe am Diskettenlaufwerk muß geschlossen bleiben. Anschließend geben Sie einen maximal 11 Zeichen langen Namen (ohne Leerzeichen) für die neue Diskette ein, zum Beispiel DISK1 (siehe *Abb. 2-5*).

```
Neue Diskette in Laufwerk B: einlegen
und anschließend die EINGABETASTE drücken...

Prüfe bestehendes Datenträger-Format.
Formatiere 720 KB
Formatieren beendet

Datenträgerbezeichnung (11 Zeichen, EINGABETASTE für keine)? disk1

    730112 Byte Speicherplatz auf dem Datenträger insgesamt
    730112 Byte auf dem Datenträger verfügbar

      1024 Byte in jeder Zuordnungseinheit.
       713 Zuordnungseinheiten auf dem Datenträger verfügbar.

Datenträgernummer: 0725-17CD

Eine weitere Diskette formatieren (J/N)?_
```

*Abb. 2-5: DISK1 als Datenträgerbezeichnung angeben*



## Befehlsfolge zum Formatieren (Maus-Steuerung):

1. *Dienstprogramme* in der *Hauptgruppe* anklicken.

2. *Datenträger formatieren* mit Doppelklick aufrufen.

3. Das Parameter-Angebot "a:" durch Eingabe von "b:/f:720" ersetzen und das *OK*-Optionsfeld anklicken.

4. Nach dem Formatierungslauf z.B. DISK1 als Namen für die Diskette eingeben.

5. "n" eingeben, wenn keine weiteren Diskette vorliegt.

## Befehlsfolge zum Formatieren (Tastatur-Steuerung):

1. Mit der *Tab*-Taste das *Hauptgruppe*-Fenster aktivieren, mit den *Pfeil*-Tasten die Markierung auf *Dienstprogramme* bewegen und mit der *Return*-Taste aufrufen.

2. Mit den *Pfeil*-Tasten *den Befehl Datenträger formatieren* markieren und mit der *Return*-Taste aufrufen.

3. "a:" durch "b:/f:720" ersetzen, mit der *Tab*-Taste zum *OK*-Feld und *Return* das Formatieren beginnen.

4. DISK1 als Namen für die Diskette eingeben.

5. Die Frage nach dem Formatieren einer weiteren Diskette mit "n" beantworten.

*Zwei
Diskettengrößen:
3.5" und 5.25"*

Derzeit sind zwei Diskettengrößen am weitesten verbreitet: Die modernere 3.5"-Diskette (in fester Plastik-Kartusche, 9 cm breit) und die ältere 5.25"-Diskette (in flexibler Hülle, ca. 13 cm breit). Für diese Disketten haben sich jeweils zwei Speicherkapazitäten verbreitet (siehe Abb. 2.6):

```
Parameter        Diskettengröße            Speicherkapazität
in Format:       in Zoll:                  in Bytes ungefähr:

a: /f:720          3.5"                       720.000 Zeichen
a: /f:1.44         3.5"                     1.440.000 Zeichen

a: /f:360          5.25"                      360.000 Zeichen
a: /f:1.2          5.25"                    1.200.000 Zeichen
```

*Abb. 2-6: Wichtige Parameter zum Formatieren von Disketten*

Auf der kleineren 3.5"-Diskette läßt sich aufgrund der größeren Speicherungsdichte (die Daten stehen dichter nebeneinander) also mehr speichern als auf der größeren 5.25"-Diskette.

*/F:1.44 als
Parameter*

Welche Auswirkungen haben die in *Abb. 2-6* wiedergegebenen Parameter-Angaben? Betrachten wir als Beispiel einen PC mit einem 3.5"-Laufwerk in A: und einem 5.25"-Laufwerk in B:. Wenn Sie das Angebot "FORMAT A:" annehmen, versucht das Betriebssystem, die Diskette in A: mit dem größtmöglichen Speicherkapazität zu formatieren. Da die meisten 3.5"-Laufwerke auf 1.4 MB ausgelegt sind, beginnt ein Formatierungslauf mit einer Kapazität von 1.4 MB. "FORMAT A:" ist somit identisch mit "FORMAT A:/F:1.44". Wünschen Sie, daß mit der geringeren Kapazität von 720 KB formatiert wird, dann müssen Sie "FORMAT A:" durch "FORMAT A:/F:720" ersetzen.

Was für A: als 3.5"-Laufwerk gilt, ist auch für B: als 5.25"-Laufwerk gültig. Wenn dieses Laufwerk auf 1.2 MB als Maximalkapazität ausgelegt ist, muß gegebenenfalls "FORMAT B:" bzw. "FORMAT B:/F:1.2" durch "FORMAT B:/F:360" ersetzt werden.

Zwei Beispiele zum Formatieren:
Mit "a:/f:1.44" formatieren Sie eine in Laufwerk A: einzulegende 3.5"-Diskette so, daß sie 1.44 MB Zeichen speichern kann.
Mit "b:/f:360" legen Sie 360 KB als Speicherkapazität der 5.25"-Diskette fest, die sich in Laufwerk B: befindet.

1. Der Programm-Manager bietet im *Hauptgruppe*-Fenster den *Datenträger formatieren*-Befehl an, um Disketten zu formatieren. Was passiert, wenn man eine neue Diskette bzw. eine zuvor gebrauchte Diskette formatiert?

2. Der Befehl *Datenträger formatieren* führt standardmäßig eine "sichere Formatierung" durch. Das heißt, daß Sie die Formatierung mit dem Befehl UNFORMAT (siehe Abschnitt 6) wieder rückgängig machen können; dies setzt voraus, daß zuvor das Programm MIRROR installiert wurde. Geben Sie "B:/U" ein, werden durch eine "uneingeschränkte Formatierung" alle Daten auf der Diskette unwiderruflich zerstört. Was bewirkt die Eingabe "B:/F:720 /U" beim Formatieren? Was ist so gefährlich daran?

```
Datenträger formatieren ... als Befehl der Dienstprogramme
            b:           sichere Formatierung der Disk in B:
            b: /u        uneingeschränkte Formatierung in B:

    QuickFormat              ... als Befehl der Dienstprogramme
            b:           schnelle, sichere Formatierung in B:
            b: /q        identisch, da /q Standard ist
            b: /u        schnelle, uneingeschränkte Format.
```

3. Für eine 720 KB-Diskette ergibt sich rechnerisch eine Kapazität von 737280 (720 mal 1024) Zeichen. Aus welchem Grunde werden in *Abb. 2-5* nur 730112 Byte gemeldet, also 7168 Byte weniger?

4. Welche Speicherkapazitäten sind für die Diskettengrößen 5.25" (5.25 Zoll) und 3.5" am weitesten verbreitet?

5. Warum kann auf der kleineren 3.5"-Diskette mehr Daten speichern als auf der größeren 5.25"-Diskette?

6. Was ist in der Format-Dialogbox einzugeben, damit in Laufwerk B: eine 1.4 MB-Diskette formatiert wird?

1.  Formatieren einer neuen Leerdiskette: Die beiden Ober-
    flächen der Diskette (Vorderseite und Rückseite) werden
    mit kreisrunden Spuren markiert, auf denen später durch
    Magnetisierung Daten gespeichert werden können.

    Formatieren einer gebrauchten Diskette: MS-DOS führt
    standardmäßig eine "sichere Formatierung" durch. Alle
    auf der Diskette gespeicherten Daten werden gelöscht
    (Achtung!), lassen sich aber ggf. wieder zurückgewinnen.

2.  Mit "B: /F:720 /U" als Parameter formatieren Sie die Dis-
    kette in B: mit 720 KB *uneingeschränkt (/U)*, d.h. die For-
    matierung und der etwaige Datenverlust läßt sich nicht
    mehr rückgängig machen. Vorteil: /U arbeitet schnell.

3.  Zur Verwaltung der Diskette (Datenträgerbezeichnung,
    Namen und Speicherorte der Dateien merken) wird Spei-
    cherplatz benötigt. DOS beansprucht dafür 7168 Byte.

4.  5.25"-Diskette: 360 KB bzw. genau 368640 Byte (360 mal
    1024) oder 1.2 MB bzw. genau 1228800 Byte.

    3.5"-Diskette: 720 KB bzw. genau 737280 Byte oder 1.4
    MB bzw. genau 1474560 Byte.

5.  Auf der Diskette werden Daten in Kreisen durch magneti-
    sierte Punkte aufgezeichnet. Die Kreise nennt man Spu-
    ren (siehe *Abb. 2-9*). Auf der 3.5"-Diskette sind es 80 Spu-
    ren auf je Diskettenseite. Jede Spur hat einen Abstand von
    der nächsten Spur. Bei der 3.5"-Diskette ist der Abstand
    kleiner als bei der 5.25"-Diskette. Außerdem ist der Zwi-
    schenraum zwischen den magnetisierten Punkten auf der
    Spur. Fazit: Bei der 3.5"-Diskette werden Daten dichter
    aufgezeichnet als bei der 5.25"-Diskette. Deshalb kann die
    3.5"-Diskette mehr speichern die größere 5.25"-Diskette.

6.  Es ist "B:/F:1.44" oder nur "B:" einzugeben.

## 2.2  Eine Diskette komplett kopieren

Wann muß man den kompletten Inhalt einer Diskette auf eine andere, bislang leere Diskette zu übertragen bzw. kopieren? Zwei Anlässe sind zu nennen:

*Sicherungs-
kopie*

- Sie erstellen eine Sicherungskopie der von Ihnen gekauf-
  ten *Standardsoftware*. Dazu kopieren Sie die Disketten.

- Sie kopieren Ihre eigenen *Benutzerdaten* (wie Texte, Ta-
  bellen, Listen) zur Sicherheit auf eine zweite Diskette.

### Standardsoftware-Disketten kopieren

Auf Ihrem PC werden Sie mehrere Software-Werkzeuge (Software-Tools, Standardsoftware) einsetzen. Beispiele sind Tools
zur Textverarbeitung, Datenbankverwaltung, Tabellenverar-
beitung, Grafik und Programmierung. Die Software wird jeweils auf mehreren Disketten geliefert. Diese wertvollen Originaldisketten sollten Sie kopieren, um dann nur mit den Sicherungskopien zu arbeiten. Die Originaldisketten bewahren
Sie an einem sicheren Platz auf, um Sie als Nachweis des ord-
nungsgemäßen Erwerbs, zum Kopieren von defekten Sicherungskopien bzw. zum späteren Anfordern von Upgrades
(Umstellung auf neue Software-Version) zu verwenden.
Das Kopieren der Sicherungskopien auf die Festplatte wird
dann von mitgelieferten Installationsprogrammen namens
SETUP, INSTALL o.ä. vorgenommen.

### Eigene Benutzer-Disketten kopieren

Ihre eigenen Daten werden Sie aus Gründen der Sicherheit
nicht dauernd auf Festplatte speichern, sondern auf Diskette.
Dazu legen Sie sich jeweils zwei Disketten an: Eine *Originaldis-
kette* und eine Diskette für die *Sicherungskopie*.

Zum Kopieren ganzer Disketten stellt der Programm-Manager den *Diskette kopieren*-Befehl bereit. Diesen Befehl werden
wir nun anwenden.

*Befehl
"Diskette
kopieren"*

### Eine Diskette im gleichen Laufwerk kopieren

*PC mit einem Disketten- laufwerk*

Rufen Sie im Fenster des Programm-Managers die Gruppe *Hilfsprogramme* und darin den Befehl *Diskette kopieren* auf. Am Bildschirm erscheint eine Dialogbox, in denen Ihnen *Diskette kopieren* "a: b:" anbietet, den Inhalt der in Laufwerk A: befindlichen Diskette (Quelldiskette) auf die in Laufwerk B: einliegende Diskette (Zieldiskette) zu kopieren. Der Cursor steht hinter dem Doppelpunkt von "b:". Die Parametervorgabe "a: b:" *(lies: "von Laufwerk A: nach Laufwerk B: kopieren")* ist in "a: a:" *(lies: von Laufwerk A: nach Laufwerk A:, also im gleichen Laufwerk kopieren")* abzuändern. Bewegen Sie dazu den Cursor um zwei Zeichen zurück, ändern Sie "a: b:" zu "a: a:" und schließen Sie die Eingabe durch die *Return*-Taste oder Anklicken des *OK*-Feldes ab.

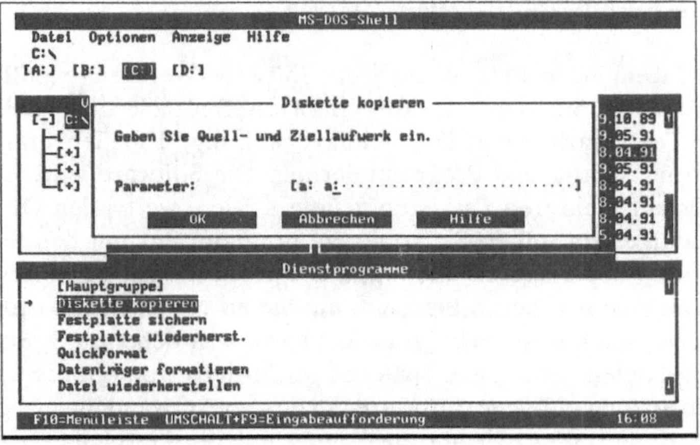


*Abb. 2-7: Dialogbox des Diskette kopieren-Befehls nach Eingabe "a: a:"*

Nun übernimmt *Diskette kopieren* die Steuerung des Dialoges zwischen Ihnen und dem PC. In *Abb. 2-8* ist dazu der folgende Dialog wiedergegeben:

-   *Diskette kopieren* löscht den Bildschirm und fordert Sie auf, die zu kopierende Diskette in das Laufwerk A: einzulegen. Legen Sie die Diskette ein und drücken Sie eine Taste.

-   Danach wird der Inhalt der Diskette in den Hauptspeicher bzw. RAM des PCs übertragen. Diese Diskette heißt *Quelldiskette*, da von ihr "als Ursprung" gelesen wird. Dabei wird gemeldet, daß von der Diskette 80 Spuren (magnetisierte Kreise, auf denen Information gespeichert ist) übertragen werden, wobei jede Spur in 9 Sektoren (Kreisabschnitte zu je 512 Zeichen) unterteilt ist. Siehe *Abb. 2-9*.

- Nun fordert Sie *Diskette kopieren* auf, die *Quelldiskette* aus A: zu entnehmen und eine leere *Zieldiskette* einzulegen.

- Wenn MS-DOS erkennt, daß diese Diskette noch unformatiert ist, wird sie nun automatisch im gleichen Format wie die *Quelldiskette* formatiert. Verwenden Sie eine bereits zuvor formatierte *Quelldiskette*, dann entfällt dieser automatische Schritt "Formatieren beim Kopieren".

- Nun wird der im RAM zwischengespeicherte Inhalt der *Quelldiskette* auf die *Zieldiskette* kopiert. Waren auf der *Zieldiskette* bereits Daten gespeichert, dann werden diese durch das Kopieren gelöscht bzw. überschrieben.

```
Quelldiskette in Laufwerk A: einlegen

Eine beliebige Taste drücken, um fortzusetzen

Kopiert werden 88 Spuren
mit 9 Sektoren je Spur, 2 Seite(n)

Zieldiskette in Laufwerk A: einlegen

Eine beliebige Taste drücken, um fortzusetzen

Quelldiskette in Laufwerk A: einlegen

Eine beliebige Taste drücken, um fortzusetzen

Zieldiskette in Laufwerk A: einlegen

Eine beliebige Taste drücken, um fortzusetzen

Datenträgernummer: 17DD-175F

Eine weitere Diskette kopieren (J/N)? _
```

*Abb. 2-8: Diskette kopieren-Befehl (zweimaliger Diskettenwechsel)*

Befehlsfolge zum Kopieren einer Diskette im gleichen Laufwerk (Maus-Steuerung):

1. Die Gruppe *Hilfsprogramme* im *Hauptgruppe*-Fenster des Programm-Managers anklicken.

2. Den Befehl *Diskette kopieren* durch Doppelklick aufrufen und dessen Dialogbox öffnen.

3. Das Angebot "a: b:" durch Eingabe von "a:" zu "a: a:" ändern und das *OK*-Feld anklicken.

4. Den Aufforderungen des *Diskette kopieren*-Befehls gemäß zuerst die (bisherige) Quelldiskette und dann die (neue) Zieldiskette in das Laufwerk A: einlegen.

5. Frage nach weiterem Kopieren mit "n" beantworten.

*Diskette kopieren-Befehl aufrufen*

Ist der RAM des PCs zu klein, um den gesamten Inhalt der Quelldiskette aufzunehmen, muß der *Diskette kopieren*-Befehl in Teilschritten kopieren. In diesem Fall werden Sie mehrmals aufgefordert, die Disketten in Laufwerk A: auszuwechseln. Dabei dürfen Sie auf keinen Fall die Quelldiskette (von der nur gelesen wird) und die Zieldiskette (auf die geschrieben bzw. neu gespeichert wird) verwechseln.

### Diskette zwischen identischen Laufwerken kopieren

*PC mit zwei gleiche Disketten-Laufwerken*

Verfügt Ihr PC über zwei identische 3.5"-Laufwerke oder über zwei identische 5.25"-Laufwerke, dann können Sie *Diskette kopieren* durch die Parametereingabe "a: b:" veranlassen, den Inhalt der in Laufwerk A: befindlichen Quelldiskette auf die in Laufwerk B: befindliche Zieldiskette zu übertragen.

### Diskette zwischen verschiedenen Laufwerken kopieren

*PC mit zwei verschiedenen Disketten-Laufwerken*

Hat Ihr PC zwei Laufwerke für Disketten unterschiedlicher Größe bzw. Speicherkapazität, dann müssen Sie über die Parameter "a: a:" oder "b: b:" auf nur einem Laufwerk kopieren. Sie können zum Kopieren also nur jeweils ein Laufwerk verwenden (siehe oben *Abb. 2-7*).

- Auf einem PC mit 5.25"-Laufwerk in A: und 3.5"-Laufwerk in B: kopieren Sie mit "a: a:" die 5.25"-Diskette und mit "b: b:" die 3.5"-Diskette.

- Auf einem PC mit 3.5"-Laufwerk in A: und 5.25"-Laufwerk in B: kopieren Sie mit "a: a:" die 3.5"-Diskette und mit "b: b:" die 5.25"-Diskette.

Das Kopieren zwischen Diskettenlaufwerken verschiedener Kapazität bzw. zwischen Diskette und Festplatte ist mit dem *Diskette kopieren*-Befehl nicht möglich. Man muß dazu die Befehle *Datei/Kopieren* oder *XCopy* verwenden; im folgenden Kapitel 3 gehen wir darauf ein.

Beim Kopieren einer Diskette meldet Ihnen der *Diskette kopieren*-Befehl, wieviele Spuren und Sektoren übertragen worden sind (siehe *Abb. 2-8*). Die folgende *Abb. 2-9* gibt Ihnen eine Übersicht der wichtigsten Diskettenformate:

*720 KB-Diskette mit 737280 Zeichen*

```
Größe      Kapazität  Spuren  Sei-   Sek-    Speicherkapazität
in Zoll:   in KB:     je      ten:   toren:  bei 512 Bytes
                      Seite:                 je Sektor:
---------------------------------------------------------------

3.5"       720 KB     80      2      9       512 *  9 * 2 * 80
                                            =  737280 Bytes

3.5"       1440 KB    80      2      18      512 * 18 * 2 * 80
                                            = 1474560 Bytes
                                            = 1.4 MB

5.25"      360 KB     40      2      9       512 *  9 * 2 * 40
                                            =  368640 Bytes

5.25"      1228 KB    80      2      15      512 * 15 * 2 * 80
                                            = 1228800 Bytes
                                            = 1.2 MB
```

*Abb. 2-9: Auf der Diskette wird in Spuren (Kreisen) und Sektoren (Kreisabschnitten) gespeichert*

*Spuren und Sektoren*

Jede Diskette hat zwei Oberflächen bzw. Seiten, auf denen gespeichert werden kann. Auf der Seite werden die Daten in 80 bzw. 40 Kreisen durch margnetisierte Punkte aufgezeichnet. Die Kreise bezeichnet man als Spuren; diese werden nicht etwa "eingeritzt", sondern durch die Positionierung des Schreib-/Lesekopfes auf die Diskettenoberfläche eingetragen.
Jede Spur kann die gleiche Anzahl von Zeichen aufnehmen; auf der innersten Spur stehen die Zeichen demnach enger beieinander als auf der äußersten Spur.
Jede Spur ist in 9 bzw. 16 Sektoren als Kreisabschnitte unterteilt. Ein Sektor nimmt 512 Zeichen auf. Für die 'kleine' 3.5"-Diskette ergibt sich damit eine Speicherkapazität von 737280 Zeichen.

*Byte, KByte, MByte und GByte*

Das Byte (sprich Bait) ist die Maßeinheit für die Speicherung von Daten: 1 Byte (abgekürzt B) entspricht einem speicherbaren Zeichen. Ein Zeichen kann ein Buchstabe (wie D), eine Ziffer (wie 5) oder ein Sonderzeichen (wie &) sein. 1 KB bzw. 1 KByte (sprich Kilo-Bait) sind 1024 bzw $2^{10}$ Bytes und damit 1024 Zeichen. 1 MB bzw. 1 MByte (sprich Mega-Bait) sind 1048576 bzw. $2^{20}$ Zeichen. Ein GB bzw. 1 GByte (sprich Giga-Bait) sind 1073741824 bzw. $2^{30}$ Zeichen.

---

**FRAGEN ZU:**

**2.2 Eine Diskette komplett kopieren**

---

1. Auf einem PC mit 3.5"-Diskettenlaufwerk und Festplatte soll der gesamte Inhalt einer 720 KB-Diskette auf eine neue, noch unbenutzte Diskette übertragen werden. Wie geht man vor? Welche Befehle sind aufzurufen?

2. Auf einem PC mit 5.25"-Diskettenlaufwerk A:, 3.5"-Diskettenlaufwerk B: und Festplatte C: soll eine Sicherungskopie einer 5.25"-Diskette erstellt werden. Für die Kopie wird ebenfalls eine 5.25"-Diskette mit 350 KB Speicherkapazität verwendet. Wie geht man beim Kopieren vor?

3. Bei einem PC mit Festplatte und nur einem Diskettenlaufwerk erhält die Festplatte zumeist den Laufwerksbuchstaben C: und die Diskette den Laufwerksbuchstaben A:. Bleibt das Laufwerk B: ausgespart?

4. Was versteht man unter *Quelldiskette* und unter *Zieldiskette*? Welche Diskette bleibt unverändert?

5. "Der Inhalt einer Diskette läßt sich niemals direkt auf eine andere Diskette kopieren. Die Datenübertragung erfolgt jeweils indirekt über den RAM (Hauptspeicher)." Ist diese Aussage korrekt?

| Hochzahl: | Anzahl von Zeichen: | | Abkürzungen: |
|---|---|---|---|
| $2^0$ | = | 1 = | 1 B (Byte, Zeichen) |
| $2^{10}$ | = | 1.024 = | 1 KB (KByte, KiloByte) |
| $2^{20}$ | = | 1.048.576 = | 1 MB (MByte, MegaByte) |
| $2^{30}$ | = | 1.073.741.824 = | 1 GB (GByte, GigaByte) |

6. Wieviele Zeichen bzw. Bytes können folgende Speicher aufnehmen: 2 MB RAM (also Hauptspeicher mit 2 MB), Festplatte mit 40 MB sowie 640 KB RAM?

---

**ANTWORTEN ZU:**

**2.2 Eine Diskette komplett kopieren**

1. Den *Diskette kopieren*-Befehl im *Hauptgruppe*-Fenster des Programm-Managers aufrufen, in der Dialogbox "a: a:" oder "A: A:" eintragen und die Dialogbox über den OK-Ausgang verlassen. Nun auf Anforderung die Quelldiskette in das Laufwerk einlegen (Disketteninhalt wird in den RAM kopiert), die Quelldiskette durch die leere Zieldiskette ersetzen (Diskette wird - falls erforderlich - formatiert und dann beschrieben). Abschließend einen Namen für die neue Diskette eingeben.

2. Vorgehen wie oben bei Aufgabe 1, d.h. in der Dialogbox des *Diskette kopieren*-Befehls "a: a:" eintragen.

3. Als Laufwerksbuchstaben werden standardmäßig vergeben: Erstes Diskettenlaufwerk A:, zweites Diskettenlaufwerk B:, Festplatte C:, weiteres Laufwerk D: (zum Beispiel RAM-Disk). Ist am PC nur ein Diskettenlaufwerk angeschlossen, dann kann dieses Laufwerk wahlweise mit dem Buchstaben A: oder mit B: angesprochen werden.

4. *Quelldiskette*: Diskette, die kopiert werden soll, von der also gelesen bzw. ein Duplikat hergestellt wird. *Zieldiskette*: Diskette, auf die kopiert wird, die also die duplizierten Daten aufnimmt. Die Zieldiskette wird beschrieben und verändert, die Quelldiskette aber bleibt unverändert.

5. Die Aussage ist korrekt. Mit dem Befehl *Diskette kopieren* wird der Inhalt der *Quelldiskette* in den RAM und dann der Inhalt des RAM auf die *Zieldiskette* übertragen. Ist der RAM zu klein, um den gesamten Inhalt der *Quelldiskette* aufzunehmen, dann erfolgt die Datenübertragung "*Quelldiskette --> RAM --> Zieldiskette*" in mehreren Schritten.

6. 2 MB RAM = 4097152 Bytes; 40 MB Festplatte = 41943040 Bytes; 640 KB RAM = 655360 Bytes.

Im vorliegenden Abschnitt 2 haben Sie den *Programm-Manager* aufgerufen, um Disketten neu zu formatieren und komplett zu kopieren.


Im folgenden Abschnitt 3 des Buchs wenden wir uns dem *Datei-Manager* zu, um Dateien, die auf Diskette oder Festplatte gespeichert sind, zu verwalten.

# 3  Dateien kopieren und verwalten mit dem Datei-Manager

## 3.1 Dateien kopieren

*Datei und Kartei*    Wer hat ihn nicht - den Karteikasten, möglichst aus Holz (und
nicht aus Plastik), mit den verschieden farbigen Karteikarten,
die im Laufe der Jahre immer weiter beschriftet, ergänzt, markiert und mit Quervermerken versehen sind. Auch die Daten-
speicherung auf dem PC ist ähnlich organisiert: Der Karteikar-
te entspricht die Datei als Informationseinheit; die Dateien sind
auf der Diskette als "Karteikasten" gespeichert. Die Farbunter-
scheidungen werden durch Dateitypen (wie TXT und EXE)
vorgenommen.

Zum Verarbeiten von Dateien, also zum Ausgeben, Kopieren,
Umbenennen, Löschen dient der *Datei*-Menübefehl (*Abb. 3-1*).

Um die Unterbefehle von *Datei* auszuprobieren, verwenden wir
die Diskette DISK1, die in Abschnitt 2 formatiert worden ist.
Legen Sie diese Diskette in das Laufwerk B:

*Bildschirm teilen:*    Rufen Sie den Befehl *Anzeige* und dann dessen Unterbefehl
*Oben C:, unten B:*    *Zweifache Dateiliste* auf. Der Bildschirm halbiert sich mit je einem Laufwerks-, Verzeichnis- und Datei-Fenster (*Abb. 3-2*).

In beiden Hälften ist C:\ aktiv. Gehen Sie in das untere Laufwerks-Fenster und aktivieren Sie das Laufwerk B: (siehe *Abb. 3-
3*). Nun können wir das Kopieren von Dateien zwischen Festplatte C: (obere Bildschirmhälfte) und der Diskette B: (untere
Hälfte) bequem verfolgen.

---

**Schrittfolge zum Wechseln von Festplatte C: zur Diskette B:
in der unteren Bildschirmhälfte:**

---

1.    Im unteren Laufwerks-Fenster die Laufwerksbezeichnung
      [B:] markieren: Den Mauszeiger auf [B:] bewegen bzw.
      mit der *Tab*-Taste in Laufwerks-Fenster gehen und mit
      der Leertaste [B:] markieren.

2.    Diskettenlaufwerk B: aktivieren: Die Markierung [A:] an-
      klicken bzw. mit der Return-Taste anwählen. Im rechten
      Datei-Fenster werden die Dateien von B: und im linken
      Verzeichnisbaum-Fenster die Verzeichnisstruktur ange-
      zeigt.

---

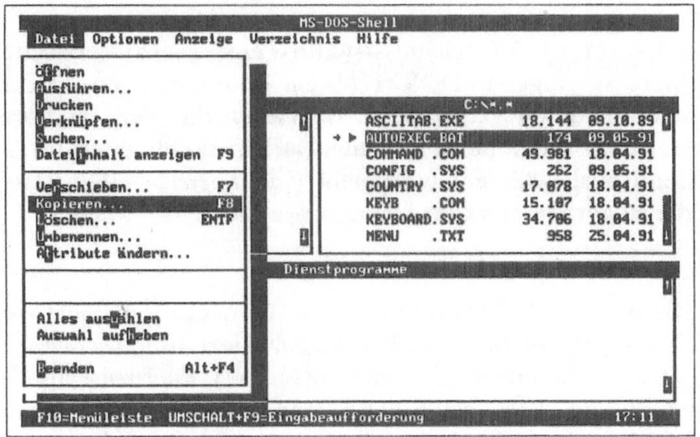

Abb. 3-1: Das Menü des Datei-Befehls



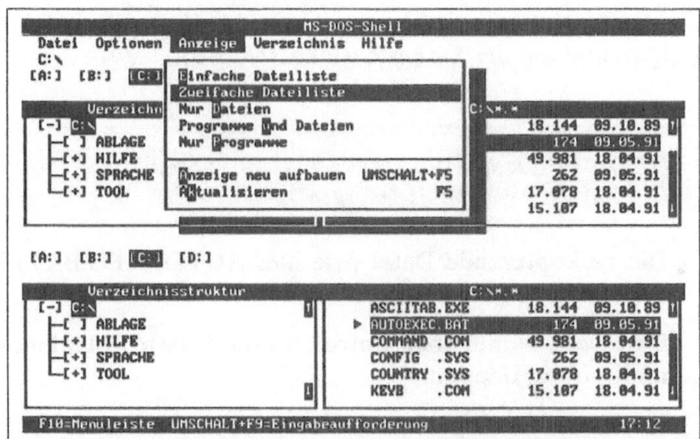

Abb. 3-2: Befehl Anzeige/Zweifache Dateiliste aufrufen

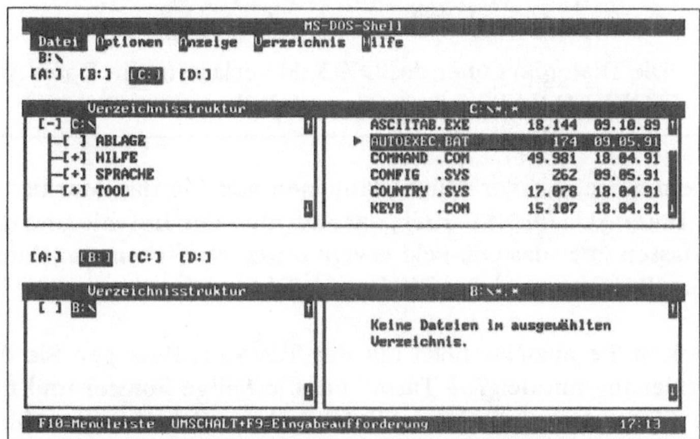

Abb. 3-3: Geteilter Bildschirm mit C: oben und B: unten

*Eine Datei*  
*markieren*

Sobald links im Verzeichnisstruktur-Fenster ein Verzeichnis markiert ist, zeigt MS-DOS rechts im Datei-Fenster sofort die darin enthaltenen Dateien an. Markieren Sie nun im Datei-Fenster eine Datei, dann bezieht sich der anschließend im *Datei*-Menü ausgewählte Unterbefehl (wie *Kopieren* einer Datei) auf die zu gerade markierte bzw. aktive Datei.

*Die markierte*  
*Datei kopieren*

Die Datei AUTOEXEC.BAT soll von C: nach B: kopiert werden. Dazu wird sie im Datei-Fenster markiert, um anschließend den *Datei*-Menübefehl aufzurufen (*Abb. 3-4*). *Kopieren...* als Unterbefehl von *Datei* zeigt dann eine Dialogbox an, in der AUTOEXEC.BAT bereits steht. Als Ziellaufwerk muß nun "C:\" durch "B:\" ersetzt werden (siehe *Abb. 3-5*). Verlassen Sie die Dialogbox über das *OK*-Feld, um die Datei zu kopieren. AUTO-EXEC.BAT ist nun zweimal gespeichert: Im Verzeichnis C:\ der Festplatte und auf der Diskette (siehe *Abb. 3-6*).

**Schrittfolge zum Kopieren einer Datei von Festplatte (Laufwerk C:) auf die Diskette (Laufwerk B:):**

1.  Die zu kopierende Datei (wie hier AUTOEXEC.BAT) im Datei-Fenster markieren.

2.  Den *Datei*-Menübefehl aufrufen und dessen Rolladenmenü herunterklappen.

3.  Im Menü den *Kopieren...*-Unterbefehl aufrufen und damit dessen Dialogbox öffnen.

4.  Im Zielfeld "c:\" durch "b:\" ersetzen, damit AUTOEXEC-.BAT von C: nach B: kopiert werden kann.

5.  Die Dialogbox über das OK-Feld verlassen: die Datei AU-TOEXEC.BAT wird von C: nach B: kopiert.

*Maus-*  
*Steuerung*

Arbeiten Sie mit der Maus, dann nehmen Sie das Markieren der Datei AUTOEXEC.BAT, das Aufrufen der Befehle und das Verlassen über das OK-Feld jeweils durch Anklicken von Dateiname, Befehsname bzw. OK-Optionsfeld vor.

*Tastatur-*  
*Steuerung*

Arbeiten Sie ausschließlich mit der Tastatur: Bewegen Sie die Markierung mit der *Tab*-Taste in das jeweilige Fenster und mit den Pfeiltasten zum Datei-, Befehls- bzw. Feldnamen; schließend Sie dann Ihre Eingabe jeweils mit der *Return*-Taste ab.

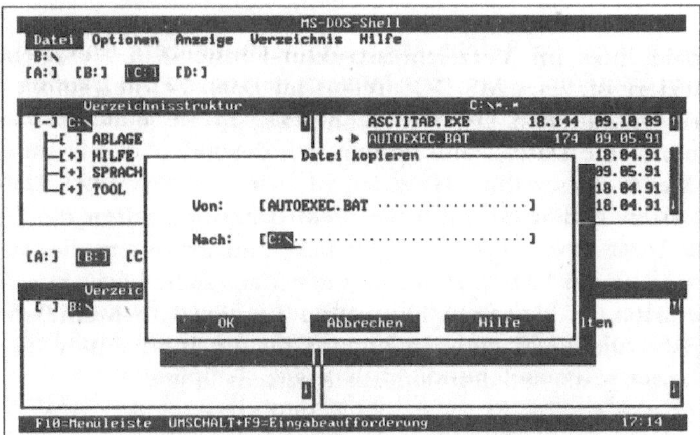

*Die Datei*
*AUTOEXEC.BAT*
*von C: nach B:*
*kopieren*

Abb. 3-4: Kopieren... als Unterbefehl von File aufrufen

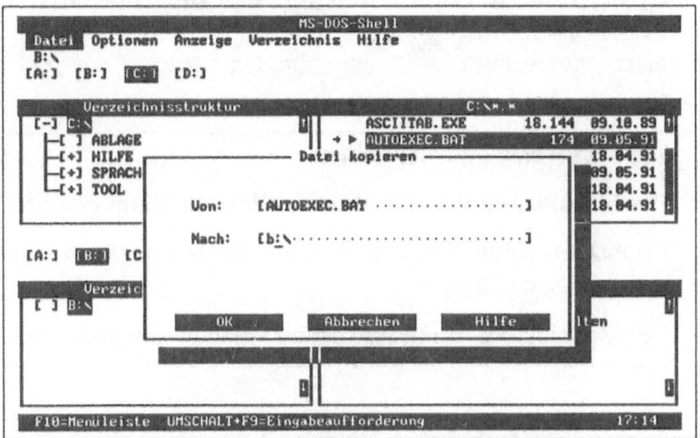

Abb. 3-5: In der Dialogbox C:\ durch B:\ ersetzen

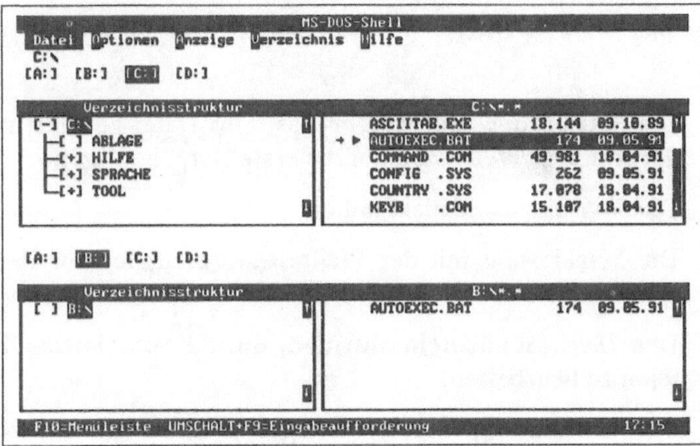

Abb. 3-6: AUTOEXEC.BAT ist nun in C:\ und in B:\ vorhanden

Mit dem *Kopieren*-Befehl lassen sich auch mehrere Dateien auf einmal kopieren. Dabei ist zu unterscheiden, ob die Dateien im Datei-Fenster direkt hintereinander oder verstreut stehen.

*Mehrere angrenzende Dateien markieren*

Im ersten Fall klicken Sie die erste Datei an, halten die *Um-schalt*-Taste bzw. *Shift*-Taste gedrückt und erweitern die Markierung bis zur letzten Datei (mit der Maus ziehen bzw. mit den Pfeiltasten der Tastatur). Nun rufen Sie den *Datei*-Menubefehl auf. Abschließend lassen Sie die Markierung durch einen Mausklick bzw. Loslassen der *Shift*-Taste verschwinden.

*Maus-Steuerung*

**Befehlsfolge zum Markieren hintereinanderliegender Dateien im Datei-Fenster (Maus-Steuerung):**

1.  Die erste Datei im Datei-Fenster anklicken.

2.  Die *Shift*-Taste gedrückt halten.

3.  Die Markierung mit der Maus zur letzten Datei erweitern.

4.  Den *Datei*-Menübefehl aufrufen, um die markierten Dateien zu bearbeiten.

5.  Die Markierung durch Anklicken verschwinden lassen.

Mit der Tastatur werden die Dateien ebenso einfach markiert:

*Tastatur-Steuerung*

**Befehlsfolge zum Markieren hintereinanderliegender Dateien im Datei-Fenster (Tastatur-Steuerung):**

1.  Die Markierung mit der *Tab*-Taste ins Datei-Fenster und dort mit den Pfeiltasten auf die erste Datei bewegen.

2.  Die *Shift*-Taste gedrückt halten.

3.  Die Markierung mit der Pfeiltasten bis zur letzten Datei erweitern.

4.  Den *Datei*-Menübefehl aufrufen, um die markierten Dateien zu bearbeiten.

5.  Die Markierung durch Bewegen der Pfeiltasten verschwinden lassen.

Die drei Dateien COMMAND.COM, CONFIG.SYS und
COUNTRY.SYS werden hintereinander im Datei-Fenster von
C: angezeigt und sollen in einem Arbeitsauftrag nach B: kopiert werden. Markieren Sie diese Dateien (*Shift*-Taste dabei
festhalten) und rufen Sie den *Kopieren*-Befehl auf:

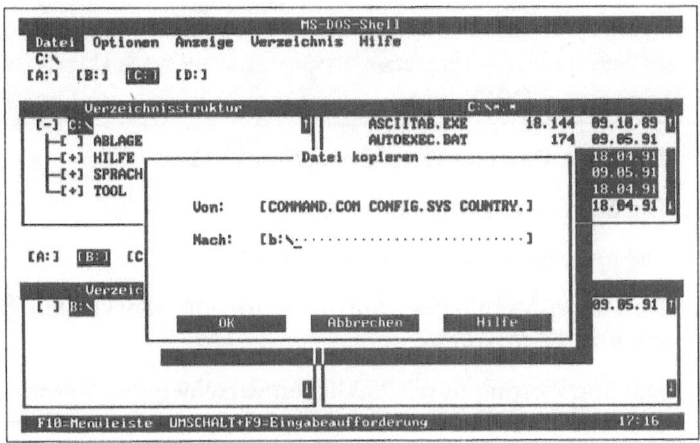

*Abb. 3-7: In der Datei kopieren-Dialogbox wird "b:\" eingetragen*

Der *Kopieren*-Befehl überträgt nacheinander drei Dateien. Er
meldet dies in einem Fenster durch "Kopieren Datei 1 von 3",
"Kopieren Datei 2 von 3" und "Kopieren Datei 3 von 3".

*Kopieren meldet
bei jeder Datei*

Danach sind nunmehr vier Dateien doppelt gespeichert: Auf
der Festplatte C: (oberes Datei-Fenster) und auf der Diskette
B: (unteres Datei-Fenster).

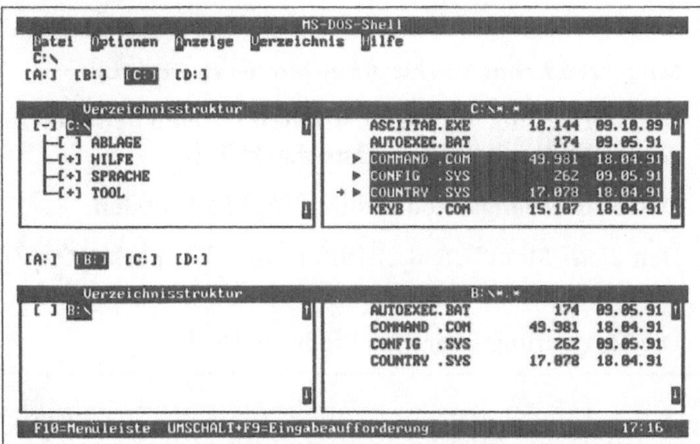

*Abb. 3-8: Vier Dateien sind jetzt in C:\ und in B:\ vorhanden*

*Verstreut ange-*
*zeigte Dateien*
*markieren*

Dateien, deren Namen hintereiander angezeigt werden, markieren Sie über die *Shift*-Taste, verstreut angezeigte Dateien hingegen über die *Strg*-Taste. Klicken Sie die erste Datei an, halten Sie die *Strg*-Taste gedrückt und klicken Sie jetzt die anderen Dateien einzeln an. Nur einfach anklicken (eine doppelt angeklickte wird nicht (nur) markiert, sondern ausgeführt).

*Maus-*
*Steuerung*

Befehlsfolge zum Markieren verstreuter Dateien im Datei-Fenster (Maus-Steuerung):

1.   Die erste Datei im Datei-Fenster anklicken.

2.   Die *Strg*-Taste gedrückt halten.

3.   Die anderen Dateien einzeln anklicken.

4.   Den *Datei*-Menübefehl aufrufen, um die markierten Dateien zu verarbeiten.

5.   Die Markierung durch Anklicken verschwinden lassen.

*Tastatur*
*Steuerung*
*mit Shift/F8*

Sie müssen zunächst die Tasten *Shift/F8* drücken; erst danach können Sie die Markierung zu beliebigen Dateien bewegen und diese jeweils mit der Leertaste einzeln markieren. Sind alle Dateien markiert, dann beenden Sie den Markierungs-Modus durch erneutes Drücken von *Shift/F8* ab, und wählen Sie den gewünschten Unterbefehl im *Datei*-Menü.

Befehlsfolge zum Markieren verstreuter Dateien im Datei-Fenster (Tastatur-Steuerung):

1.   Mit *Shift/F8* zum Markierungs-Modus zu wechseln.

2.   Die Markierung auf die verstreuten Dateien bewegen und diese jeweils mit der Leertaste markieren.

3.   Den Markierungs-Modus durch *Shift/F8* beenden.

4.   Den *Datei*-Menübefehl aufrufen, um die markierten Dateien zu verarbeiten.

5.   Die Markierung über eine Pfeiltaste löschen.

*Kopieren von*
*ASCIITAB.EXE*
*und KEYB.COM*

Im nebenstehenden Beispiel werden die Dateien ASCIITAB-.EXE und KEYB.COM bei gedrückter *Strg*-Taste markiert und dann von C: nach B: kopiert (*Abb. 3-9 bis 3-11*).

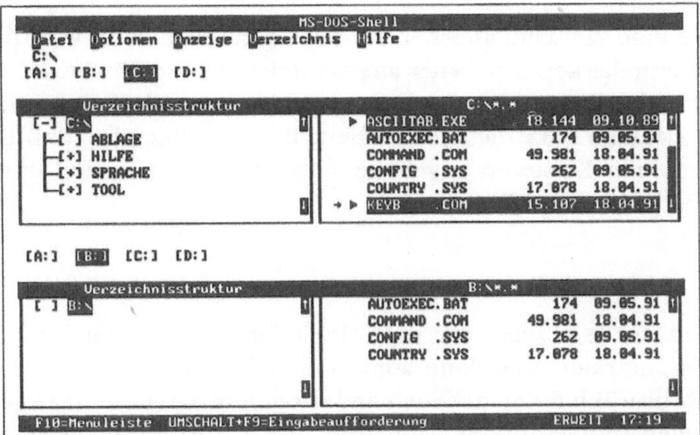

Abb. 3-9: ASCIITAB.EXE und KEYB.COM bei gedrückter Strg-
Taste markieren

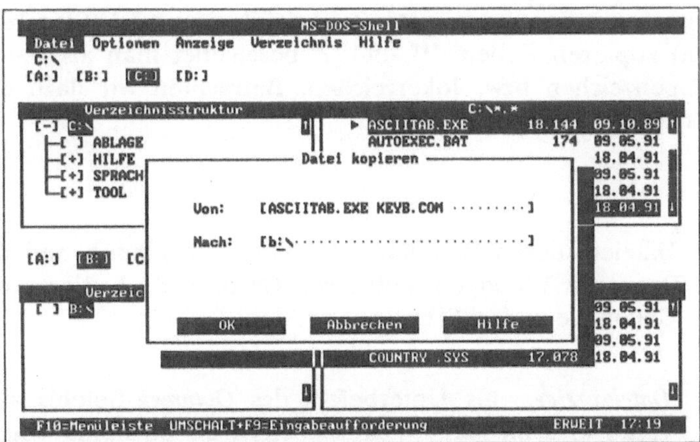

Abb. 3-10: Kopieren-Befehl aufrufen und "b:\" eingeben

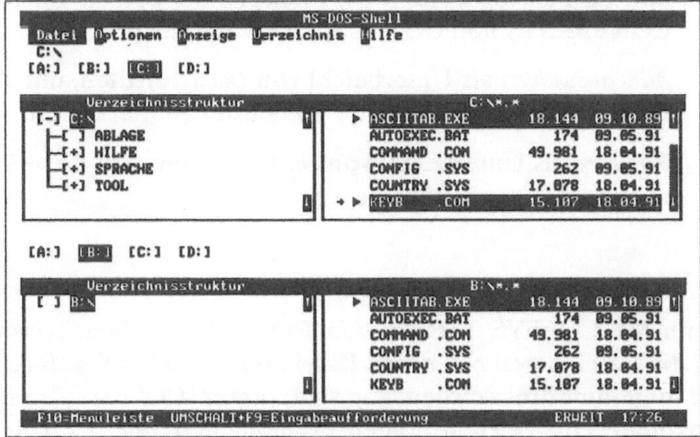

Abb. 3-11: ASCIITAB.EXE und KEYB.COM wurden kopiert

*Zieldatei
überschreiben
oder
neu speichern*

Wird eine Zieldatei gleichen Namens gefunden, dann wird diese durch die kopierte Datei überschrieben bzw. gelöscht. Ist der Name der Zieldatei dagegen noch nicht vorhanden, dann wird die Zieldatei zusätzlich gespeichert. Beachten Sie also, daß Dateien beim Kopieren gegebenenfalls überschrieben und damit gelöscht werden können.

*Dateigruppen
mit * bzw. ?
kopieren*

Oben wurde gezeigt, wie man eine oder mehrere Dateien auswählt, markiert und dann kopiert: dabei hatten Sie das Suchen und Auswählen der nebeneinander oder verstreut angezeigten Dateien (mit Hilfe der *Shift*- bzw. *Strg*-Taste) selbst übernommen. Natürlich können Sie das Suchen und Auswählen auch über den Befehl *Optionen/Dateianzeige* vornehmen (siehe Abschnitt 1). Dies ist besonders dann von Vorteil, wenn Sie Dateigruppen mit den Zeichen "*" (Zeichenfolge) und "?" (Einzelzeichen) kopieren wollen. "*" und "?" bezeichnet man als Dateigruppenzeichen bzw. Jokerzeichen. Betrachten wir dazu ein Beispiel.

*CO*.SYS
mit * als
Jokerzeichen*

Alle Dateien, deren Dateinamen mit "CO" beginnen und die den Dateityp SYS haben, sollen von C:\ nach B:\ kopiert werden. Gehen Sie in drei Schritten vor.

1.  *Dateianzeige...* als Unterbefehl des *Optionen*-Befehls aufrufen und im Name-Feld CO*.SYS als Suchpfad eingeben. Oben im Datei-Fenster erscheint nun C:\CO*.SYS, und im Fenster werden zum Beispiel die beiden Dateien CONFIG.SYS und COUNTRY.SYS angezeigt.

2.  *Alles auswählen* als Unterbefehl von *Datei* aufrufen, um alle Dateien (hier also zwei) im Dateifenster zu markieren.

3.  *Kopieren* als Unterbefehl von *Datei* aufrufen und diese Dateien von C: nach B: kopieren.

*CO?.SYS
mit ? als
Jokerzeichen*

Wenn Sie CO?.SYS anstelle von CO*.SYS angeben, werden nur die Dateien gesucht, deren Dateinamen mit "CO" anfangen und insgesamt drei Zeichen lang sind; hinter "CO" darf also nur (maximal) ein Zeichen folgen. Dateinamen wie CO1.SYS, COX.SYS und auch CO.SYS würden durch CO?.SYS erfaßt.

1.  Die Datei BRIEF1.TXT soll von C:\ (Stammverzeichnis der Festplatte) nach A:\ (Stammverzeichnis des ersten Diskettenlaufwerks) kopiert werden. Wie geht man vor?

2.  Ergänzung zu Frage 1: Was passiert, wenn auf der Diskette A: bereits eine Datei BRIEF1.TXT vorhanden ist?

3.  Wenn mehrere Dateien zum Beispiel von der Festplatte C: auf die Diskette B: zu kopieren sind, wird man sinnvollerweise mit dem Befehl *Anzeige/Zweifache Dateiliste* den geteilten Bildschirm einstellen. Aus welchem Grund?

4.  Im Datei-Fenster werden die drei Dateien BRIEF1.TXT, BRIEF2.TXT und BRIEF3.TXT untereinander angezeigt. Diese Dateien sollen nun mit **einem** *Copy*-Befehl von C:\ nach A:\ übertragen werden. Wie geht man vor?

5.  Wie geht man in Frage 4 vor, wenn die drei Dateien nicht untereinander, sondern zwischen anderen Dateien verstreut angezeigt werden?

6.  Die Datei BRIEF.TXT ist auf Diskette A: gespeichert und soll auf die gleiche Diskette dupliziert und als BRIEF-NEU.TXT gespeichert werden. Wie geht man vor?

7.  Kopiert man mehrere Dateien, bildet man also Dateigruppen, dann kann man diese Dateien bei gedrückter *Umschalt*-Taste bzw. *Strg*-Taste markieren. Eine andere möglichkeit besteht darin, daß man mit dem Befehl *Optionen/Dateianzeige* eine Dateigruppe wie CO*.SYS angibt, damit im Datei-Fenster nur die Dateien dieser Gruppe angezeigt werden. Wie benennt man die Dateigruppe mit PRG-Dateien, die mit "KUNDE" anfangen und deren Dateinamen maximal 7 Zeichen lang sind?

**ANTWORTEN ZU:**

**3.1 Dateien kopieren**

1. Im Verzeichnisbaum-Fenster C:\ markieren. Im Datei-Fenster BRIEF1.TXT markieren. Den Befehl *Kopieren* im *Datei*-Menü aufrufen. Im Quellfeld der Dialogbox steht BRIEF1.TXT und im Zielfeld C:\, das durch A:\ zu ersetzen ist. Nun wird eine Kopie der Datei BRIEF1.TXT von C:\ nach A:\ übertragen.

2. Ist auf der Diskette A: bereits eine Datei namens BRIEF1.TXT gespeichert, dann wird diese - unabhängig von Inhalt und Größe - ohne Vorwarnung bzw. Meldung - durch die kopierte Datei BRIEF1.TXT überschrieben.

3. Aktiviert man im geteilten Bildschirm oben C: und unten A:, lassen sich die Kopieraufträge bequem kontrollieren.

4. Bewegt man den Cursor und hält man dabei die *Umschalt*-Taste bzw. *Shift*-Taste (also die Taste für die Großschreibung) gedrückt, dann erweitert sich die Markierung. Also: BRIEF1.TXT markieren bzw. anklicken, *Umschalt*-Taste drücken und die Markierung (durch Bewegen des Mauszeigers bei gedrückter Maustaste bzw. durch die *Pfeil*-Taste) über BRIEF2.TXT zu BRIEF3.TXT erweitern.

5. Bei angrenzend angezeigten Dateien drückt man die *Umschalt*-Taste, bei verstreut angezeigten Dateien hingegen die *Strg*-Taste. Sonst geht man wie oben bei Frage 4 vor.

6. Im Datei-Fenster BRIEF.TXT markieren und den Befehl *Datei/Kopieren* aufrufen. Im "Von"-Feld erscheint BRIEF-.TXT. Im "Nach"-Feld ersetzt man das Angebot "A:\" durch "A:\BRIEFNEU.TXT". Nach dem Kopieren wird die Datei BRIEFNEU.TXT über BRIEF.TXT angezeigt.

7. KUNDE??.PRG eingeben (z.B. Name KUNDE12.PRG).

## 3.2 Dateien verschieben

In zwei Punkten unterscheiden sich die *Datei*-Befehle *Kopieren...* und *Verschieben...* zum Übertragen von Dateien:

*Verschieben und Kopieren*

1. Beim Kopieren wird eine Datei dupliziert. Nach dem Kopieren der Datei AUTOEXEC.BAT von C: nach B: sind zwei identische Dateien in C: (Quellendatei) und in B: (Zieldatei) gespeichert.

   Beim Verschieben hingegen wird die Quellendatei nach dem Kopieren gelöscht. Nach dem Verschieben der Datei AUTOEXEC.BAT von C: nach B: ist nur noch die Zieldatei in B: gespeichert.

2. Sie können eine oder mehrere Dateien markieren, um sie dann mit einem Befehl zu kopieren oder zu verschieben. Werden mehrere Dateien markiert, dann lassen sich nur beim Kopieren neue Namen für die Zieldateien angeben; beim Verschieben dagegen werden die Namen der Quelldateien für die Zieldateien beibehalten.

Die Handhabung des *Verschieben*-Befehls stimmt mit der des *Kopieren*-Befehls überein. Durch die folgende Dialogbox-Eintragung verschieben Sie die Datei MENU.TXT von C: nach B:

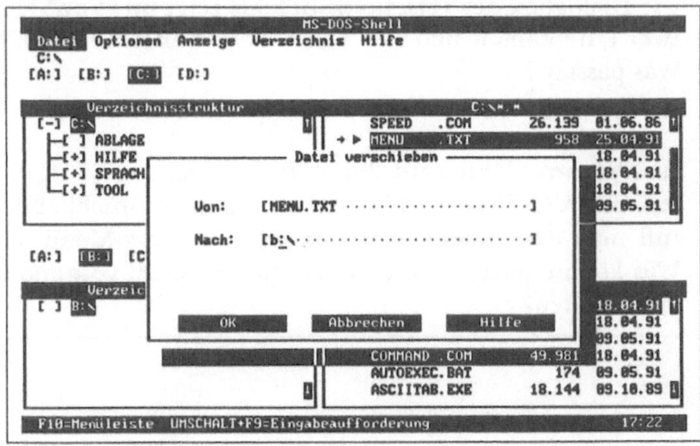


*Abb. 3-12: Dialogbox des Datei/Verschieben-Befehls*

---

**FRAGEN ZU:**

**3.2 Dateien verschieben**

1. *"Verschieben = Zieldatei kopieren + Quellendatei löschen."* Ist diese Gleichung korrekt?

2. Die Datei BRIEF1.TXT soll von einer Diskette auf die andere Diskette übertragen und dabei von der ersten Diskette entfernt werden. Wie gehen Sie vor, wenn am PC nur ein Diskettenlaufwerk verfügbar ist?

3. Ergänzung zu Frage 2: Wie geht man vor, wenn der PC mit zwei Diskettenlaufwerken ausgestattet ist?

4. Alle BAK-Dateien (der Dateityp BAK steht für Back Up bzw. "Sicherungskopie") sollen vom Stammverzeichnis der Festplatte C:\ auf eine in A: eingelegte Sicherungsdiskette verschoben werden. Wie geht man vor?

5. Die Dialogbox des *Verschieben*-Befehls zeigt im "Von"-Feld zwei Dateinamen und im "Nach"-Feld B:\. Was passiert?

6. Die Dialogbox des *Verschieben*-Befehls zeigt im "Von"-Feld zwei Dateinamen und im "Nach"-Feld B:\BRIEF28.TXT. Was passiert?

7. Im *Optionen*-Menü wird der Befehl *Dateianzeige* aufgerufen, um *.TXT als Suchbegriff einzugeben. Anschließend ruft man den Befehl *Alles auswählen* im *Datei*-Menü auf. Was könnte jetzt durch den *Verschieben*-Befehl vorgenommen werden?

**ANTWORTEN ZU:**

**3.2 Dateien verschieben**

1. Die Gleichung ist korrekt. Beim Verschieben wird die Quellendatei nach Beenden des Kopiervorgangs vom Quellenlaufwerk (Diskette oder Festplatte).

2. Die Diskette mit der zu verschiebenden Datei in das Laufwerk A: einlegen, den Namen BRIEF1.TXT im Datei-Fenster markieren und den *Verschieben*-Befehl im *Datei*-Menü aufrufen. Im "Von"-Feld erscheint jetzt BRIEF1.TXT. Im "Nach"-Feld gibt man B:\ oder ebenfalls B:\BRIEF1.TXT ein. Nach Verlassen der Dialogbox wird BRIEF1.TXT von der Diskette in den RAM übertragen und auf der Diskette gelöscht. Dann wird man aufgefordert, die Diskette zu wechseln, und die Datei vom RAM auf die neu eingelegte Zieldiskette kopiert.

3. Die Quellendiskette wird in A: und die Zieldiskette in B: eingelegt. Sonst geht man genau wie in Frage 2 vor.

4. Im Laufwerks-Fenster C:\ aktivieren. *Dateianzeige...* im *Optionen*-Menü aufrufen und *.BAK als Suchbegriff eingeben. Nun werden im Datei-Fenster alle BAK-Dateien angezeigt. Mit dem Aufruf von *Alles auswählen* im *Datei*-Menü werden diese Dateien markiert. Jetzt ruft man den *Datei/Verschieben*-Befehl auf und gibt im "Nach"-Feld A:\ ein: Alle BAK-Dateien werden nach A: verschoben.

5. Die beiden Dateien werden vom aktiven Laufwerk (z. B. von der Festplatte) auf die Diskette B: verschoben.

6. Es erscheint eine Fehlermeldung: Soll beim Verschieben auch umbenannt werden, dann darf nur eine Quelldatei im "Von"-Feld markiert sein.

7. Alle TXT-Dateien z.B. auf die Diskette in A: verschieben.

## 3.3 Dateien umbenennen

Mit *Umbenennen* als Unterbefehl des *Datei*-Menüs können Sie eine Datei, mehrere Dateien oder ein Verzeichnis mit neuen Namen belegen.

*Eine Datei*
*umbenennen*

Die Datei SPEED.COM in Laufwerk B: soll in SPEED1.COM umbenannt werden. Markieren Sie dazu SPEED.COM im Datei-Fenster, und rufen Sie dann den Befehl *Datei/Umbenennen* auf. Tragen Sie SPEED1.COM als neuen Dateinamen ein und verlassen Sie die Dialogbox über das OK-Feld. Im Datei-Fenster wird nun SPEED1.COM anstelle von SPEED.COM angezeigt (siehe *Abb. 3-13*):

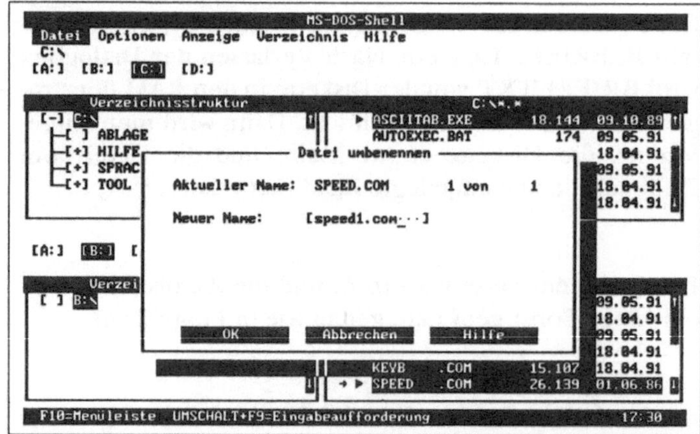

*Abb. 3-13: Datei SPEED.COM in SPEED1.COM umbenennen*

*Mehrere*
*Dateien*
*umbenennen*

Sie können - wie beim Kopieren in *Abschnitt 3.1 und 3.2*) - auch mehrere Dateien markieren; der Umbenennen-Befehl fragt in diesem Falle einzeln die neuen Namen ab.

Ein bereits vorhandener Name wird als neuer Name von DOS mit dem Hinweis "Zugriff verweigert" abgelehnt. So können Sie SPEED.COM nicht in KEYB.COM umbenennen, da es die Datei KEYB.COM im gleichen Laufwerk bereits gibt. Ebenso wird der Versuch, B:\SPEED.COM in A:\SPEED1.COM "umzubenennen", abgelehnt: Umbenennen läßt sich nicht mit Kopieren verknüpfen.

*Verzeichnis-*
*name*
*ändern*

Durch *Umbenennen* läßt sich auch der Name des zuvor im Verzeichnisstruktur-Fenster markierten Verzeichnisses ändern. Auf Verzeichnisse gehen wir in *Abschnitt 3.6* ein.

FRAGEN ZU:

**3.3 Dateien umbenennen**

1. Was ist der Unterschied zwischen dem Umbenennen, dem Kopieren und dem Verschieben einer Datei wie zum Beispiel A:\BRIEF1.TXT?

2. Im Verzeichnis C:\TOOL\WORD ist die Textdatei BRIEF7.SIK abgelegt. Diese Datei soll in BRIEF7.TXT umbenannt werden. Wie geht man vor?

3. Ergänzung zu Frage 2: Wie reagiert das System, wenn die Datei BRIEF7.TXT in C:\TOOL\WORD bereits vorhanden ist?

4. Wie geht man vor, um alle auf der Diskette A: abgelegten SIK-Dateien in BAK-Dateien umzubenennen (die Dateinamen bleiben also gleich, nur die Dateitypen ändern sich von SIK in BAK)?

5. Was passiert, wenn man beim Umbenennen im *Neuer Name*-Feld Eingaben wie zum Beispiel *.BAK oder KUND?.PRG vornimmt?

6. Was passiert, wenn man beim Umbenennen im *Neuer Name*-Feld ein anderes Ziellaufwerk mit angibt, also zum Beispiel B:\BRIEF7.TXT oder C:\MAHN.PRG (wenn die umzubenennende Datei in A:\ gespeichert ist)?

1.  Beim Umbenennen bleibt die Datei unverändert, nur der Name der Datei ändert sich. Aus BRIEF1.TXT wird zum Beispiel BRIEFNEU.TXT.

    Kopieren heißt Duplizieren: Nach dem Kopieren ist die Datei zweimal gespeichert. Entweder unter dem gleichen Namen (wie BRIEF1.TXT auf Diskette A: und BRIEF1.-TXT auf Festplatte C:) oder unter verschiedenen Namen.

    Beim Verschieben wird die Quellendatei nach dem Duplizieren gelöscht; es ist also nur noch die Zieldatei gespeichert.

2.  Das Verzeichnis C:\TOOL\WORD und dann im Datei-Fenster die Datei BRIEF7.SIK markieren. Den Befehl *Umbenennen* im *Datei*-Menü aufrufen und im *Neuer Name*-Feld BRIEF7.TXT eingeben.

3.  Ein bereits vorhandener Dateinamen wird von *Umbenennen*-Befehl abgelehnt. Der Benutzer wird aufgefordert, einen anderen Namen für die Zieldatei einzugeben.

4.  Den Befehl *Dateianzeige...* im *Optionen*-Menü aufrufen und *.* durch *.SIK ersetzen, damit im Datei-Fenster alle SIK-Dateien erscheinen. Dann alle SIK-Dateien markieren (über Befehl *Datei/Alles auswählen*) und den *Umbenennen*-Befehl im *Datei*-Menü aufrufen. Jetzt erfragt *Umbenennen* der Reihe nach für jede Datei den neuen Dateinamen.

5.  Es wird eine Fehlermeldung ausgegeben, da beim Umbenennen für den neuen Dateinamen keine Dateigruppen- bzw. Jokerzeichen "*" und "?" verwendet werden dürfen.

6.  Mit dem *Umbenennen*-Befehl kann nicht gleichzeitig kopiert werden. Aus diesem Grunde erscheint eine Fehlermeldung.

## 3.4 Dateien von Diskette löschen

Mit *Löschen* als Unterbefehl von *Datei* können Sie die Datei-
(en) von Diskette bzw. Festplatte entfernen, die Sie markiert
bzw. die Sie in der Dialogbox des *Löschen*-Befehls angegeben
haben.

*Dateien
von Diskette
entfernen*

---

**Schrittfolge zum Löschen von Dateien von der Diskette:**

1. Die zu löschenden Dateien (wie hier ASCIITAB.EXE und
   SPEED1.COM) im Datei-Fenster markieren.

2. Den *Datei*-Menübefehl aufrufen.

3. Im Menü den *Löschen*-Unterbefehl aufrufen und damit
   dessen Dialogbox öffnen.

4. Die zwei Dateien ASCIITAB.EXE und SPEED1.COM
   werden angezeigt. Lassen Sie diese Dateien unverändert.

5. Die Dialogbox über das OK-Feld verlassen: Der Befehl
   beginnt mit dem Löschen.

6. Vor dem Löschen einer Datei wird über die *Löschen von
   Dateien bestätigen*-Dialogbox nachgefragt, ob die jeweilige
   Datei tatsächlich gelöscht werden soll. Durch Anklicken
   des *Ja*-Feldes wird die Datei von Diskette entfernt.

---

Markieren Sie ASCIITAB.EXE und SPEED1.COM (dabei die
*Strg*-Taste gedrückt halten) im Datei-Fenster von B:.

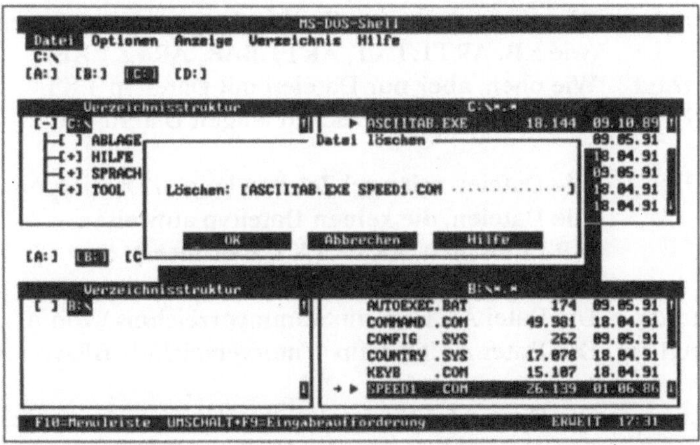

*Abb. 3-14: Dateien ASCIITAB.EXE und SPEED1.COM löschen*

Vor dem Löschen der nächsten Datei fragt der Delete-Befehl über die *Bestätigen*-Dialogbox (siehe *Abb. 3-15*) zur Sicherheit nach, die Datei wirklich von der Diskette entfernt werden soll (*Ja*-Feld mit der Maus anklicken bzw. mit der Return-Taste bestätigen) oder nicht (*Nein*-Feld anklicken) oder ob des gesamte Löschvorgang abzubrechen ist (*Abbrechen*-Feld anklicken).

Über den Befehl *Optionen/Bestätigen...* können Sie diese Bestätigungsmöglichkeit auch abstellen.

*Alle Dateien löschen*

Wählen Sie im Rolladenmenü von *Datei* den Unterbefehl *Alles auswählen*, dann werden alle Dateien im Datei-Fenster markiert. Die anschließende Wahl des Unterbefehls *Löschen* entfernt nun alle Dateien.

*Jokerzeichen*  
** (Zeichenfolge)*  
*und*  
*? (Einzelzeichen)*

Der *Löschen*-Befehl übernimmt die zuvor von Ihnen markierten Dateinamen in seine Dialogbox. Eine andere Mölichkeit besteht darin, daß Sie über den Befehl *Dateianzeige...* im *Optionen*-Menü die Dateigruppe angeben, die dann im DateiFenster anzuzeigen ist. Dabei gibt man die Jokerzeichen * (ersetzt ein Folge von Zeichen) und ? (ersetzt ein einzelnes Zeichen) an. Jokerzeichen bezeichnet man auch als Dateigruppenzeichen. Beispiele:

| | |
|---|---|
| a:*.bak | Alle Dateien mit BAK-Dateityp |
| a:*.* | Alle Dateien (Dateityp beliebig) |
| a:\\art*.* | Alle Dateien, die mit "ART"anfangen |
| a:\\art?.* | Wie oben, aber mit 4 Zeichen langem Dateinamen (wie z.B. ART1.TXT, ART1.BAK, ARTZ.EXE) |
| a:\\art?.txt | Wie oben, aber nur Dateien mit Dateityp TXT |
| a:\\?????.* | Alle Dateien mit 5 Zeichen langen Dateinamen |
| | |
| a:*.?? | Alle Dateien mit zwei Zeichen langen Dateitypen |
| a:* | Alle Dateien, die keinen Dateityp aufweisen (ART1 löschen, ART1.TXT aber nicht) |
| | |
| a:\\a1.txt | Die Datei A1.TXT im Stammverzeichnis \\ von A: |
| a:\\br\\a1.txt | Die Datei A1.TXT im Unterverzeichnis BR von A: |
| | |
| a:a1.txt | Die Datei A1.TXT im aktiven Verzeichnis von A: (zu Verzeichnissen siehe Abschnitt 3.6) |

Der *Löschen*-Befehl fragt zur Sicherheit nach, ob die Datei(en) nun tatsächlich von Diskette bzw. Festplatte zu entfernen ist (sind):

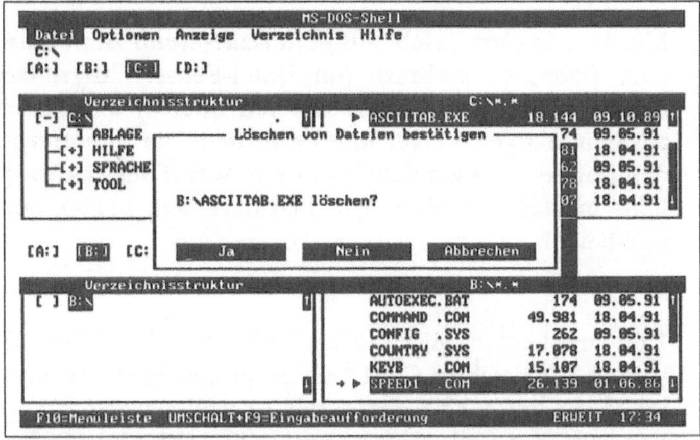

*Abb. 3-15: "Löschen von Dateien bestätigen"-Dialogbox*

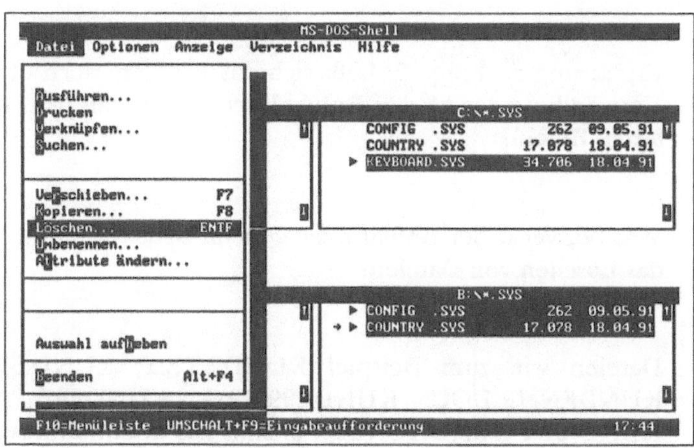

*Abb. 3-16: In *.SYS legt das Jokerzeichen * fest, daß SYS-Dateien mit beliebigen Dateinamen zu löschen sind*

Mit dem *Löschen*-Befehl können Sie einen oder mehrere Dateien von Diskette bzw. Festplatte entfernen. Außerdem läßt sich mit dem *Löschen*-Befehl auch das Verzeichnis entfernen, das zuvor im Verzeichnisstruktur-Fenster markiert worden ist. Auf Verzeichnisse gehen wir in *Abschnitt 3.6* ein.

*Verzeichnis löschen*

**FRAGEN ZU:**

**3.4 Dateien von Diskette löschen**

1.　Mit dem *Löschen*-Befehl aus dem *Datei*-Menü kann man a) eine Datei, b) mehrere (im Datei-Fenster angrenzend bzw. verstreut angezeigte) Dateien oder c) alle Dateien aus dem aktiven Verzeichnis entfernen. Die zu entfernenden Dateien müssen dabei vor dem Aufruf des *Löschen*-Befehls markiert werden. Wie markiert man bei a), bei b) und bei c)?

2.　Die Textdateien MEETING4.TXT und MEETING4.SIK sind im Verzeichnis C:\EINKAUF gespeichert. Da die Datei MEETING4.TXT fehlerhaft ist, soll sie gelöscht werden, um dann die Sicherungskopie MEETING4.SIK in MEETING4.TXT umzubenennen.

3.　Ergänzung zu Frage 2: Läßt sich das Problem auch ohne Verwendung des *Löschen*-Befehl löschen, also mit dem *Kopieren*-Befehl?

4.　Was bezweckt der Befehl *Bestätigen* im *Optionen*-Menü für das Löschen von Dateien?

5.　Dateien wie zum Beispiel KUND2.TXT, KUND.SIK, KUNDENNR.DOC, KUNDE99.PRG, KUND3AB.PAS, KUND und KUNDKUND.EXE sind aus dem Stammverzeichnis der Diskette B: zu entfernen. Welche Angabe zur Dateigruppe gibt man über *Dateianzeige...* im *Optionen*-Menü ein, damit die Dateien mit einem Aufruf des *Löschen*-Befehls entfernt werden können?

6.　Sie entfernen eine Datei mit "geheimen" Daten durch den *Löschen*-Befehl, müssen aber feststellen, daß ein PC-Spezialist die Datei auf der Diskette dennoch weiter lesen kann. Woran liegt dies? Aus welchem Grunde ist die sicherste Methode zum Löschen von Daten, die Diskette neu zu formatieren?

**ANTWORTEN ZU:**

**3.4 Dateien von Diskette löschen**

1. Im Verzeichnisbaum-Fenster das Verzeichnis aktivieren und dann im Datei-Fenster a) die einzelne Datei markieren. Zum Markieren bei b) hält man die *Umschalt*-Taste (angrenzende Dateien) bzw. die *Strg*-Taste (verstreute Dateien) gedrückt. Für c) kann man den Befehl *Datei/Alles auswählen* verwenden.

2. Man markiert das Verzeichnis C:\EINKAUF und im Datei-Fenster die Datei MEETING4.TXT, um sie dann durch Aufruf des *Löschen*-Befehls aus dem *Datei*-Menü zu entfernen. Anschließend markiert man die Datei MEETING4.SIK und benennt sie mit dem *Umbenennen*-Befehl aus dem *Datei*-Menü in MEETING4.TXT um.

3. Ja, dies ist möglich, aber aus folgendem Grunde weniger sinnvoll: MEETING1.SIK wird an den Speicherplatz von MEETING4.TXT kopiert. Wenn MEETING4.TXT nicht korrekt gelesen werden konnte, weil der Speicherplatz Fehler aufweist, dann erhält man ggf. weiterhin die gleichen Lesefehler.

4. Mit *Optionen/Bestätigen* läßt sich einstellen, daß vor dem Löschen jeder einzelnen Datei eine Bestätigung des Benutzers eingeholt wird. Dies ist sinnvoll, wenn einerseits eine große Dateigruppe markiert ist, andererseits aber nicht sicher ist, ob nun wirklich jede einzelne Datei dieser Gruppe zu löschen ist.

5. Man gibt KUND*.* als Dateigruppe ein: Alle Dateien, die mit "KUND" beginnen, dann beliebige Zeichen.

6. Der *Löschen*-Befehl macht lediglich den Dateinamen im Inhaltsverzeichnis (Directory) der Diskette unlesbar. Mit Befehlen wie Undelete kann man den Namen zurückgewinnen. Format dagegen löscht Daten unwiderruflich.

## 3.5 Dateien suchen

*Suchauftrag eingeben*

Auf der Festplatte sollen alle Dateien mit dem Dateityp TXT gesucht und angezeigt werden. Lösen Sie diese Suchaufgabe mit *Suchen* als Unterbefehl des Menü-Befehls *Datei*: Wählen Sie im Laufwerks-Fenster die Festplatte C: an. Rufen Sie dann den Befehl *Datei/Suchen* auf und geben Sie *.TXT als Suchtext ein, um alle Dateien mit beliebigem Namen (Jokerzeichen *) und mit dem Dateityp TXT suchen zu lassen (siehe *Abb. 3-17*):

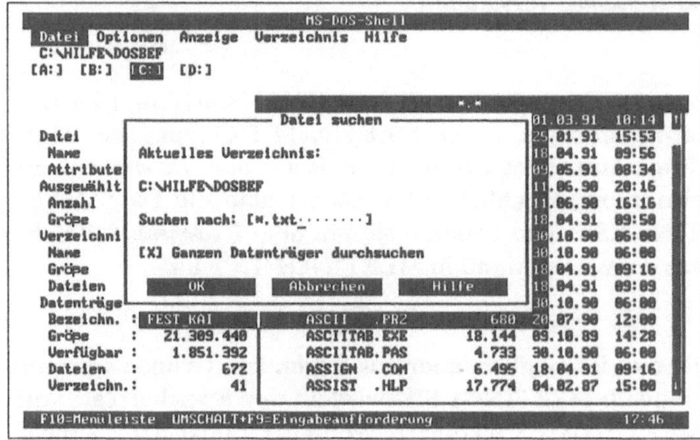

*Abb. 3-17: In Dialogbox Datei/Suchen angeben: TXT-Dateien suchen*

*Suchergebnis anzeigen*

Der *Suchen*-Befehl zeigt nun alle TXT-Dateien nach Verzeichnissen geordnet am Bildschirm an:

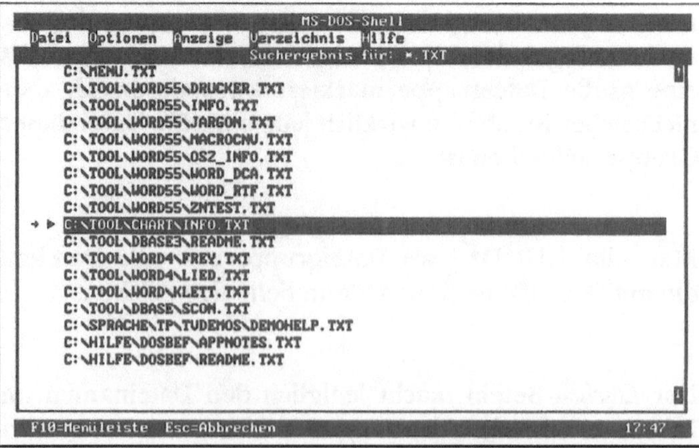

*Abb. 3-18: Datei/Suchen zeigt alle TXT-Dateien an und markiert die erste Datei*

**FRAGEN ZU:**

**3.5 Dateien suchen**

1. Dateien, die zusätzliche Information zu einer Applikation bereitstellen, werden oftmals mit README.TXT, READ-ME.DOC, README.HLP, README.COM usw. benannt. Wie kann man sich rasch einen Überblick über die auf der Festplatte gespeicherten README-Dateien bzw. LIESMICH-Dateien verschaffen?

2. Wie verläßt man das Fenster, in dem *Suchen* sein Suchergebnis anzeigt?

3. Welche Dateien werden durch Eingabe von ART??.?AS über den *Suchen*-Befehl gesucht?

4. "Setzt man in der *Datei suchen*-Dialogbox das Kontrollkästchen [X] für die Option *Ganzen Datenträger durchsuchen*, dann bleibt das aktuelle Verzeichnis unberücksichtigt." Ist diese Aussage korrekt?

1.   Im Laufwerks-Fenster [C:] und im Verzeichnisbaum-Fen-
     ster C:\ aktivieren. Dann den *Suchen*-Befehl im *Datei*-Me-
     nü aufrufen und in der Dialogbox *.* durch README*.*
     ersetzen. Jetzt werden in einem Suchergebnis-Fenster die
     gefundenen Dateien angezeigt. Die erste Datei ist mar-
     kiert. Man bewegt die Markierung zur gewünschten Datei
     und ruft zum Beispiel den Befehl *Datei/Dateiinhalt anzeigen*
     auf.

2.   Durch Drücken der *Esc*-Taste bzw. F10-Taste gelangt
     man zurück zur vorhergehenden Ebene bzw. zur Menü-
     zeile von DOS.

3.   Zu suchen sind Dateien wie ART.PAS, ART.BAS, ARTXX-
     .PAS, ART4.BAS. Dateilänge maximal fünf Zeichen, mit
     den drei Zeichen "ART" beginnend, Dateityp mit "AS" en-
     dend. Die Dateigruppe ART??.?AS umfaßt diese Dateien.

4.   Die Aussage ist korrekt: Ist der Schalter *Ganzen Datenträ-*
     *ger durchsuchen* gesetzt, wird in allen Verzeichnissen auf
     dem Datenträger nach dem Suchbegriff gesucht. Die
     Suche ist somit unabhängig von dem Verzeichnis (das ist
     in *Abb. 3-17* also das Verzeichnis C:\HILFE\DOSBEF), das
     zuvor angegeben worden ist.

## 3.6  Dateien in einem Verzeichnis speichern

In *Abschnitt 1.4* haben Sie im Zusammenhang mit dem Menü-
Befehl *Verzeichnis* den Verzeichnisbaum als "umgekehrten
Stammbaum mit Wurzel (Root) unten und Zweigen
(Verzeichnissen) und Blättern (Dateien) oben" kennengelernt.
Nun wollen wir selbst ein solchen Verzeichnisbaum anlegen.
Aus Gründen der Vorsicht verwenden wir dazu nicht die
Festplatte, sondern die Diskette namens DISK1, die wir
bereits formatiert haben (siehe *Abschnitt 2*), und auf der wir
bereits Dateien gespeichert haben (siehe *Abschnitte 3.1 bis 3.4*).

*Verzeichnis in Form eines Baumes*

Legen Sie die Diskette in das Laufwerk B: ein, und wählen Sie
B: im Laufwerks-Fenster an: Im linken Verzeichnisstruktur-
Fenster erscheint nur B:\, also das Stammverzeichnis, und im
rechten Datei-Fenster werden die fünf Dateien angezeigt, die
im Stammverzeichnis gespeichert sind (siehe *Abb. 3-19*).

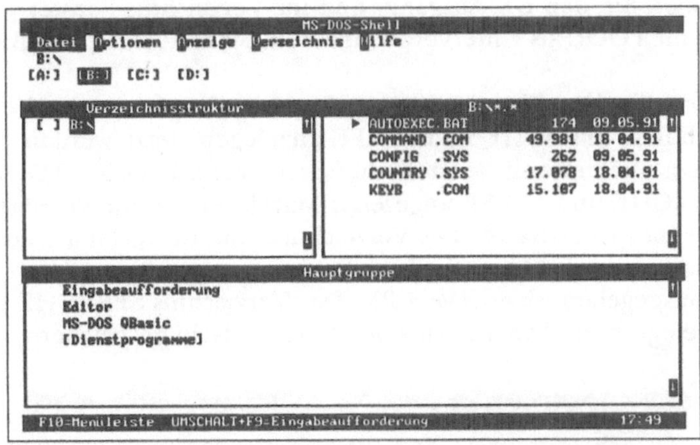

*Abb. 3-19: Im Stammverzeichnis B:\ sind nur Dateien gespeichert,*
*also noch keine Verzeichnisse*

Als (Unter-)Verzeichnisse zum Stammverzeichnis B:\ sollen
die Verzeichnisse TOOL, SPRACHE und HILFE angelegt
werden, damit darin später Software-TOOLs (wie eine Textverarbeitung und eine Datenbanksysten), ProgrammierSPRA-
CHEn (wie Pascal und Basic) und HILFEprogramme abge-
speichert werden können. Zum Anlegen von Verzeichnissen
dient *Verzeichnis erstellen...* als Unterbefehl des Befehls *Datei.*

*Aufgabe: In B: drei Verzeichnisse anlegen*

*TOOL als Verzeichnis anlegen*

Rufen Sie *Datei/Verzeichnis erstellen* auf und tragen Sie in die Dialogbox TOOL als Verzeichnisnamen ein (siehe *Abb. 3-20*).

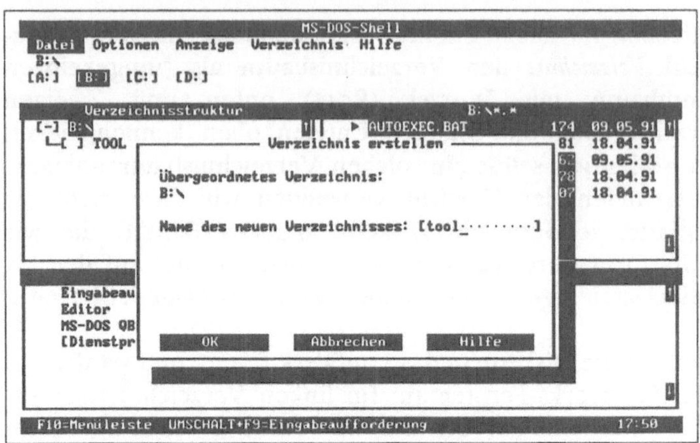

*Abb. 3-20: TOOL als Unterverzeichnis zu B:\ anlegen*

Wählen Sie den *OK*-Ausgang, und im Verzeichnis-Fenster erscheint TOOL als Unterverzeichnis zum Stammverzeichnis B:\.

*Die Verzeichnisse SPRACHE und HILFE anlegen*

Rufen Sie *Verzeichnis erstellen* noch zweimal auf, um die Verzeichnisse SPRACHE und HILFE anzulegen. Jetzt werden im linken Verzeichnis-Fenster die drei Verzeichnisse TOOL, SPRACHE und HILFE angezeigt. Markieren Sie im Verzeichnis-Fenster das SPRACHE-Verzeichnis, und im rechten Datei-Fenster wird der Hinweis *Keine Dateien im ausgewählten Verzeichnis* ausgegeben (siehe *Abb. 3-21*). Das Verzeichnis SPRACHE ist angelegt, es sind aber noch keine Dateien darin gespeichert.

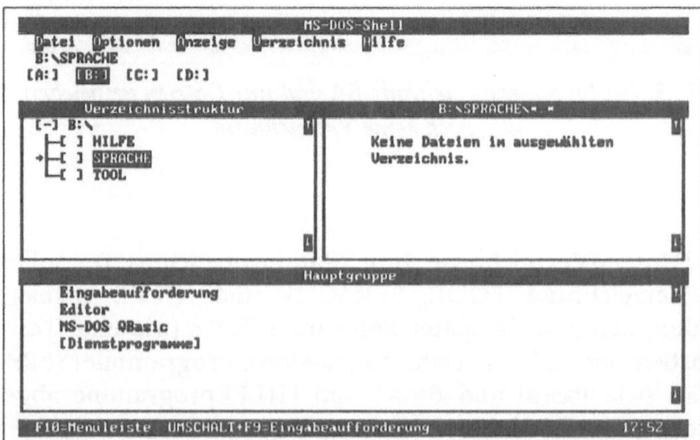

*Abb. 3-21: Verzeichnisse TOOL, SPRACHE und HILFE angelegt*

Nach dem Formatieren ist auf der Diskette B: nur ein Verzeichnis eingetragen: Das Stammverzeichnis, benannt durch
den Backslash "\" als umgekehrten Schrägstrich. Im Stammverzeichnis als Wurzel (engl. Root) können jetzt Dateien gespeichert werden; außerdem können darin weitere Unterverzeichnisse angelegt werden. Mit dem Befehl *Verzeichnis erstellen*
aus dem *Datei*-Menü sind in B: die drei Verzeichnisse TOOL,
SPRACHE und HILFE angelegt worden (siehe *Abb. 3-22*).



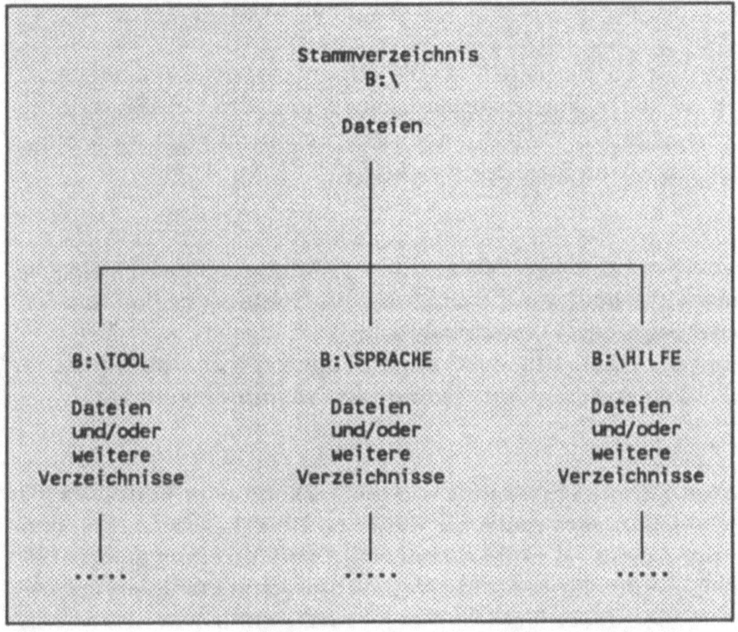



*Abb. 3-22: Verzeichnisbaum auf Diskette B: mit zwei Verzeichnis-
ebenen*

Wie im Stammverzeichnis \ können auch in den Verzeichnissen TOOL, SPRACHE und HILFE Dateien gespeichert oder
neue Unterverzeichnisse angelegt werden. Damit ergeben
sich vier mögliche Zustände eines Verzeichnisses:



1.　Das Verzeichnis ist leer.

2.　Im Verzeichnis sind Dateien gespeichert.

3.　Im Verzeichnis sind weitere Unterverzeichnisse eingetra-
　　gen. Es entsteht eine "Hierarchie von Verzeichnissen".

4.　Im Verzeichnis sind sowohl Dateien als auch weitere Ver-
　　zeichnisse gespeichert.

*DBASE als*
*Unterverzeichnis*
*zu TOOL*
*anlegen*

In der ersten Verzeichnisebene sind nun die drei Verzeichnisse HILFE, SPRACHE und TOOL angelegt. Legen Sie jetzt in einer zweiten Ebene weitere Unterverzeichnisse an, um darin später die jeweilige Software zu speichern.
Beispiel: Im Verzeichnis TOOL sollen das Unterverzeichnis DBASE angelegt werden. Aktivieren Sie dazu im Verzeichnis-Fenster das Verzeichnis TOOL (TOOL anklicken (Maus) bzw. die mit den Pfeil-Tasten die Markierung auf TOOL bewegen). Rechts oben über dem Datei-Fenster erscheint B:\TOOL*.*. Rufen Sie jetzt im *Datei*-Menü den Befehl *Verzeichnis erstellen* auf und tragen Sie DBASE als Verzeichnisnamen ein (*Abb. 3-23*). Kontrollieren Sie dabei, ob als "Übergeordnetes Verzeichnis" auch B:\TOOL angezeigt wird. Nur dann wird DBASE als Unterverzeichnis zu TOOL angelegt - und nicht etwa als Unterverzeichnis zum Stammverzeichnis \.

Legen Sie auf diese Weise auch die übrigen Verzeichnisse an. Danach erscheint am Bildschirm zum Beispiel der in *Abb. 3-24* wiedergegebene Verzeichnisbaum.
Damit der Baum in seiner vollen Länge sichtbar wird, wurde in *Abb. 3-24* der Befehl *Anzeige/Einfache Dateiliste* eingestellt.

Wollen Sie ein Verzeichnis von der Diskette oder Festplatte löschen? Dann verwenden Sie dazu den Befehl *Datei/Löschen*, den Sie in *Abschnitt 3.4* zum Löschen von Dateien kennengelernt haben. Beachten Sie aber: Ein Verzeichnis kann erst dann mit *Löschen* gelöscht werden, wenn es leer ist, wenn zuvor also alle in diesem Verzeichnis abgelegten Dateien sowie Unterverzeichnisse (ebenfalls mit *Löschen*) entfernt worden sind.

*Dateien in*
*Verzeichnisse*
*kopieren*

Die Verzeichnisse sind zwar angelegt, aber noch leer. Um Dateien in die Verzeichnisse zu kopieren, verwenden Sie *Kopieren*-Befehl aus dem *Datei*-Menü (siehe *Abschnitt 3.1*). Um alle Dateien der Quelldiskette von Laufwerk B: in das Verzeichnis A:\SPRACHE\TP der Zieldiskette von Laufwerk A: zu kopieren, gehen Sie so vor:

1.    Aktivieren Sie im Laufwerks-Fenster das Laufwerk A:.

2.    Markieren Sie im Datei-Fenster alle zu kopierenden Dateien. Verwenden Sie ggf. den Befehl *Datei/Alles auswählen*.

3.    Rufen Sie den Befehl *Datei/Kopieren* auf und geben Sie im "Nach:"-Feld A:\SPRACHE\TP ein.

Zuerst wird im Verzeichnis-Fenster das Verzeichnis TOOL markiert, um erst dann den Befehl *Datei/Verzeichnis erstellen* aufzurufen und DBASE einzugeben:

*Weitere Unterverzeichnisse anlegen*

*Abb. 3-23: DBASE als Unterverzeichnis zu TOOL anlegen*

Nach mehrmaligem Aufruf des *Verzeichnis erstellen*-Befehls wird im Verzeichnis-Fenster der komplette Verzeichnisbaum angezeigt (*Abb. 3-24*):

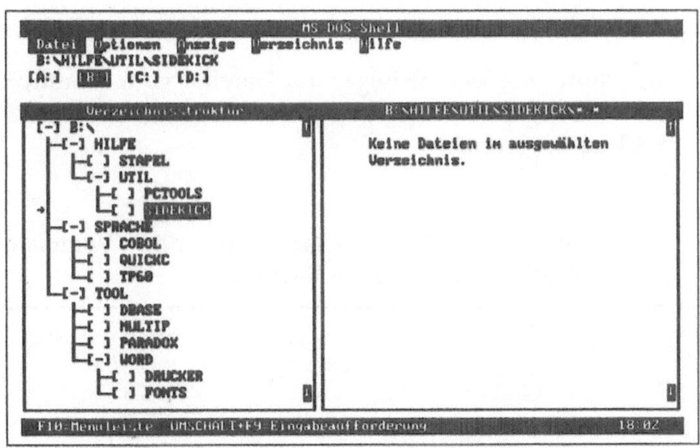

*Abb. 3-24: Verzeichnisbaum der Diskette in B:*

Der Baum kann natürlich nachträglich durch weitere Verzeichnisse ergänzt werden (Befehl *Datei/Verzeichnis erstellen*). Entsprechend lassen sich leere Verzeichnisse aus dem Baum entfernen (Befehl *Datei/Löschen*).

*Leere Verzeichnisse löschen*

---

**FRAGEN ZU:**

**3.6 Dateien in einem Verzeichnis speichern**

1. Eine Diskette bzw. Festplatte ist neu formatiert worden. Welche Verzeichnisse sind dabei eingetragen worden?

2. Im Verzeichnisstruktur-Fenster wird ein auf dem Kopf stehender Baum angezeigt. Was sind Wurzel, Äste und Früchte?

3. Aus welchen Gründen unterteilt man den Speicherraum der Diskette bzw. Festplatte in Verzeichnisse, die baumartig angeordnet sind?

4. Wie lautet die Befehlsfolge, um im Stammverzeichnis A:\ das neue Verzeichnis PRIVAT anzulegen?

5. Wie lautet die Befehlsfolge, um im Verzeichnis A:\TOOL das neue Verzeichnis PRIVAT anzulegen?

6. Wie lautet die Befehlsfolge, um Dateien vom Stammverzeichnis der Diskette B: in das Verzeichnis A:\TOOL\PRIVAT zu kopieren?

7. Wie lautet die Befehlsfolge, um das Verzeichnis A:\TOOL\PRIVAT wieder zu löschen?

**ANTWORTEN ZU:**

**3.6 Dateien in einem Verzeichnis speichern**

1.  Der Format-Befehl richtet autoamtisch das Stammverzeichnis ein und benennt es mit "\" (umgekehrter Schrägstrich, Backslash). C:\ als Stammverzeichis der Festplatte und A:\ bzw. B:\ als Stammverzeichnisse der Disketten A: und B:.

2.  Stammverzeichnis als Wurzel (auch Root genannt). Äste als Verzeichnisse. Dateien als Früchte. Der Baum wächst von oben (Wurzel) nach unten (untergeordnete Verzeichnisebenen).

3.  Aus folgenden Gründen: 1. Übersichtlichkeit, 2. Speicherkapazität (je Verzeichnis lassen sich bis zu 112 Namen eintragen), 3. Zugriffsgeschwindigkeit (die Markierung im Verzeichnis-Fenster bewegen).

4.  Das Stammverzeichnis A:\ im Laufwerks-Fenster markieren, den Befehl *Verzeichnis erstellen* im *Datei*-Menü aufrufen und PRIVAT als Verzeichnisnamen eingeben.

5.  Wie oben bei Frage 4, aber das Verzeichnis A:\TOOL im Laufwerks-Fenster markieren.

6.  Das Verzeichnis B:\ aktivieren, im Datei-Fenster alle Dateien von B:\ markieren, den *Kopieren*-Befehl im *Datei*-Menü aufrufen und in der Dialogbox A:\TOOL\PRIVAT als Ziel-Verzeichnis eingeben.

7.  Der *Löschen*-Befehl im *Datei*-Menü ist zweimal aufzurufen: Zuerst müssen alle Dateien aus dem Verzeichnis A:\TOOL\PRIVAT gelöscht werden (dazu alle Dateien im Datei-Fenster markieren). Erst dann kann das Verzeichnis selbst gelöscht werden (dazu den Verzeichnisnamen PRIVAT im Verzeichnisstruktur-Fenster markieren).

## 3.7  Eine Datei öffnen bzw. starten

*Öffnen im
Datei-Menü*

Mit *Öffnen* als Unterbefehl des *Datei*-Menüs kann man das Programm starten, das zuvor im Datei-Fenster markiert worden ist. In einem Programm sind Befehle in ausführbarer Form gespeichert; man erkennt ein Programm bzw. eine Programmdatei an Dateitypen wie COM (Command File, Befehls-Datei), EXE (Executable File) und BAT (Batch File, Stapel-Datei).

*Beispiel:
MEM.EXE
starten*

Mit dem MS-DOS wird die Datei MEM.EXE (MEM für Memory) geliefert, die Auskunft über die Belegung des RAM gibt. Markieren Sie MEM.EXE im Datei-Fenster (falls Sie die Datei nicht finden, verwenden Sie den Suchen-Befehl, siehe *Abschnitt 3.5*). Wenn Sie nun *Öffnen* im *Datei*-Menü aufrufen, erscheint zum Beispiel folgende Meldung von MEM.EXE:

```
655360 Byte konventioneller Speicher insgesamt
655360 Byte für MS-DOS verfügbar
600192 Byte max. Größe für ausführbares Programm

393216 Byte fortlaufender Erweiterungsspeicher insgesamt
     0 Byte fortlaufender Erweiterungsspeicher verfügbar
262144 Byte XMS-Speicher verfügbar
       MS-DOS resident im oberen Speicherbereich (High Memory Area)


Drücken Sie eine beliebige Taste, um zur MS-DOS-Shell zurückzukehren...
-
```

*Abb. 3-25: Die Datei MEM.EXE mit Datei/Öffnen starten*

*Eine Datei
starten*

Eine Datei starten heißt, die darin gespeicherten Befehle zur Ausführung bringen. Markieren Sie zum Beispiel die Datei IN-FO1.TXT und rufen Sie dann *Öffnen* auf, dann passiert überhaupt nichts. Warum? INFO1.TXT ist eine Textdatei (Inhalt: Text) und keine Programmdatei (Inhalt: ausführbare Befehle); INFO1.TXT kann somit von *Öffnen* nicht gestartet werden.

*Eine Datei
öffnen*

In *Abschnitt 3.10* werden wir sehen, daß man auch eine Textdatei mit *Öffnen* zwar nicht starten, aber öffnen kann - nämlich dann, wenn man INFO1.TXT zuvor mit dem *Datei/Verknüpfen* mit einem Textverarbeitungsprogramm wie Word verbindet. Eine Textdatei öffnen heißt also, ein Textverarbeitungsprogramm starten und die Textdatei darin bereitstellen.

1.  Im Stammverzeichnis der Festplatte soll die Datei MEM-.EXE gesucht und gestartet werden. Wie geht man vor?

2.  Dateien mit Dateitypen wie EXE (EXEcutable File, ausführbare Datei), COM (Command File, Befehls-Datei) und BAT (Batch File, Stapel-Datei) lassen sich mit dem Befehl *Datei/Öffnen* starten. Was bedeutet "starten"?

3.  Dateien mit Dateitypen wie TXT (Textdatei), DOC (Dokumentationsdatei), HLP (Help- bzw. Hilfedatei), AUX (Auxiliary File, Hilfsdatei) lassen sich mit dem Befehl *Datei/Öffnen* öffnen. Was bedeutet "öffnen"?

4.  Auf der Festplatte ist eine Datei namens XCOPY.EXE gespeichert. Diese Datei steht entweder im Stammverzeichnis oder in einem Unterverzeichnis. Suchen Sie diese Datei mit dem *Suchen*-Befehl. Starten Sie dann XCOPY.EXE mit dem *Datei/Öffnen*-Befehl. Was passiert?

5.  Starten Sie die Datei QBASIC.EXE, die auf der Festplatte zusammen mit den Befehlen von MS-DOS gespeichert ist. Was bewirkt das Starten von QBASIC.EXE?

1.   Im Laufwerks-Fenster [C:] und im Verzeichnisbaum-Fenster C:\ aktivieren. Dann den *Suchen*-Befehl im Datei-Menü aufrufen und in der sich öffnenden Dialogbox das Angebot *.* durch MEM.EXE ersetzen. Die Datei MEM.EXE wird gesucht und mit dem kompletten Suchpfad angezeigt bzw. markiert. Nun ist der Befehl *Öffnen* im Datei-Menü aufzurufen. MEM.EXE wird angezeigt (*Abb. 3-25*).

2.   *Mit dem Starten einer Datei* werden die Befehle ausgeführt, die in der Datei gespeichert sind. Dateien vom Dateityp EXE, COM und BAT sind also Programme.

3.   *Mit dem Öffnen einer Datei* wird ihr Inhalt zum Bearbeiten bereitgestellt. Dazu braucht man das entsprechende Applikations-Programm: Zum Öffnen einer Textdatei braucht man ein Textverarbeitungsprogramm (wie Word, WordPerfect). Zum Öffnen einer Planungstabelle braucht man ein Tabellenkalkulationsprogramm (wie Excel, Lotus 1-2-3, Multiplan). Zum Öffnen einer Datenbank braucht man das entsprechende Datenbankverwaltungsprogramm (wie dBASE, FoxPro, Paradox). Zum Öffnen einer Text-Hilfsdatei braucht man einen Editor (wie den MS-DOS Editor, der in *Abschnitt 5* beschrieben wird).

4.   Das System versucht, die Programmdatei XCOPY.EXE auszuführen. XCOPY.EXE dient dem Kopieren von Dateien und Verzeichnissen, erwartet also (als Befehlsparameter) die Angabe, was wohin zu kopieren ist. Da keine Parameter angegeben wurden, erscheint als Fehlermeldung: "Ungültige Anzahl von Parametern. 0 Datei(en) kopiert." In *Abschnitt 4.2* wird auf XCOPY eingegangen.

5    Die Programmiersprache QBasic wird gestartet und meldet sich mit einem eigenen Bildschirm. In Abschnitt 4.4 wird genauer auf QBasic eingegangen. Verlassen Sie das System über den Befehl *Datei/Beenden*.

## 3.8 Eine Datei ausführen

*Ausführen* als Befehl des *Datei*-Menüs führt das Programm aus, dessen Name man über eine Dialogbox eingibt.

Geben Sie MEM.EXE oder MEM ein, um die Datei MEM.EXE auszuführen. Anders als beim *Öffnen*-Befehl (*Abschnitt 3.7*) können Sie über die *Ausführen*-Dialogbox eine Befehlszeile mit Parametern angeben. Ist MEM.EXE nicht im aktiven Pfad gespeichert, dann erwartet *Ausführen* die Eingabe des Suchpfades, wie C:\DOS\MEM oder aber C:\HILFE\DOSBEF\MEM.

*MEM.EXE
ausführen*

Die Datei PRINT.EXE verwaltet das Ausdrucken von Dateien. Der Menü-Befehl *Datei/Drucken* (Abschnitt 3.9) ist nur dann anwendbar, wenn zuvor PRINT.EXE installiert worden ist. Dazu schreiben Sie PRINT /D:LPT1 entweder in die Datei AUTOEXEC.BAT, oder Sie starten PRINT /D:LPT1 mit dem *Ausführen*-Befehl (LPT1 als Standardname des 1. Druckers):

*PRINT.EXE
ausführen*

*Druck-
ausgabe*

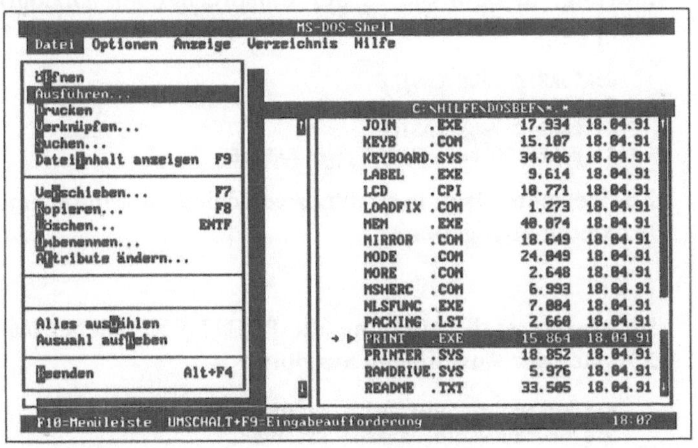


*Abb. 3-26: PRINT mit dem Befehl Datei/Ausführen ausführen lassen*

## 3.9 Dateien ausdrucken

Markieren Sie eine oder mehrere Dateien im Datei-Fenster, und rufen Sie *Drucken* als Unterbefehl im *Datei*-Menü auf: Die Datei(en) werden in eine Warteschlange gesetzt und Datei für Datei gedruckt. PRINT.EXE muß installiert sein (siehe oben).

1.   Wie lautet der Befehl, um ein Programm ausführen zu
     lassen?

2.   Was bewirkt die Eingabe von C:\MEM.EXE in der Dialog-
     box des *Ausführen*-Befehls?

3.   Ergänzung zur obigen Frage 2: Kann man anstelle von
     C:\MEM.EXE auch C:\MEM eingeben?

4.   Das Programm CASTLE.BAS ist in der Programmierspra-
     che QBasic geschrieben und wird mit dem Betriebssystem
     MS-DOS geliefert. Bringen Sie das Programm zur Aus-
     führung, in dem Sie in der entsprechenden Dialogbox
     eintippen:

```
C:\QBASIC /RUN CASTLE                         oder
C:\DOS\QBASIC /RUN CASTLE                      oder
C:\QBASIC /RUN CASTLE                          oder
C:\HILFE\DOSBEF\QBASIC /RUN CASTLE
```

     Aus welchem Grunde sind hier verschiedene Eingabemög-
     lichkeiten angegeben?

5.   Was bedeutet die Meldung, die PRINT.EXE (siehe *Abb. 3-
     26*) nach der Ausführung ausgibt:

```
Resdenter Teil von PRINT geladen.
Die Druckerwarteschlange ist leer.
```

6.   Annahme: Im Verzeichnis TOOL\WORD der Festplatte
     ist das Textverarbeitungsprogramm WORD.COM gespei-
     chert. Dieses Programm ist zu starten, um dabei die Text-
     datei MENU.TXT am Bildschirm bereitzustellen; MENU-
     .TXT ist im Stammverzeichnis der Festplatte gespeichert.

1.  Den Befehl *Datei/Ausführen* aufrufen und den Ausführungsauftrag eingeben.

2.  Die Datei MEM.EXE im Stammverzeichnis der Festplatte suchen und ausführen, d.h. Befehl für Befehl ablaufen lassen.

3.  Ruft man eine EXE-, COM- oder BAT-Datei auf, dann kann man den Dateityp auch weglassen. MEM.EXE und MEM, QBASIC.EXE und QBASIC, EDLIN.COM und EDLIN sowie AUTOEXEC.BAT und AUTOEXEC sind also jeweils identische Programmaufrufe.

4.  Im *Datei*-Menü wird der Befehl *Ausführen* aufgerufen, um in der Dialogbox den entsprechenden Namen des auszuführenden Programmes einzugeben. Durch die Eingabe von C:\QBASIC /RUN CASTLE wird die Datei QBASIC-.EXE aufgerufen, die dann sofort die Datei CASTLE.BAS ausführen soll (deshalb der Parameter /RUN). Dabei wird angenommen, daß die Dateien in C:\ abgelegt sind, also im Stammverzeichnis der Festplatte. Ist QBASIC.EXE zum Beispiel im Verzeichnis DOS abgelegt, muß C:\QBASIC durch C:\DOS\QBASIC ersetzt werden.

5.  Ein Teil der Datei PRINT.EXE bleibt fortwährend im Hauptspeicher stehen bzw. resident. PRINT.EXE speichert die Druckaufträge in einer Warteschlange; diese ist noch leer.

6.  Man ruft *Datei/Ausführen* auf und gibt in der Dialogbox C:\TOOL\WORD\WORD  C:\MENU ein. WORD wird gestartet und MENU am Word-Bildschirm bereitgestellt. Bei der Eingabe kann WORD durch WORD.COM und MENU durch MENU.TXT ersetzt werden.

## 3.10  Dateien mit einem Programm verknüpfen

Textdateien haben die Dateitypen TXT und SIK. Immer dann, wenn von Ihnen eine Textdatei aufgerufen wird, soll MS-DOS automatisch ein Textverarbeitungsprogramm wie WORD aktivieren und die entsprechende Textdatei zum Editieren bereitstellen. Ein Programm (hier WORD.EXE) wird also mit Dateien bzw. bestimmten Dateitypen (hier TXT, SIK) verknüpft. Dies geschieht mit *Verknüpfen* als Unterbefehl im *Datei*-Menü. Beim Verknüpfen geht man in drei Schritten wie folgt vor:

*Schritt 1:*
*WORD.EXE*
*markieren*

Aktivieren Sie im Verzeichnis-Fenster das Verzeichnis, in dem Word abgelegt ist, und markieren Sie dann im Datei-Fenster die Programmdatei WORD.EXE. Rufen Sie jetzt den *Verknüpfen*-Befehl im *Datei*-Menü auf (siehe *Abb. 3-27*).

*Schritt 2:*
*TXT und SIK*
*zuordnen*

Im *Dateiname*-Feld der *Verknüpfen*-Dialogbox wird WORD.EXE angezeigt. Geben Sie im *Erweiterungen*-Feld die Dateitypen TXT und SIK (Leerstelle trennt) ein. Verlassen Sie *Verknüpfen* über das *OK*-Feld; die Verknüpfung ist hergestellt (*Abb. 3-28*).

*Schritt 3:*
*TXT-Dateien*
*öffnen*

Markieren Sie im Datei-Fenster eine beliebige Textdatei wie z.B. MENU.TXT, und rufen Sie dann den *Öffnen*-Befehl im *Datei*-Menü auf (vgl. *Abb. 3-29*). Aufgrund der bestehenden Verknüpfung wird Word aktiviert und MENU.TXT auf dem Word-Bildschirm zum Bearbeiten angeboten. Erst nach dem Beenden von Word wird die Steuerung wieder an MS-DOS zurückgegeben.

Durch die obige Drei-Schritt-Folge können Sie beliebige Dateitypen mit Programmen verknüpfen. So zum Beispiel Grafikdateien (Dateitypen GRA, PIC, PCX) mit einem Grafikprogramm wie PaintBrush, oder Binärdateien (wie BIN und ASM) mit einem Assemblerprogramm wie MASM.

*Verknüpfung*
*löschen*

Eine neue Verknüpfung hebt eine bestehende Verknüpfung auf. Dies gilt auch für das Löschen: Rufen Sie den *Verknüpfung*-Befehl auf, und tippen Sie im *Erweiterungen*-Feld die *Entf*-Taste (oder Löschen Sie TXT und SIK mit der *Rück*-Taste) - und schon ist die Verknüpfung gelöscht.

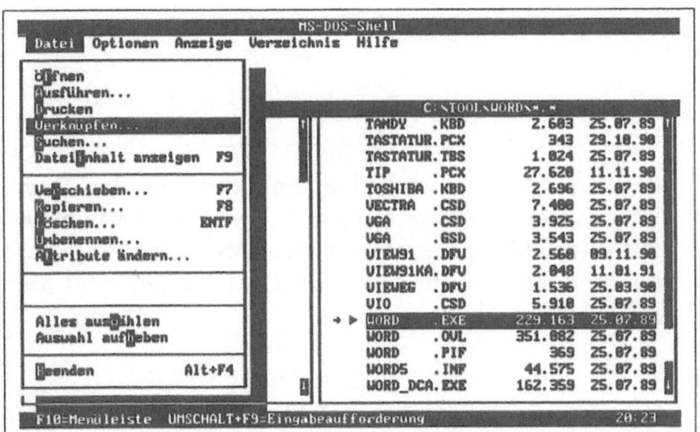

Abb. 3-27: WORD.EXE markieren und Verknüpfen (Schritt 1)

*Beim Aufruf von TXT- bzw. SIK-Dateien soll Word gestartet werden*

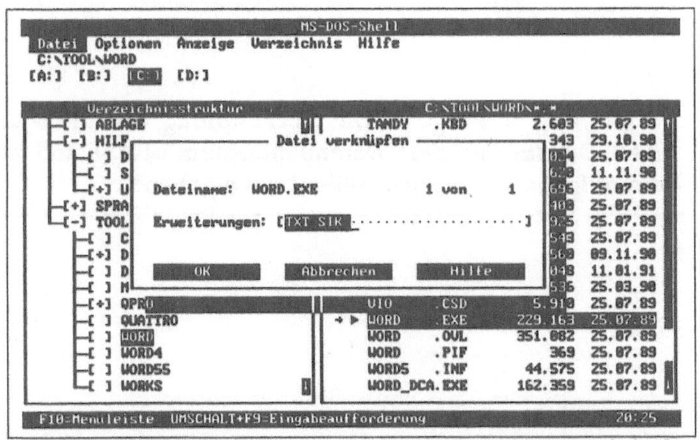

Abb. 3-28: Zu verknüpfende Dateityen TXT und SIK (Schritt 2)

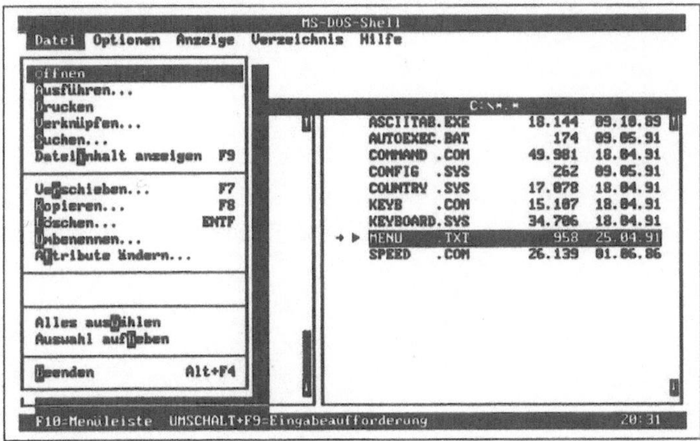

Abb. 3-29: MENU.TXT öffnen und damit Word starten (Schritt 3)

1.   Beim Aufrufen einer beliebigen Datei, die den Dateityp
     BAS aufweist, soll automatisch das Programmiersystem
     QBASIC.EXE gestartet und die BAS-Datei zum Bearbei-
     ten angezeigt werden. Welche Einstellungen sind hierfür
     erforderlich?

2.   Wendet man den *Öffnen*-Befehl auf eine PRG- bzw. BAK-
     Datei an, so soll das Datenbanksystem dBASE automatisch
     gestartet werden. Wie kann dies erreicht werden, wenn
     das dBase-System in C:\TOOL\DBASE auf der Festplatte
     gespeichert ist.

3.   Ergänzung zu Frage 3: Die Verknüpfung von PRG- und
     BAK-Dateien mit dem Datenbanksystem dBASE soll wie-
     der aufgehoben werden. Wie ist vorzugehen?

1.  Zunächst ist die Datei QBASIC.EXE im Datei-Fenster zu
    markieren. Dann wird der Befehl *Datei/Verknüpfen* aufge-
    rufen und im *Erweiterungen*-Feld der Dateityp BAS einge-
    geben. Ab jetzt sind Dateien mit dem Dateptyp BAS mit
    dem Programm QBASIC.EXE verknüpft.

2.  Im Verzeichnisstruktur-Fenster das Verzeichnis C:\-
    TOOL\DBASE und im Datei-Verzeichnis die Datei
    DBASE.EXE markieren. Nach dem Aufrufen des Befehls
    *Datei/Verknüpfen* gibt man im *Erweiterungen*-Feld die Da-
    teitypen PRG und BAK (durch eine Leerstelle getrennt)
    ein. Ab jetzt sind Dateien mit den Erweiterungen PRG
    und BAK mit dem Programm DBASE.EXE verknüpft.

3.  Man markiert die Datei DBASE.EXE im Datei-Fenster,
    ruft den Befehl *Datei/Verknüpfen* auf und löscht die im *Er-
    weiterungen*-Feld angezeigten Dateitypen PRG und BAK
    mit der *Entf*-Taste oder mit der *Rück*-Taste (*Backspace*-
    Taste). Anschließend ist die Dialogbox über den *OK*-Aus-
    gang zu verlassen, und die Verknüpfung ist aufgehoben.

## 3.11  Die Attribute einer Datei ändern

*Befehl*
*Attribute ändern*

Mit *Attribute ändern* wird im *Datei*-Menü ein Befehl bereitgestellt, über den Sie die Attribute der zuvor markierten Dateien ändern können.

Markieren Sie die Datei AUTOEXEC.BAT im Datei-Fenster und rufen Sie den Befehl *Datei/Attribute ändern* auf. Vier Attribute werden in der Dialogbox angezeigt, wobei zunächst nur das *Archiv*-Attribut gesetzt ist (siehe *Abb. 3-30*):

*Vier Attribute*
*einer Datei*

1.  *Versteckt-Attribut (Hidden):* Bei gesetztem Attribut wird die Datei versteckt (engl. to hidden), d. h. im Datei-Fenster nicht angezeigt

2.  *System-Attribut:* Kennzeichnung einer Datei als Systemdatei des Betriebssystems MS-DOS.

3.  *Archiv-Attribut (Archive):* Das Attribut ist gesetzt (mit Rechtspfeil markiert), d. h. die Datei ist seit dem letzten Kopieren (XCOPY-Befehl) bzw. seit der letzten Datensicherung (BACKUP-Befehl) geändert worden. Dieses Attribut wird verwendet, um bei der Datensicherung nur die geänderten Dateien zu erfassen. Das *Archiv*-Attribut wird gelöscht, sobald die Datei durch XCOPY/M oder mit BACKUP kopiert worden ist.

4.  *Schreibgeschützt-Attribut (Read Only):* Bei gesetztem Attribut erscheint beim schreibenden Zugriff die Meldung "Zugriff abgelehnt". Der Schreibschutz bleibt beim Umbenennen der Datei erhalten, beim Kopieren hingegen nicht.

*Beispiel zum*
*Versteckt-*
*Attribut*

Der Umgang mit Datei-Attributen erfordert bereits einiges an Spezialwissen zum Betriebssystem MS-DOS. Wir wollen hier nur folgendes ausprobieren: a) Für die Datei AUTOEXEC.BAT (Sie können auch jede andere Datei nehmen) das *Versteckt*-Attribut setzen, b) im Datei-Fenster kontrollieren, daß AUTO-EXEC.BAT nicht mehr erscheint, c) das Attribut wieder neu setzen und d) im Datei-Fenster entsprechend nachsehen.

Für AUTOEXEC.BAT zeigt der *Change Attribute ändern*-Befehl an, daß das *Archiv*-Attribut gesetzt ist. Setzen Sie zusätzlich auch das *Versteckt*-Attribut, in dem Sie *Geschützt* anklicken bzw. mit der Pfeil-Taste markieren und mit der Leertaste setzen.

*Schritt 1: Versteckt-Attribut setzen*

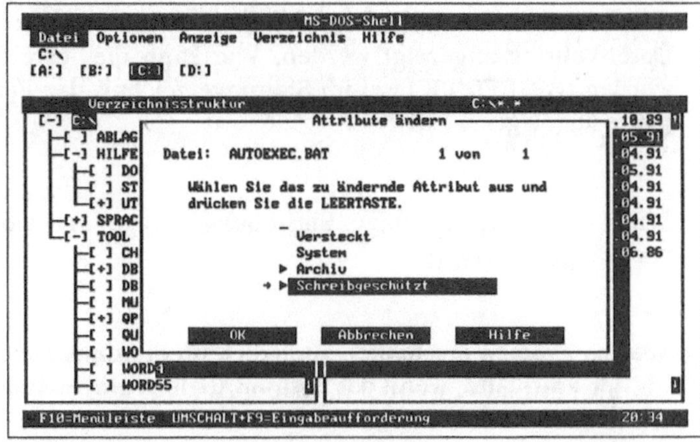


*Abb. 3-30: Für die Datei AUTOEXEC.BAT auch das Versteckt-Attribut setzen*

Verlassen Sie die *Attribute ändern*-Dialogbox über das OK-Feld, und die Datei AUTOEXEC.BAT ist im Datei-Fenster verschwunden. Eine Datei mit gesetztem *Versteckt*-Attribut ist zwar nicht von der Diskette gelöscht, aber vom Inhaltsverzeichnis im Datei-Fenster.

*Schritt 2: Datei ist versteckt*

Um die versteckte Datei wieder im Datei-Fenster sichtbar zu machen, rufen Sie den Befehl *Optionen/Dateianzeige* auf, und klicken Sie den Schalter *Versteckte Dateien anzeigen* an. Damit werden auch Dateien mit *Verstekt*-Attribut angezeigt.

*Schritt 3: Versteckte Datei anzeigen*

Abschließend können Sie den Befehl *Datei/Attribute ändern* wieder aufrufen, um das *Versteckt*-Attribut durch Anklicken bzw. mit der Leertaste wieder zurückzunehmen.

*Schritt 4: Attribut löschen*

1.  In der Datei BRIEF5.TXT ist geheime Information gespeichert. Aus diesem Grunde soll der Dateiname nicht im Datei-Fenster angezeigt werden. Wie kann dies erreicht werden (BRIEF5.TXT sei im Stammverzeichnis der Festplatte abgelegt).

2.  Wie kann man die obige Einstellung (Frage 1) wieder rückgängig machen?

3.  Welche Dateien erscheinen zusätzlich im Stammverzeichnis der Festplatte, wenn das System-Attribut eingeschaltet wird?

4.  Was hat der Befehl *Optionen/Dateianzeige* mit den Dateiattributen zu tun?

5.  Wozu dient das *Schreibngeschützt*-Attribut?

ANTWORTEN ZU:

**3.11 Die Attribute einer Datei ändern**

1.   Im Verzeichnisbaum-Fenster C:\ und im Datei-fenster
     BRIEF5.TXT markieren. Anschließend den Befehl *Datei-
     /Attribute ändern* aufrufen und das *Versteckt*-Attribut setzen
     (Leertaste tippen bzw. anklicken).

2.   Nach dem Aufruf des Befehls *Datei/Attribute ändern* den
     Schalter für das *Versteckt*-Attribut erneut anklicken.

3.   Die Systemdateien IO.SYS und MSDOS.SYS erscheinen
     im Datei-Fenster des Datei-Managers.

4.   Im *Optionen*-Menü wird das Kontrollkästchen *Versteckte
     Dateien und Systemdateien anzeigen* angeboten.

5.   Darf auf eine Datei unter keinen Umständen geschrie-
     ben bzw. gespeichert werden, dann sollte man das
     *Schreibgeschützt*-Attribut setzen.

Information wird vom Betriebssystem in Form von Dateien gespeichert - dies gilt für die Speicherung im Internspeicher (RAM) wie für die Speicherung auf Externspeichern (Diskette oder Festplatte).
Im Abschnitt 3 wurde der *Datei-Manager* erläutert, mit dem Sie Dateien kopieren bzw. verwalten können.

Im folgenden Abschnitt 4 wenden wir uns dem *Programm-Manager* zu.

---

# 4 Menüs gestalten
# mit dem Programm-Manager

## 4.1  Ein Programm als Menüpunkt einfügen

*Datei-*
*Manager*

Rufen Sie den Befehl *Programme und Dateien* im *Anzeige*-Menü auf, und der Bildschirm teilt sich in einen oberen Bereich für den Datei-Manager (Verzeichnis-Fenster links und Datei-Fenster rechts) und in einen unteren Bereich (*Hauptgruppe*-Fenster) für den Programm-Manager (siehe *Abb. 4-1*). Befindet sich der Cursor bzw. die Markierung in einem der beiden oberen Fenster, dann ist der Datei-Manager aktiv; andernfalls ist der Programm-Manager aktiv.

*Programm-*
*Manager*

Wir wenden uns im folgenden dem Programm-Manager zu. Bereits in Abschnitt 2 hatten wir und mit dessen Programmgruppe *Dienstprogramme* beschäftigt, um die Programme *Datenträger formatieren* und *Diskette kopieren* aufzurufen.

Markieren Sie den Menüpunkt *Hilfsprogramme* im *Hauptgruppe*-Fenster, in dem Sie *Dienstprogramme* mit der Maus anklicken bzw. die Markierung mit der *Tab*-Taste in das Main-Fenster und mit der Pfeil-Tasten auf *Dienstprogramme* bewegen. Rufen Sie nun den *Datei*-Befehl auf, und am Bildschirm erscheint das in *Abb. 4-1* wiedergegebene Menü des Programm-Managers. Das Menü ist kürzer als das *Datei*-Menü, das Sie erhalten, wenn der *Datei*-Befehl bei aktivem Datei-Manager aufgerufen wird.

*Programmgruppe*
*wie z.B.*
*Dienstprogramme*

Rufen Sie jetzt *Eigenschaften...* als Unterbefehl im *Datei*-Menü auf. Am Bildschirm wird eine Dialogbox geöffnet, über die Sie Titel, Hilfetext und und Kennwort dieser Programmgruppe ändern können (siehe *Abb. 4-2*). Lassen Sie die Programmgruppe unverändert und verlassen Sie die Dialogbox über den *Abbrechen*-Ausgang.

*Programm*
*wie z.B.*
*Datenträger*
*formatieren*

Rufen Sie die Programmgruppe *Dienstprogramme* durch einen Doppelklick bzw. durch Markieren und Bestätigen mit der *Return*-Taste auf. Der Fenstername *Hauptgruppe* wird durch *Dienstprogramme* ersetzt und die Programmpunkte *Hauptgruppe usw.* werden angezeigt. Wenn Sie jetzt *Datenträger formatieren* markieren und dann nochmals *Eigenschaften...* im Datei-Menü aufrufen, erscheint folgende Dialogbox (siehe *Abb. 4-3*).

*Abb. 4-2* und *Abb. 4-3* verdeutlicht den Unterschied zwischen **[Programmgruppe]** (wie *Dienstprogramme*) und **Programm** (wie *Datenträger formatieren*).

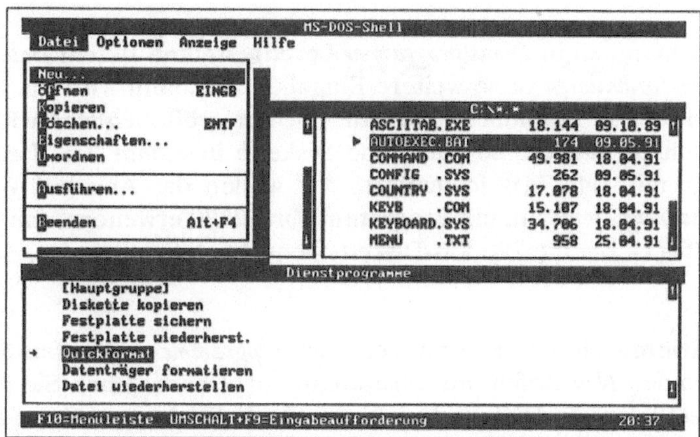

Programmgruppe
und
Programm

Abb. 4-1: Das Datei-Menü im Programm-Manager aufrufen

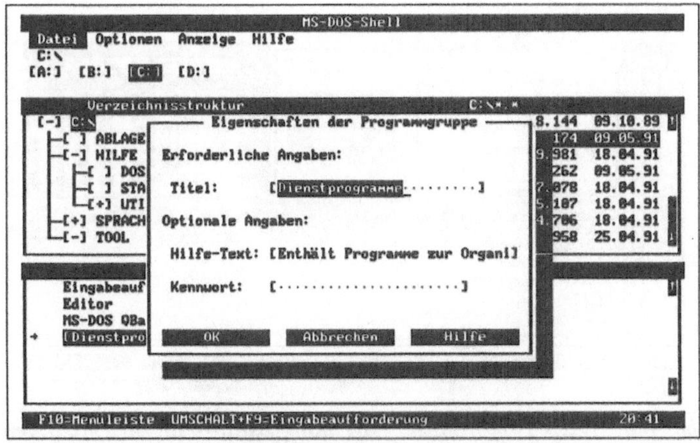

Abb. 4-2: Datei/Eigenschaften für die "Hilfsprogramme" aufrufen

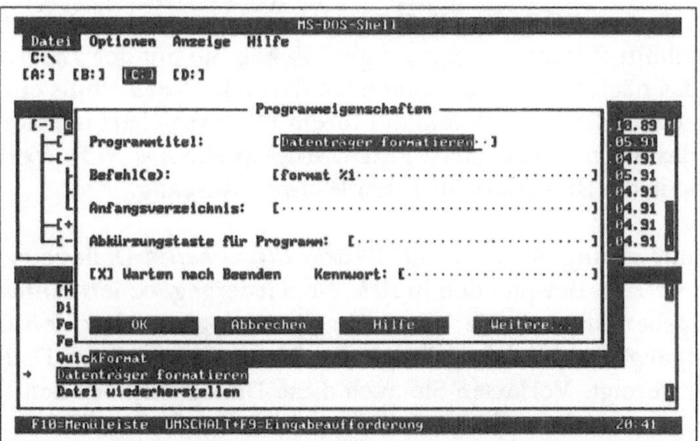

Abb. 4-3: Datei/Eigenschaften für "Datenträger formatieren"

Ruft man den in *Dienstprogramme* bereitgestellten Befehl *Datenträger formatieren* ohne weitere Eingaben auf, dann wird die im Laufwerk A: befindliche Diskette mit der größtmöglichen Kapazität formatiert. So wird eine Diskette in einem 3.5" Laufwerk mit 1,44 MB formatiert. Wir wollen das Angebot von *Dienstprogramme* um ein Programm *Format720* erweitern, um in Laufwerk B: eine 720 KB-Diskette bequem zu formatieren.

*720 KB-Diskette formatieren*

Aktivieren Sie das Fenster der *Dienstprogramme* und rufen Sie dann den *Neu*-Befehl im *Datei*-Menü auf. Übernehmen Sie die Einstellung von DOS und verlassen Sie die Dialogbox über den *OK*-Ausgang (siehe *Abb. 4-4*).

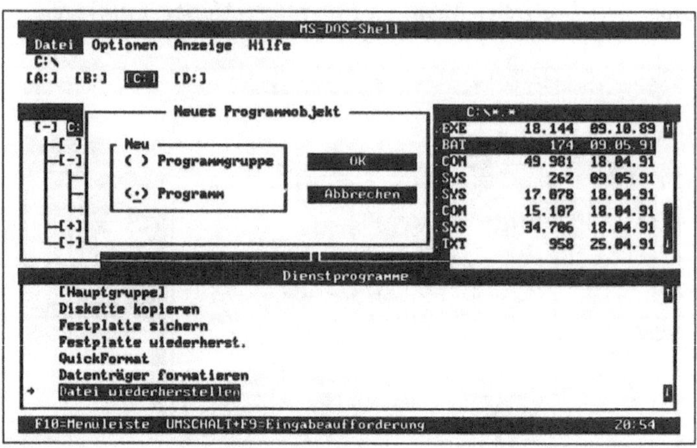

*Abb. 4-4: Neues Programmobjekt-Dialogbox über Befehl Datei/Neu*

*Programm Format720 einrichten*

Nun erscheint die *Programm hinzufügen*-Dialogbox, in das Sie den Befehl FORMAT B:/F:720 eintragen; wir sind darauf in Abschnitt 2.1 genau eingegangen. Gehen Sie mit der *Tab*-Taste in das nächste Feld und tragen Sie darin das Verzeichnis ein, in dem der FORMAT-Befehl auf Ihrem PC gespeichert ist; hier ist es das Verzeichnis C:\HILFE\DOSBEF (siehe *Abb. 4-5*). Verlassen Sie die Dialogbox über den *Weitere...*-Ausgang.

Damit gelangen Sie in die *Weitere Eigenschaften*-Dialogbox, in die sie zum Beispiel den in *Abb. 4-6* wiedergegebenen Hilfetext eingeben können. Verlassen Sie die Dialogbox über den *OK*-Ausgang, dann wird nochmals die *Programm hinzufügen*-Dialogbox gezeigt. Verlassen Sie auch diese Dialogbox über den *OK*-Ausgang, und der Programm-Manager zeigt Format720 als zusätzliches Programm im Fenster der *Dienstprogramme*.

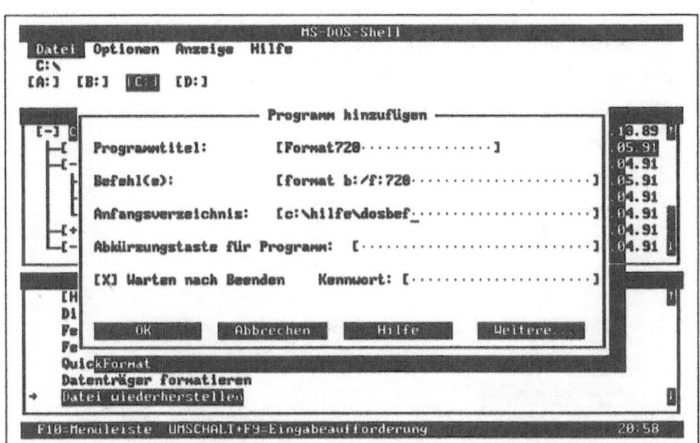

Abb. 4-5: *Programm hinzufügen-Dialogbox von Befehl Datei/Neu*

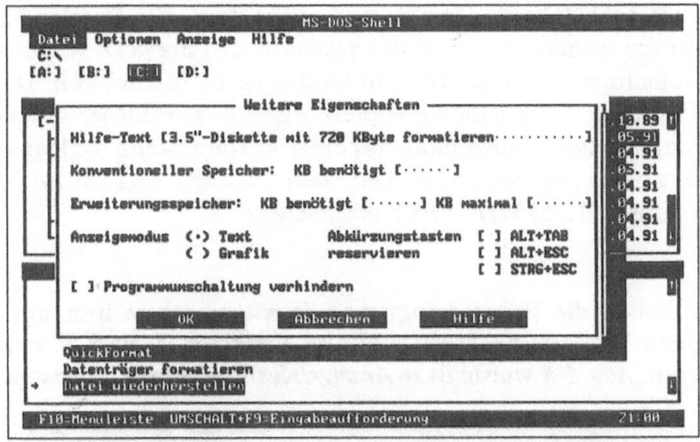

Abb. 4-6: *Weitere Eigenschaften-Dialogbox von Befehl Datei/Neu*

*720 KB-Diskette formatieren*

Haben Sie einen PC mit zwei Diskettenlaufwerken unterschiedlicher Kapazität, z. B. 5.25" in A: und 3.5" in B:? Dann müssen Sie den XCOPY-Befehl verwenden, um alle Dateien von Diskette A: nach B: zu kopieren. Wir wollen die *Dienstprogramme* um ein Programm namens *Kopie von A: nach B:* erweitern, der dieses Kopieren automatisch vornimmt.

*Kopie von A: nach B:*

Rufen Sie *Datei/Neu* auf, verlassen Sie die *Neues Programmobjekt*-Dialogbox über *OK*, und geben Sie in der *Programm hinzufügen*-Dialogbox die Eintragungen gemäß *Abb. 4-7* ein.

*Kopie von A:*
*nach B:*
*als neues*
*Programm*

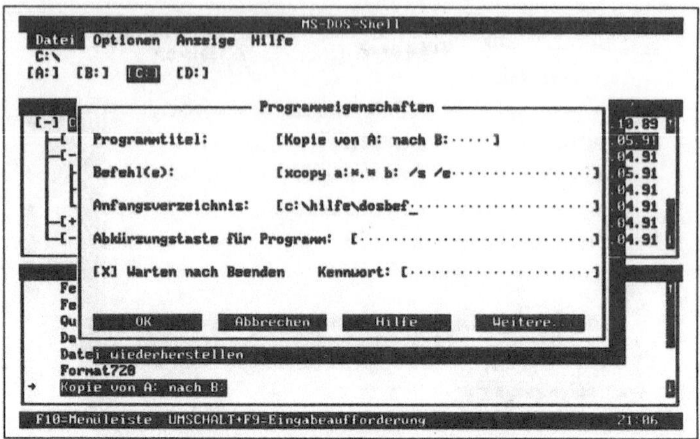

*Abb. 4-7: Einen Programm zum Kopieren von A: nach B: definieren*

Der Befehl XCOPY A:*.* B: /S /E dient dazu, alle Dateien (deshalb die Angabe *.*) von der Diskette in Laufwerk A: auf die bereits formatierte Diskette in Laufwerk B: zu kopieren. Dabei sollen auch Verzeichnisse kopiert werden (Parameter /S); Verzeichnisse sollen auch dann angelegt werden, wenn sie leer sind (Parameter /E). Annahme: Die Datei XCOPY.EXE ist im Verzeichnis C:\HILFE\DOSBEF gespeichert.

*Zwei neue*
*Programme*
*verfügbar*

Sie haben die Programmgruppe *Dienstprogramme* nun um die beiden Programme *Format720* und *Kopie von A: nach B:* erweitert; in *Abb. 4-8* wurde dazu *Anzeige/Nur Programme* eingestellt:

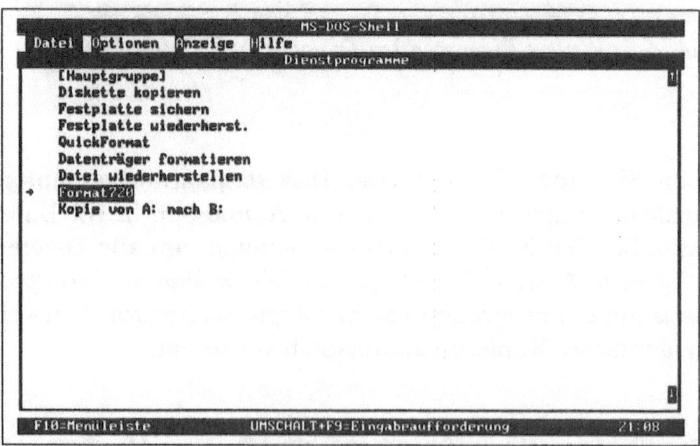

*Abb. 4-8: Dienstprogramme ist um zwei Programme erweitert worden*

Wir haben die Programme *Format720* und *Kopie von A: und B:* in die Programmgruppe *Dienstprogramme* eingefügt. Natürlich lassen sich auch Programme in die *Hauptgruppe* des Programm-Managers einfügen. Betrachten wir ein Beispiel: In der Hauptgruppe soll *Word Textverarbeitung* als Programm zum bequemen Starten von Word erscheinen.
Aktivieren Sie die *Hauptgruppe*, rufen Sie den Befehl *Datei/Neu* auf, verlassen Sie die *Neues Programmobjekt*-Dialogbox über den OK-Ausgang und geben Sie in der *Programm hinzufügen*-Dialogbox die folgenden Eigenschaften an:

*Word
Textverarbeitung
als
Programm*

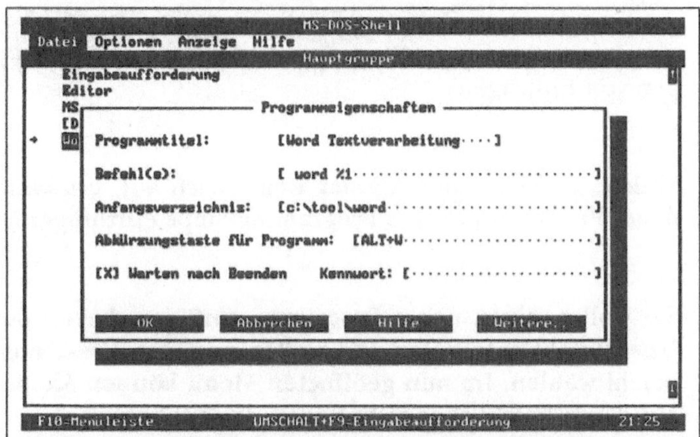

*Abb. 4-9: Word Textverarbeitung als Programm definieren*

In C:\TOOL\WORD wechselt DOS, *bevor* es Word durch einen Doppelklick auf *Word Textverarbeitung* oder durch *Alt/W* lädt. Sie werden dann zur Eingabe eines Namens aufgefordert:

*Word
Textverarbeitung
aufrufen*

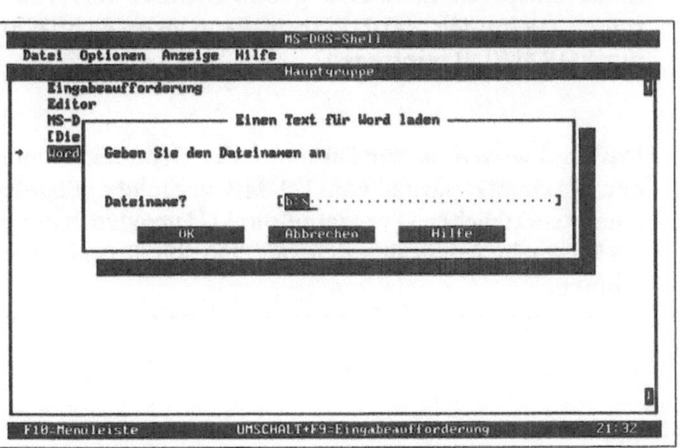

*Abb. 4-10: Dialogbox nach dem Aufruf von Word Textverarbeitung*

1.  Wozu dienen die beiden Programme bzw. Programm-
    punkte *Format* und *Word Textverarbeitung* des Programm-
    Managers.

2.  Es gibt zwei Typen von Einträgen in den Menüs des Pro-
    gramm-Managers: Programme einerseits und Programm-
    gruppen andererseits. Worin unterscheiden sich diese Ty-
    pen von Einträgen?

3.  Welche Befehle rufen Sie der Reihe nach auf, um einen
    neues Programm in eine Programmgruppe einzufügen?

4.  Sie wollen einen neues Programm einfügen, haben den
    *Datei*-Befehl aufgerufen und wollen nun den *Neu*-Unter-
    befehl wählen. Im nun geöffneten Menü können Sie den
    *Neu*-Unterbefehl aber nicht finden. Woran liegt das?

5.  Der Programmpunkt *Format720* dient dazu, eine in Lauf-
    werk A: eingelegte 3.5"-Diskette mit 720 KB Speicher-
    platz zu formatieren. Aus welchem Grunde muß man dazu
    in der entsprechenden Dialogbox FORMAT B:/F:720 ein-
    tragen (siehe *Abb. 4-5*)? Warum kann man nicht einfach
    nur FORMAT B: eintragen?

6.  Das Laufwerk A: ist für Disketten der Größe 5.25" mit ei-
    ner Maximalkapazität von 1.2 MB ausgelegt. Fügen Sie
    einen zusätzlichen Programmpunkt *Format360* ein, um
    Disketten in A: automatisch mit 360 KB formatieren zu
    können.

ANTWORTEN ZU:

**4.1  Ein Programm als Menüpunkt einfügen**

1.  Über ein Programm wird ein Befehl bzw. eine Applika-
    tion aufgerufen und diesem bzw. dieser die Ablaufsteue-
    rung übergeben. Über den Programmpunkt *Format* wird
    der MS-DOS-Befehl FORMAT.COM aufgerufen, um
    eine Diskette zu formatieren. Über den Programmpunkt
    *Word Textverarbeitung* wird die Applikation WORD.COM
    aufgerufen, um Texte zu verarbeiten.

2.  Ein Programm ruft einen Befehl bzw. eine Applikation
    auf. Eine Programmgruppe bietet über ein Menü weitere
    Programmgruppen und Programme an.

3.  Einfügen eines Programms: 1. Das Fenster des Pro-
    gramm-Managers aktivieren, 2. den Befehl *Datei/Neu*
    aufrufen und in der ersten Dialogbox "Programm" wäh-
    len (nicht aber "Programmgruppe"!), 3. die beiden näch-
    sten Dialogboxen von Befehl *Datei/Neu* ausfüllen.

4.  Der Datei-Befehl stellt zwei verschiedene Menüs bereit -
    je nachdem, ob ein Fenster des *Programm-Managers* (wie
    *Hauptgruppe* oder *Dienstprogramme*) oder des *Datei-Mana-
    gers* (Verzeichnis oder Dateien) markiert worden ist.

5.  Trägt man FORMAT B: ein, dann wird die Diskette in A:
    mit der in diesem Laufwerk maximal möglichen Kapazi-
    tät formatiert. Da 3.5"-Laufwerke zumeist für 1.44 MB
    (1.44 MegaByte, HD = High Density) ausgelegt sind,
    wird durch FORMAT B: mit 1.44 MB formatiert. Gibt
    man FORMAT B:/F:720 ein, dann wird nur mit 720 KB
    (720 KiloByte, DD=Double Density) formatiert.

6.  Die Vorgehensweise zum Einfügen von Programmpunkt
    *Format360* entspricht der von Programmpunkt *Format720*
    (siehe *Abb. 4-4* bis *Abb. 4-6*). Abweichung: Anstelle von
    FORMAT A:/F:720 ist FORMAT A:/F:360 einzutragen.

## 4.2   Eine Programmgruppe als Menüpunkt einfügen

In Abschnitt 4.1 wurde gezeigt, wie man ein Programm in eine Programmgruppe einfügt:

-   Programme *Format720* und *Kopie von A: nach B:* in die Programmgruppe *Dienstprogramme*.

-   Programm *Word Textverarbeitung* in die *Hauptgruppe*.

*Spiele als Programmgruppe*

Nun wollen wir den Programm-Manager um eine zusätzliche Programmgruppe erweitern. In einer Gruppe namens *Spiele* sollen alle verfügbaren Spielprogramme zusammengefaßt werden, um sie dann jeweils über einen Doppelklick zu starten.

*Schritt 1: Programmgruppe wählen*

Bewegen Sie den Mauszeiger bzw. Cursor in das *Hauptgruppe*-Fenster des Programm-Managers und rufen Sie den Befehl *Datei/Neu* auf. DOS nimmt an, daß Sie ein neues Programm einfügen wollen. Da dies nicht der Fall ist, bewegen Sie die Markierung mit der Pfeiltaste oder durch Anklicken auf "Programmgruppe" und verlassen Sie die Dialogbox über den OK-Ausgang (siehe *Abb. 4-11*).

*Schritt 2: Programmgruppe definieren*

Jetzt öffnet der *Neu*-Befehl *Programmgruppe hinzufügen* als weitere Dialogbox, über die Sie die Eingaben von *Abb. 4-12* vornehmen können. Die Eingaben zu Hilfetext und Kennwort sind optional. Nach dem Verlassen der Dialogbox über den Sichern-Ausgang wird *Spiele* als zusätzliche Programmgruppe (gekennzeichnet durch [ ... ]) unter den bisher verfügbaren Gruppen vom Programm-Manager angezeigt (siehe *Abb. 4-13*).

*Schritt 3: Die Gruppe kontrollieren*

Rufen Sie *Spiele* durch Doppelklick oder Bewegen der Markierung mit anschließender Bestätigung durch die *Return*-Taste auf. Was passiert? Der Programm-Manager zeigt zwar das *Spiele*-Fenster, aber darin ist - zur Rückkehr - nur der eine Wahlpunkt *Hauptgruppe* aufgeführt. Die *Spiele*-Programmgruppe ist zwar eingerichtet, aber noch leer.

*Schritt 4: Programme in die Gruppe einfügen*

Fügen Sie nun Ihre Spielprogramme als Programmpunkte in die *Spiele*-Gruppe ein. Aktivieren Sie dazu die Programmgruppe *Spiele*, rufen Sie *Datei/Neu* auf und gehen Sie weiter wie in *Abschnitt 4.1* gezeigt vor.

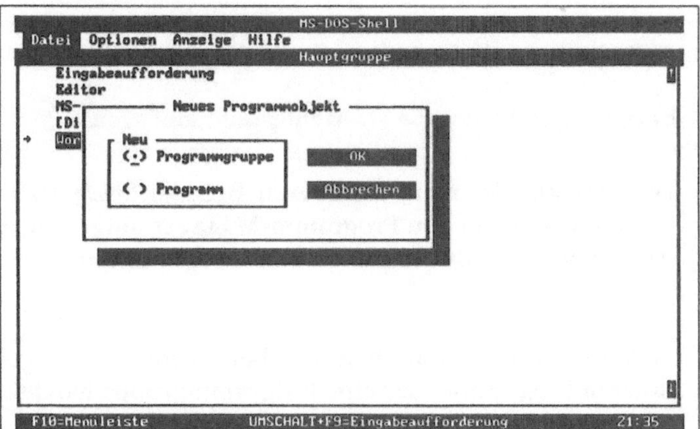

*Abb. 4-11: Datei/Neu aufrufen und "Programmgruppe" markieren*

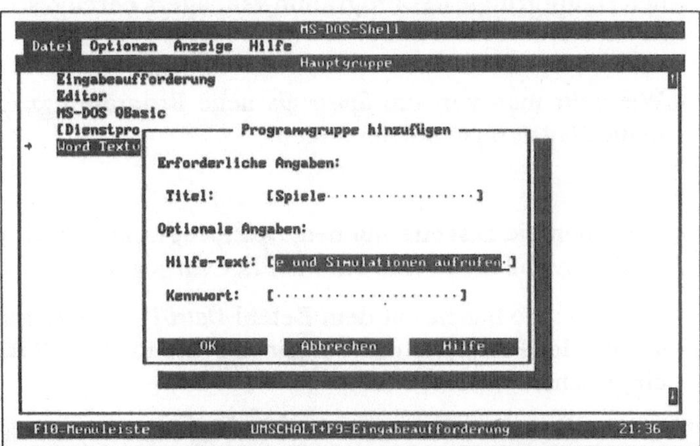

*Abb. 4-12: Spiele als Programmgruppe hinzufügen*

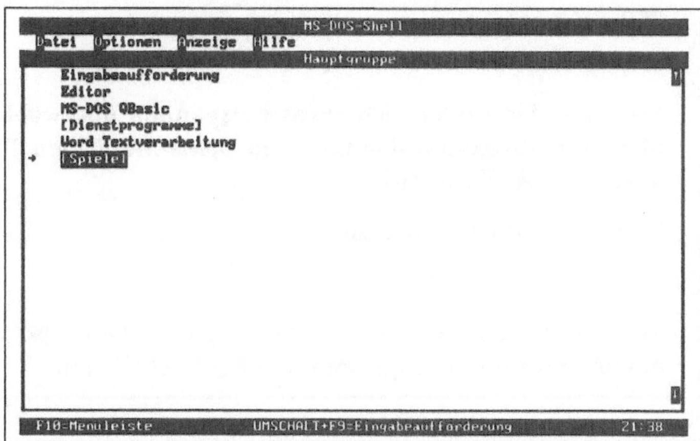

*Abb. 4-13: Spiele als (noch) leere Programmgruppe*

1.  Wie entscheidet man, damit zum Beispiel *Spiele* als Programmgruppe in den Programm-Manager aufgenommen wird, und nicht als Programm bzw. Programmpunkt?

2.  Woran erkennt man, ob es sich bei einem Menüangebot um ein Programm oder eine Programmgruppe handelt?

3.  Welche Programmgruppen und Programme werden von der Hauptgruppe des Programm-Managers bereitgestellt.

4.  Wie geht man vor, um *Spiele* als neue Programmgruppe in die *Hauptgruppe* aufzunehmen?

5.  Sie haben die Diskette mit dem Spielprogramm Tetris gekauft. Anschließend sind Sie wie folgt vorgegangen:

    Schritt 1: Sie haben mit dem Befehl *Datei/Verzeichnis erstellen* auf der Festplatte das Verzeichnis C:\SPIELE\TETRIS eingerichtet.

    Schritt 2: Dann wurden mit dem Befehl *Datei/Kopieren* alle Dateien vom Stammverzeichnis \ der Diskette A: in das Verzeichnis \SPIELE\TETRIS der Festplatte C: übertragen.

    Schritt 3: ...?...

    Schritt 4: Sie wollen sich etwas entspannen und wählem über den Programm-Manager im *Spiele*-Menü den Programmpunkt *Tetris spielen* auf.

    Was ist im Schritt 3 zu tun?

6.  Wie kann man eine Programmgruppe löschen, also aus einem Fenster des Programm-Managers entfernen.

1.  Der Befehl *Datei/Neu* öffnet eine Dialogbox, in der ge-
    fragt wird, ob ein Programm oder ein Programmgruppe
    neu eingefügt werden soll. Siehe *Abb. 4-11*.

2.  Eine Programmgruppe bietet ein Menü an mit weiteren
    Programmen und/oder Programmgruppen. Ein Pro-
    gramm hingegen startet einen Befehl (wie den Kopierbe-
    fehl XCOPY) oder eine Applikation (wie dBase als Da-
    tenbanksystem). Der Name einer Programmgruppe wird
    in eckigen Klammmern [ ... ] angezeigt.

3.  Von der Hauptgruppe angebotene Programmgruppen:

    - *[Dienstprogramme]*                - *[Spiele]*

    Von der Hauptgruppe angebotene Programme (siehe
    zum Beispiel *Abb. 4-13*):

    - *Eingabeaufforderung*              - *Editor*

    - *Word Textverarbeitung*           - *MS-DOS QBasic*

4.  Programmgruppe *Spiele* einfügen: 1. Das Hauptgruppe-
    Fenster aktivieren, 2. den Befehl *Datei/Neu* aufrufen und
    von "Programm" auf "Programmgruppe" schalten, 3.
    nächste Dialogbox von *Neu* ausfüllen (siehe *Abb. 4-12*).

5.  Schritt 3: *Tetris spielen* als Programmpunkt einfügen: 1.
    Den Programmpunkt *Spiele* aufrufen (Doppelklick), 2.
    den *Datei/Neu*-Befehl aufrufen und *Tetris spielen* als Titel,
    TETRIS als Befehl und C:\SPIELE\TETRIS als Verzeich-
    nis bzw. Pfad eingeben (siehe *Abb. 4-6*).

6.  Um eine Programmgruppe aus dem Fenster zu löschen,
    markiert man den Namen der Gruppe und ruft den Be-
    fehl *Datei/Löschen* auf. Achtung: Die von MS-DOS angebo-
    tenen System-Menügruppen lassen sich nicht löschen.

## 4.3  Von der Menü-Oberfläche zur Befehls-Oberfläche

*Sie geben*
*Befehle*
*ein*

Neben der Menü-Oberfläche bzw. DOS-Shell bietet MS-DOS seine Dienstleistungen auch über eine Befehls-Oberfläche an. Um zur Befehls-Oberfläche zu wechseln, wählen Sie im Programm-Manager die *Eingabeaufforderung* (siehe *Abb. 4-14*).

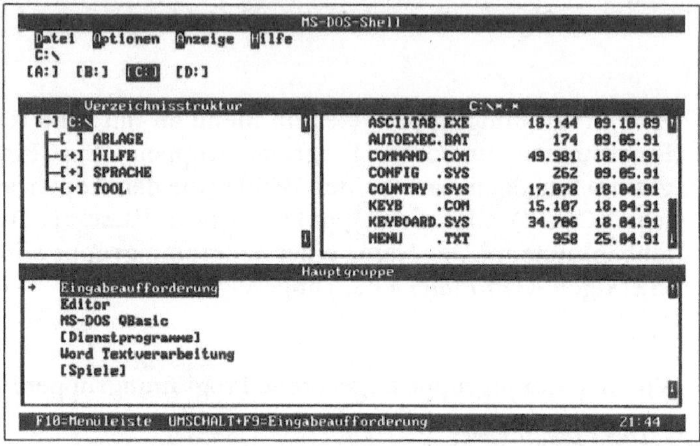

*Abb. 4-14: Von Menü-Oberfläche zur Befehls-Oberfläche*

Der Cursor "_" steht hinter C:\TOOL\WORD> als Bereitschaftszeichen, und MS-DOS wartet auf Ihre Befehlseingabe.

*Zwei Befehle*
*CD\ und DIR/W*
*eingeben*

Mit dem Befehl CD \ wechseln Sie in das Stammverzeichnis, und mit DIR/W lassen Sie sich das Inhaltsverzeichnis anzeigen. Mit dem Befehl EXIT verlassen Sie die Befehls-Oberfläche.

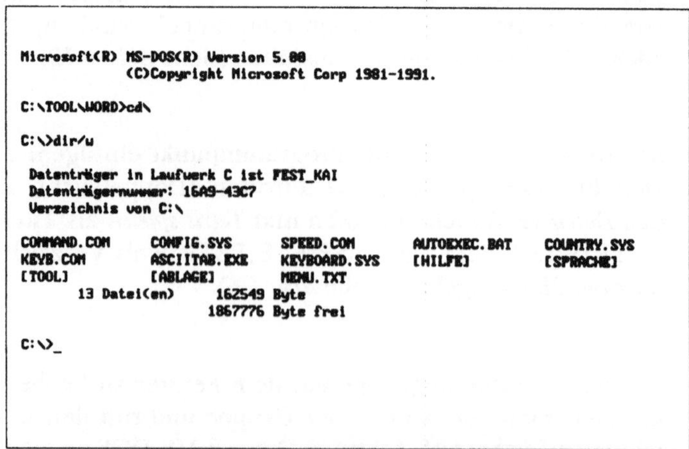

*Abb. 4-15: Die Befehle CD\ und DIR/W eingeben*

MS-DOS stellt dem Benutzer Menüs (zum Auswählen) oder Befehle (zum Eingeben) zur Verfügung. Da die Menüs bzw. Befehle dem Benutzer unmittelbar (also an der Oberfläche) angeboten werden, spricht man von Menü-Oberfläche bzw. von Befehls-Oberfläche. Als Benutzer könen Sie zwischen den beiden Oberflächen wechseln.

*DOS hat zwei Oberflächen*

```
Menü-Oberfläche von MS-DOS (auch DOS-Shell genannt):

- MS-DOS bietet Dienstleistungen über Rolladen-Menüs an.
- Systemgeführter Dialog: MS-DOS fragt bzw. zeigt Menüs an
  und der Benutzer antwortet bzw. wählt einen Menübefehl.
- Vorteil: Benutzerfreundlicher Umgang. Der Benutzer kann
  die Dienstleistungen ohne DOS-Vorkenntnisse bequem wählen
  und auch mit der Maus arbeiten. DOS stellt ein Hilfe-
  System bereit.
- Nachteil: Für den geübteren Benutzer kann das Blättern in
  geschachtelten Menüs umständlich werden.
- Wechseln zur Befehls-Oberfläche: "Eingabeaufforderung" als
  Programm des Programm-Managers aufrufen (zurück mit zur
  DOS-Shell mit dem Befehl EXIT).


Befehls-Oberfläche von MS-DOS:

- MS-DOS bietet Dienstleistungen über Befehle an.
- Benutzergeführter Dialog: Der Benutzer gibt einen Befehl
  ein und das System reagiert entsprechend. Die Benutzer-
  eingabe erfolgt hinter dem dem Bereitschaftszeichen ">".
- Vorteil: Auch umfangreiche Arbeitsaufträge können in einer
  kompakten Befehlszeile eingegeben werden.
- Nachteil: Der Benutzer muß die Befehle und ihre Syntax
  lernen und einsetzen können. Keine Maussteuerung möglich.
- Wechseln zur Menü-Oberfläche: Befehl DOSSHELL eingeben.
```

*Abb. 4-16: Menü-Oberfläche (DOS-Shell) und Befehls-Oberfläche*

```
A:                    Diskette A: zum aktiven Laufwerk machen
B:                    Diskette B: zum aktiven Laufwerk machen
C:                    Festplatte C: zum aktiven Laufwerk machen
CD \TOOL\WORD         Ins Verzeichnis \TOOL\WORD wechseln
DIR                   Inhaltsverzeichnis (Directory) anzeigen
DIR B:                Directory von Diskette B: anzeigen
DIR A: /W             Directory von A: in breiter Form anzeigen
COPY P1.TXT N.TXT     Die Datei P1.TXT in N.TXT kopieren
COPY P1.TXT B:        Die Datei P1.TXT vom aktiven Laufwerk
                      nach B: kopieren
COPY C:\P1.TXT B:     Die Datei P1.TXT vom Stammverzeichnis der
                      Festplatte nach B: kopieren
RENAME *.TXT *.BAK    Die TXT-Dateien in BAK-Dateien umbenennen
FORMAT B:             Eine Diskette in Laufwerk B: formatieren
```

*Der COPY-Befehl entspricht dem Kopieren-Menü*

*Abb. 4-17: Beispiele für einige Befehle des Befehls-Oberfläche*

1.  Die Befehls-Oberfläche meldet sich zum Beispiel mit C:\>
    als Bereitschaftszeichen (auch Promptzeichen und DOS-
    Prompt genannt). Direkt hinter C:\> steht der Cursor.
    Auf was weist das Zeichen C:\> hin?

2.  Die Befehls-Oberfläche wird häufig auch als Befehlszei-
    len-Oberfläche bezeichnet. Warum wohl?

3.  Warum ist der PC über die Menü-Oberfläche bzw. DOS-
    Shell einfacher zu bedienen als in der Befehls-Oberfläche?

4.  In *Abb. 4-15* werden die zwei Befehle CD \ und DIR/W
    eingegeben (die Unterstreichung ist nicht eigegeben wor-
    den; sie dient allein zur Unterscheidung). Kann man die
    Befehle auch als CD\, cd \, dir/w, diR/W bzw. Dir/W einge-
    ben?

5.  In *Abb. 4-15* nennt MS-DOS genau 13 Dateien. Dabei
    handelt es sich um zwei grundsätzlich verschiedene "Ar-
    ten" von Dateien. Nennen Sie diese "Arten" von Dateien.

6.  MS-DOS bezeichnet eine Datei mit Name und Typ: Datei-
    name maximal 8 Zeichen lang, ohne Leerzeichen (z.B.
    AUTOEXEC); Dateityp maximal 3 Zeichen lang (z.B.
    BAT); Punkt "." trennt Dateiname und Dateityp. Welche
    Dateibezeichnungen sind fehlerhaft: AUTOEXEC.BAT,
    A.BAT, BAT.AUTOEXEC, AUTOEXEC2.BAT, INF.TXT,
    INF23.txt, INF 23.TXT, INF_23.TXT, INF23, .TXT.

7.  Alle TXT-Dateien sind vom Verzeichnis C:\TOOL\WORD
    der Festplatte auf die Diskette in A: zu kopieren und dort
    im Stammverzeichnis abzulegen. Wie lautet der COPY-
    Befehl (orientieren Sie sich an *Abb. 4-17*)?

1.  C:\> verweist auf: Die nächste mit der *Return*-Taste abgeschlossene Eingabe des Benutzers bezieht sich auf das Stammverzeichnis (abgekürzt \) der Festplatte (kurz C:).

2.  Als Eingabe des Benutzers erwartet MS-DOS einen Befehl. Dieser Befehl muß in einer Zeile eingegeben und mit der *Return*-Taste abgeschlossen werden.

3.  Bei der Menü-Oberfläche werden Befehlsmöglichkeiten über Menüs angeboten, und der Benutzer muß nur noch auswählen. Bei der Befehls-Oberfläche hingegen muß der Benutzer den kompletten Befehl selbst eintippen; er muß also den Aufbau des Befehls genau kennen.

4.  Ja, Befehle können beliebig in Groß- oder Kleinschreibung eingegeben werden. MS-DOS wandelt jeden Befehl nach der Eingabe in Großschreibung um.

5.  HILFE, SPRACHE, TOOL und ABLAGE sind Verzeichnisse, die mit dem *Datei*-Befehl eingerichtet wurden (siehe Abschnitt 3.6). Die anderen sind "normale" Dateien.

6.  Unkorrekte Dateibezeichnungen (Fehlerangabe in Klammern): BAT.AUTOEXEC (Dateityp länger als 3 Zeichen), AUTOEXEC2.BAT (Dateiname länger als 8 Zeichen), INF 23.TXT (Leerstelle im Dateinamen) und .TXT (Dateiname fehlt bzw. 0 Zeichen lang).

7.  COPY C:\TOOL\WORD*.TXT A:*.TXT kopiert alle TXT-Dateien von C:\TOOL\WORD\ nach A:\. Da beim Kopieren nicht umbenannt wird, dann man bei der Zielangabe die Dateibezeichnung *.TXT auch weglassen, also kurz COPY C:\TOOL\WORD*.TXT A:\ eingeben.

## 4.4 Mit QBasic programmieren

MS-DOS enthält auch eine Programmiersprache namens QBasic. Q steht für "Quick" bzw. "schnell erlernbar"; Basic ist die Abkürzung zu "Beginners All purpose Symbolic Instruction Code" bzw. "Allgemein anwendbarer Befehls-Code für den Anfänger".

QBasic ist eine Weiterentwicklung der Programmiersprachen Basic, BasicA bzw. GwBasic, um strukturiert zu programmieren.

*QBasic
ohne Programm
starten*

Rufen Sie im Programm-Manager den Programmpunkt *MS-DOS QBasic* auf, um QBasic zu starten. Sie werden zunächst aufgefordert, den Namen eines Basic-Programms einzugeben (siehe *Abb. 4-18*). Geben Sie keinen Namen ein, und verlassen Sie die Dialogbox über den OK-Ausgang, dann werden Sie zunächst begrüßt (siehe *Abb. 4-19*). Anschließend wird Ihnen der QBasic-Bildschirm mit üblichen Menübefehlen bereitgestellt. Zum Eingeben und Ändern von Basic-Programmen steht Ihnen nun der MS-DOS Editor zur Verfügung. Auf diesen Editor werden wir ausführlich in Abschnitt 5 eingehen werden.

*QBasic
mit Programm
starten*

Geben Sie in *Abb. 4-18* einen Programmnamen ein, dann wird dieses Programm geladen und am Bildschirm bereitgestellt. QBasic-Programme erkennen Sie am Dateityp BAS. Mit dem Betriebssystem MS-DOS werden Programme wie CASTLE-.BAS, MONEY.BAS, NIBBLES.BAS und REMLINE.BAS geliefert. Um das Programm CASTLE.BAS zu laden, geben Sie CASTLE.BAS oder CASTLE ein. Gegebenenfalls müssen Sie zusätzlich auch noch den Zugriffspfad angeben, also etwa C:\DOS\CASTLE.BAS (wenn MS-DOS im C:\DOS abgelegt ist) oder C:\HILFE\DOSBEF\CASTLE.BAS (wenn im Verzeichnis C:\HILFE\DOSBEF zu suchen ist). Wählen Sie den Menübefehl *Run*, um das Programm CASTLE.BAS ausführen zu lassen.

Sie können natürlich auch nachträglich ein Programm wie etwa CASTLE.BAS laden. Wählen Sie dazu den *Öffnen*-Befehl im Menü *Datei*.

*QBasic
beenden*

Sie verlassen die Programmiersprache QBasic über den Befehl *Datei/Beenden*, um zur Menü-Oberfläche zurückzukehren.

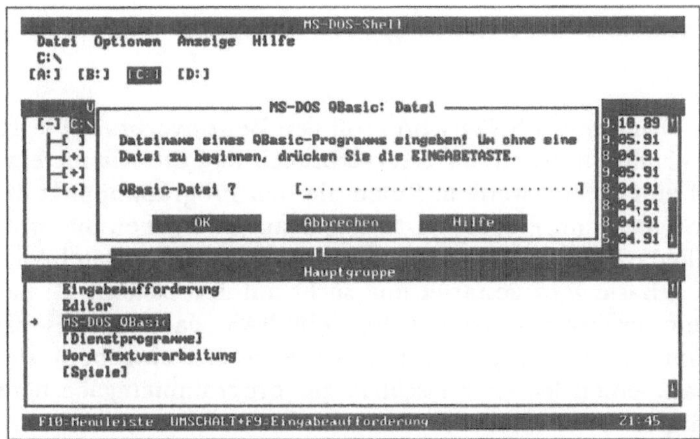

*Abb. 4-18: QBasic fordert zur Eingabe eines Programmnamens auf*

Geben Sie einen Programmnamen wie zum Beispiel
CASTLE.BAS ein, dann wird dieses Programm geladen und
über den MS-DOS Editor bereitgestellt. Geben Sie keinen
Programmnamen ein, dann werden Sie begrüßt und der MS-
DOS Editor mit einem leeren Bildschirm bereitgestellt (siehe
*Bild 4-19*):

*Basicprogramm*
*CASTLE.BAS*
*laden*

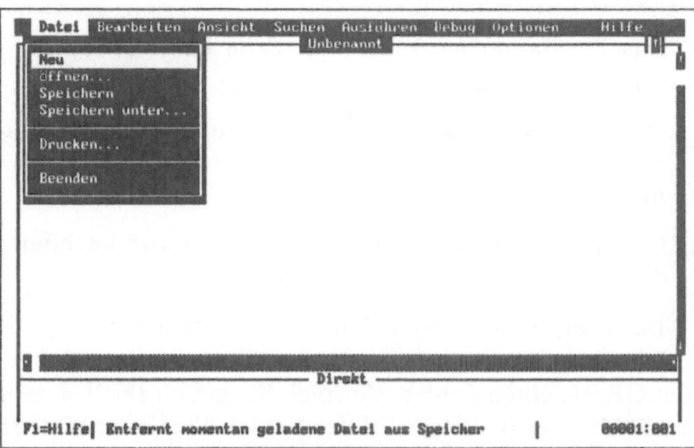

*Abb. 4-19: QBasic begrüßt Sie und wechselt die Menüleiste*

Die Menü-Befehle *Datei*, *Optionen*, *Anzeige*, *Verzeichnis* und *Hilfe* sind Ihnen bereits von der Menü-Oberfläche bekannt und
werden genauso bedient. Der *Bearbeiten*-Befehl wird in Abschnitt 5 beim MS-DOS Editor erklärt. Bei QBasic neu hinzu-
gekommen sind zu die Befehle *Ausführen* und *Debug*.

## BENZIN.BAS als erstes Programm entwickeln

*Schritt 1:*
*Programm Zeile*
*für Zeile*
*eingeben*

Das Programm BENZIN.BAS soll den Benzinverbrauch je 100 km ermitteln, wenn der Literverbrauch und die Kilometeranzahl eingegeben werden. Rufen Sie den Programmpunkt *MS-DOS QBasic* im Programm-Manager auf und geben Sie in der Dialogbox (siehe *Abb. 4-18*) B:BENZIN.BAS als Dateinamen ein. QBasic wird gestartet und sucht auf der Diskette B: nach einem Programm namens BENZIN.BAS; da es dieses programm noch nicht gibt (wir wollen es je erst eingeben), stellt QBasic einen leeren Bildschirm zur programmeingabe bereit und gibt diesem Bildschirm bereits den Namen BENZIN.BAS. Geben Sie nun die in *Abb. 4-20* wiedergegebenen acht Zeilen mit acht Befehlen ein; drücken Sie jeweils am Zeilenende dir *Return*-Taste.

*Schritt 2:*
*Programm*
*ausführen*

Das Acht-Zeilen-Programm befindet sich nun im Hauptspeicher und kann ausgeführt werden. Rufen Sie dazu den *Ausführen*-Befehl auf, in dem Sie *Ausführen* anklicken bzw. *Alt/A* eintippen. Rufen Sie dann aus dem *Ausführen*-Menü den *Start*-Befehl auf. QBasic startet mit der Ausführung von Programm BENZIN.BAS (siehe *Abb. 4-21*):

-   Das Programm wird Zeile für Zeile bzw. Anweisung für Anweisung ausgeführt.

-   Das Programm fragt Sie nach dem Literverbrauch. Geben Sie 38.5 ein (wichtig: 38.5, nicht aber 38,5) und dann die *Return*-Taste.

-   Geben Sie 420 als Kilometeranzahl ein und beenden Sie die Eingabe mit der Return-Taste.

-   Das Programm gibt 9.166667 als Verbrauch aus.

Findet QBasic einen Fehler (Beispiel: Sie geben IMPUT anstelle von INPUT ein), dann wird der Fehler über eine Dialogbox gemeldet: Über den OK-Ausgang können Sie korrigieren, über Hilfe fordern Sie Hilfestellungen zum Fehler an.

*Schritt 3:*
*Programm*
*sichern*

Rufen Sie im *Datei*-Menü den *Speichern*-Befehl auf, um das Programm BENZIN.BAS auf Diskette zu speichern (siehe *Abb. 4-22*). QBasic überträgt eine Kopie des Programms vom RAM auf die Diskette.

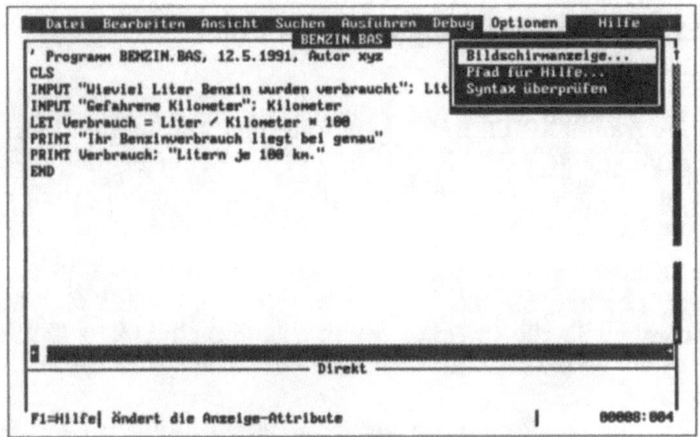



*Abb. 4-20: Acht Zeilen mit acht Befehlen für Programm*
*BENZIN.BAS sind eingegeben worden*

Zur Ausführung des Programms BENZIN.BAS löscht QBasic
den Bildschirm und beginnt mit der Frage nach dem Litern:

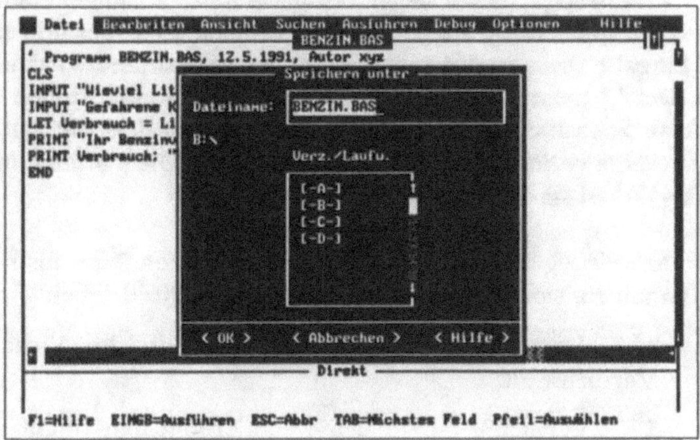



*Abb. 4-21: Programm BENZIN.BAS ausführen lassen*

Nach fehlerfreier(n) Ausführung(en) wird das Programm
BENZIN.BAS auf die Diskette A: gesichert:



*Abb. 4-22: BENZIN.BAS mit Datei/Speichern auf Diskette speichern*

Schritt 1:
*Programmtext*
*eingeben*

Schritt 2:
*Programm*
*ausführen*

Schritt 3:
*Programm*
*sichern*

## SPIEL.BAS als zweites Programm entwickeln

Das Programm SPIEL.BAS ist ein Ratespiel: Das System merkt sich zufällig eine Zahl wie etwa 8, und der Benutzer muß diese Zahl in möglichst wenigen Versuchen erraten; dabei erhält er nur die Hinweise "...zu groß" und "... zu klein" als Hilfen.

*Schritt 1:*
*Programm*
*eingeben*

Am Bildschirm wird noch das Programm BENZIN.BAS angezeigt. Löschen Sie das Programm mit dem Befehl *Datei/Neu*, und geben Sie die 18 Zeilen des Programms ein (*Abb. 4-23*).

*Schritt 2:*
*Programm*
*ausführen*

Lassen Sie das Programm mit dem Befehl *Ausführen/Start* laufen, und am Bildschirm ergibt sich zum Beispiel der in *Abb. 4-24* wiedergegebene Dialog.

*Schritt 3:*
*Programm*
*sicherstellen*

Das Programm befindet sich - noch ohne Name - im Hauptspeicher. Mit *Datei/Speichern unter* öffnet sich eine Dialogbox, in der Sie B:SPIEL.BAS eingeben; das Programm wird unter dem Namen SPIEL.BAS auf der Diskette B: abgelegt.

## Grundlegende QBasic-Anweisungen

*CLS zum Löschen*

Die Anweisung CLS löscht den Bildschirm.

*INPUT*
*zur Eingabe*

Die Anweisung INPUT zeigt den zwischen " " angegebenen Text am Bildschirm, wartet auf Ihre Eingabe und speichert diese Eingabe dann in der hinter dem Text genannten Variablen ab. Der ";" trennt Text und Variable. Eine Variable stellen Sie sich als Schachtel mit einem festen Namen (wie KleinsteZahl%) und einem veränderlichen Inhalt (wie 5) vor. Die Variable bzw. Schachtel ist im Hauptspeicher abgelegt.

*LET zur*
*Wertzuweisung*

Die Anweisung LET weist einer Variablen einen Wert als neuen Inhalt zu, wodurch der bisherige Inhalt überschrieben wird.

- LET Versuch% = 0 weist die Null in die Variable Versuch% zu.

- LET Versuch% = Versuch% + 1 erhöht den Inhalt von Versuch% um 1.

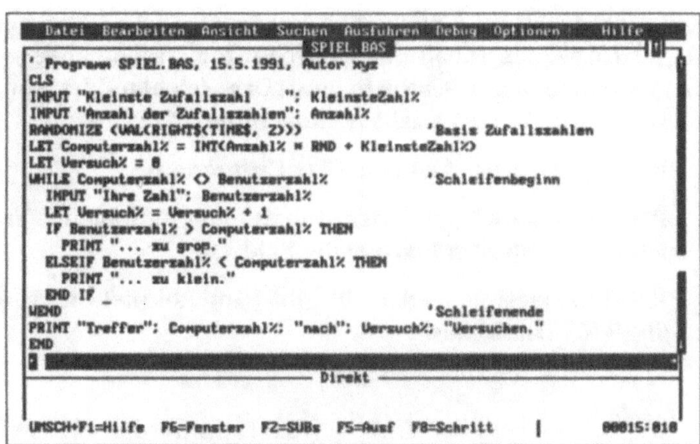



*Abb. 4-23: SPIEL.BAS als QBasic-Programm eingeben*

Führen Sie das Programm SPIEL.BAS aus, dann wählt QBasic zum Beispiel die Zahl 8 zufällig aus.

Programm-<br>codierung<br>in QBasic

Programm-<br>ausführung

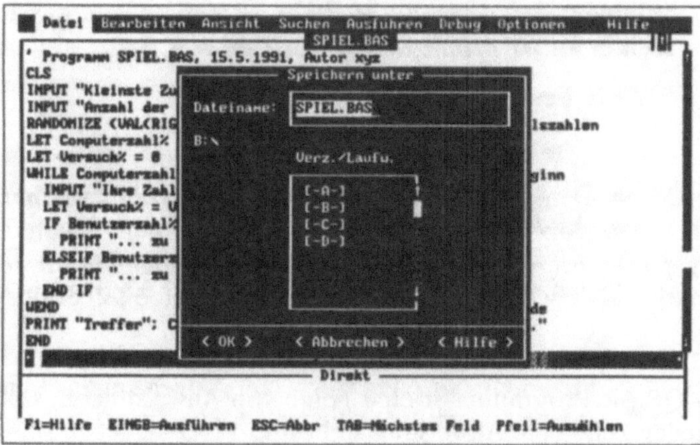



*Abb. 4-24: Programm SPIEL.BAS ausführen mit Ausführen/Start*



*Abb. 4-25: Befehl Datei/Speichern unter eingeben*

*PRINT*
*zur Ausgabe*

Die QBasic-Anweisung PRINT gibt den zwischen " " angegebenen Text bzw. den Inhalt einer durch ihren Namen angegebenen Variablen am Bildschirm aus. Das Zeichen ";" trennt Text (zwischen " ") und Variable (Name ohne " ").

- PRINT "Versuche" gibt den Text *Versuche* aus.

- PRINT Versuch% gibt den Inhalt der Variablen Versuch% aus, also zum Beispiel die Zahl *4*.

- PRINT Versuch%;"Versuche" gibt zum Beispiel die Mitteilung *4 Versuche* aus.

*WHILE*
*für Schleifen*

Die QBasic-Anweisung WHILE - WEND führt die zwischen WHILE und WEND angegebenen Anweisungen wiederholt aus, solange die hinter WHILE stehende Bedingung erfüllt ist.

- WHILE Computerzahl% < > Benutzerzahl% wiederholt, solange "Computerzahl% ungleich Benutzerzahl%" ist.

- WHILE Zahl < 10 wiederholt, solange "der Inhalt der Variablen Zahl kleiner als 10 ist".

Eine Wiederholung bwzeichnet man auch als Schleife.

*IF für*
*Auswahlen*

Die QBasic-Anweisung IF - ELSEIF - END führt in Abhängigkeit der angegebenen Bedingung eine Auswahl bzw. Entscheidung aus. Ist die Bedingung erfüllt bzw. wahr, dann wird die hinter THEN angegebene Anweisung ausgeführt.

- IF Zahl < 10 THEN PRINT "Kleiner" gibt den Text "Kleiner" aus, wenn die Bedingung "Inhalt von Variable kleiner als 10" erfüllt ist (also für Zahl = 9, 8, 7, ...).

- ELSEIF liest man als "sonst wenn".

*RND erzeugt*
*Zufallszahl*

Die QBasic-Funktion RND erzeugt eine Zufallszahl zwischen 0 und 1. Die Anweisung RANDOMIZE setzt einen neuen Anfangspunkt für den eingebauten Zufallszahlengenerator. Die Funktion INT schneidet Dezimalstellen ab (INT(6.52) ergibt 6).

*END zum*
*Beenden*

Ein QBasic-Programm ist eine Folge von Anweisungen, wobei in jeder Zeile eine Anweisung steht und END als letzte Anweisung END das Programm beendet. Anweisungen, die hinter END stehen, werden bei der Programmausführung ignoriert.

Sie haben zwei Programme in der Programmiersprache eingegeben: BENZIN.BAS und SPIEL.BAS. Rufen Sie den Befehl
*Öffnen* im *Datei*-Menü auf, dann zeigt Ihnen das QBasic-System automatisch alle BAS-Programme an (siehe *Abb. 4-25*):

*Ein
QBasic-Programm
als BAS-Datei
auswählen*

- Im Dateiname-Feld ist *.BAS voreingestellt: QBasic-Programme (Dateityp BAS) mit beliebigen Dateinamen (*).

- Im Laufwerk-Fenster ist das Diskette in B: aktiviert.

- Im Datei-Fenster erscheinen die BAS-Dateien.

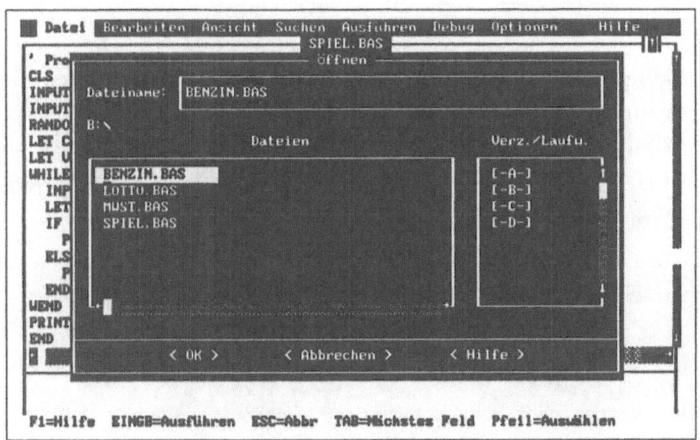

*Abb. 4-26: Mit dem Befehl Datei/Öffnen ein Programm laden*

Laden Sie das gewünschte QBasic-Programm mit dem *Öffnen*-
Befehl (Dateiname anklicken bzw. mit *Tab*-Taste und *Pfeil*-Ta-
sten markieren und mit *Return*-Taste laden). Sie können es
ausführen oder ändern bzw. editieren.

*Ein Programm
öffnen*

- *Ausführung des Programms:* In jeder Zeile steht eine Anweisung in Textform. Jede Anweisung wird in eine com-
  puterverständiche Form übersetzt und ausgeführt.

- *Editieren des Programms:* Das Programm wird wie eine
  "normale Textdatei" behandelt und bearbeitet. Sie können also Zeilen bzw. Anweisungen) löschen, einfügen
  und ändern. Dazu hat das QBasic-System automatisch
  den MS-DOS Editor bereitgestellt. Mit Hilfe dieses Editors können Sie Textdateien bequem bearbeiten. Auf den
  Editor gehen wir im folgenden Abschnitt 5 genauer ein.

**FRAGEN ZU:**

## 4.4 Mit QBasic programmieren

1.  Wie startet man die Programmiersprache QBasic und wie
    kehrt man wieder zur Menü-Oberfläche zurück?

2.  Was versteht man unter einem Editor? Welcher Editor
    wird von QBasic automatisch bereitgestellt?

3.  Geben Sie das folgende Programm ein, und speichern Sie
    es unter dem Namen MWST.BAS ab. Welchen Bildschirm
    erhalten Sie bei der Programmausführung, wenn Sie 14
    Prozent als Mehrwertsteuersatz und 228 DM als Betrag
    eingeben?

```
'Programm MWST.BAS, 12.1.1991, Autor xyz
CLS
INPUT "Geben Sie den Prozentsatz der Mehrwertsteuer ein"; P
INPUT "Wie lautet der Betrag einschl. Steuer"; BetragMitSteuer
LET BetragOhneSteuer = BetragMitSteuer / (100 + P) * 100
PRINT "Betrag ohne Mehrwertsteuer:"; BetragOhneSteuer; "DM"
END
```

4.  Laden Sie das Programm SPIEL.BAS (siehe *Abb. 4-23*) mit
    dem Befehl *Datei/Öffnen*, löschen Sie die Zeile mit der
    QBasic-Anweisung RANDOMIZE und führen Sie das Pro-
    gramm mit dem Befehl *Ausführen/Start* mehrmals aus.
    Was fällt auf hinsichtlich der vom PC gewählten
    Zufallszahl?

5.  Erstellen Sie ein möglichst einfaches Programm, das sie-
    ben Lottozahlen zwischen 1 und 47 zufällig erzeugt und
    am Bildschirm ausgibt.

    Programmieren Sie eine Schleife mit WHILE und
    WEND, die sieben Mal durchlaufen wird und bei jedem
    Durchlauf die nächste Lottozahl ausgibt.

    Verwenden Sie eine Variable z als Zähler, die in einer
    WHILE-Schleife jeweils um 1 erhöht wird.

ANTWORTEN ZU:

**4.4 Mit QBasic programmieren**

1. Der Programm-Manager bietet im Hauptgruppe-Fenster den Programmpunkt *MS-DOS QBasic* an, über den man QBasic startet. Der QBasic-Bildschirm erscheint. Mit dem Befehl *Beenden* aus dem *Datei*-Menü verläßt man das QBasic-System und kehrt zur Menü-Oberfläche zurück.

2. Einen Text editieren heißt, den Text bearbeiten (eingeben, ändern bzw. löschen), als Textdatei vom RAM auf Diskette speichern und von Diskette in den RAM laden. Ein Editor ist ein Programmwerkzeug, das den Benutzer bei diesen Arbeiten mit Text unterstützt. Auch QBasic-Programme werden als Text editiert. QBasic stellt den *MS-DOS Editor* bereit (siehe dazu *Abschnitt 5*).

3. Bildschirm bei Ausführung von Programm MWST.BAS:

```
Geben Sie den Prozentsatz der Mehrwertsteuer ein? 14
Wie lautet der Betrag einschl. Steuer? 228
Betrag ohne Mehrwertsteuer: 200DM
```

4. Echte Zufallszahlen kann ein PC nicht erzeugen (also auch keine "echten" Lottozahlen): Im Programm SPIEL.BAS wird der Zufallszahlengenerator in Abhängigkeit von der Uhrzeit gesetzt (hinter RANDOMIZE erkennen Sie die Variable TIME$). Nach dem Löschen der RANDOMIZE-Anweisung wiederholt sich eine Folge von Zufallszahlen in gewissen Abständen immer wieder.

5. LOTTO.BAS als elementares Lottozahlen-Programm:

```
LET z = 0                    'Zähler z erhält Anfangswert
WHILE z < 7                  'Schleife, solange z kleiner 7
   LET z = z + 1             'z wird jeweils um 1 erhöht
   PRINT INT(49 * RND + 1);  'Zahl zwischen 1 und 49
WEND
END
```

## 4.5  Mit mehreren Programmen arbeiten

*Task Switch*

In der Menü-Oberfläche können Sie mit einem oder mit mehreren Programmen "gleichzeitig" arbeiten. Dazu müssen Sie der Reihe nach die Programme starten, um dann über die *Programmumschaltung* (Task Switch) zwischen den Programmen hin und her zu schalten. Betrachten wir zunächst das Starten eines Programms.

### Starten eines Programms in der Menü-Oberfläche

Sie haben fünf Möglichkeiten, ein bestimmtes Programm zu starten bzw. auszuführen. Diese wollen wir im folgenden erklären:

*1. Programmdatei starten*

Markieren Sie eine Datei bzw. Programmdatei im *Datei*-Fenster und starten Sie sie mit der Tastatur über den *Datei/Öffnen*-Befehl. Oder klicken Sie den Programmnamen doppelt an. Ausführbare Programme erkennen Sie am Dateityp COM (z.B. SPEED.COM), EXE (z.B. WORD.EXE) und BAT (z.B. AUTO-EXEC.BAT).

```
COM       COMmand File. Befehlsdatei. Programmdatei.

EXE       EXEcutable File. Ausführbare Datei. Programm mit
          Befehlen, die sofort ausgeführt werden können.

BAT       BATch File. Stapeldatei. Datei mit Befehlen, die in
          der Reihenfolge ausgeführt werden, in der sie
          gestapelt sind.
```

*2. Eine verknüpfte Datei starten*

Ist zum Beispiel die Datei MENU.TXT mit dem Programm WORD.EXE verknüpft worden (siehe Abschnitt 3.10), dann können Sie entsprechend Punkt 1 die TXT-Datei starten.

*3. Ein Programm aus einer Gruppe starten*

Gehen Sie in das Programme-Fenster, wählen Sie die Gruppe (z.B. *Dienstprogramme*) und daraus über den Befehl *Datei/Öffnen* bzw. durch Doppelklicken das entsprechende Programm.

Bei der 4. Möglichkeit starten Sie ein Programm wie z.B. WORD.EXE über den Befehl *Datei/Ausführen*.

*4. Datei/Ausführen als Startbefehl*

In *Abb. 4-27* wird dazu mit C:\TOOL\WORD.EXE auch der komplette Suchpfad C:\TOOL\ angegeben: TOOL als Unterverzeichnis zum Stammverzeichnis \ der Festplatte C:. Dies ist nur dann erforderlich, wenn das zu auszuführende Programm (hier WORD.EXE) nicht im aktiven Pfad gespeichert ist. Anstelle von WORD.EXE können Sie auch kurz WORD eingeben.

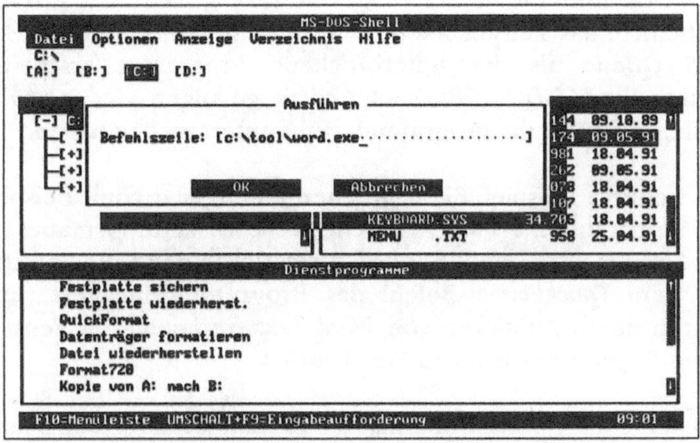

*Abb. 4-27: Den Befehl Datei/Ausführen aufrufen, um die Textverarbeitung Word zu starten*

Bei der 5. Möglichkeit wählen Sie im Programme-Fenster den Menüpunkt *Eingabeaufforderung*; damit gelangen Sie von der Menü-Oberfläche bzw. DOS-Shell zur Befehls-Oberfläche.

*5. Zur Befehls-Oberfläche wechseln*

Nun können Sie Programme bzw. Befehle direkt durch Eingabe ihres Dateinamens starten. Wir gehen auf die Befehle in Abschnitt 6 ein.

### Die Programmumschaltung (Task Switch) aktivieren

Unter DOS kann man auch mit mehreren Programmen arbeiten, ohne die jeweilige Arbeit vollständig beenden zu müssen. Beispiel: Sie programmieren mit QBasic (*siehe vorangehender Abschnitt 4.4*). Mitten in der Arbeit fällt Ihnen ein, eine Diskette kopieren zu müssen. Dazu verlassen Sie QBasic durch Eintippen von *Strg/Esc* (bei gedrückter *Strg*-Taste kurz die *Esc*-Taste tippen) - und Sie gelangen zum Programm-Manager und können nun mit *Diskette kopieren* Ihre Diskette kopieren. Danach kehren Sie wieder zu QBasic zurück: Dazu hat sich am Bildschirm das Fenster *Aktive Programme* geöffnet, in dem *MS-DOS QBasic* als das unterbrochene Programm erscheint. Klicken Sie *MS-DOS QBasic* an, und sie gelangen wieder an die Stelle, an der sie die Programmierung unterbrochen haben.

Ein weiteres Beispiel: Sie bearbeiten einen Text (zum Beispiel mit Word) und möchten rasch eine neue Diskette formatieren. Mit *Strg/Esc* verlassen Sie Word, formatieren dann die Diskette mit dem *QuickFormat*-Befehl des Programm-Managers, und kehren durch Anklicken von *Word Textverarbeitung* im Fenster *Aktive Programme* wieder zu Word zurück.

*Schritt 1:*  
*Die Programm-*  
*umschaltung*  
*aktivieren*

Rufen Sie das *Optionen*-Menü auf, und aktivieren Sie den Schalter *Programmumschaltung aktivieren* (links neben dem Schalter erscheint eine Raute). Am Bildschirm meldet sich wieder der Programm-Manager - diesmal jedoch mit dem zusätzlichen *Aktive Programme*-Fenster (siehe *Abb. 4-28*):

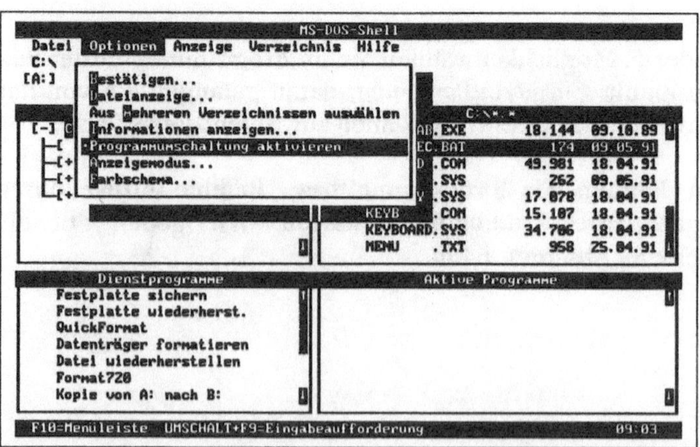


*Abb. 4-28: Programm-Manager mit leerem "Aktive Programme"-Fenster (über Schalter Programmumschaltung aktivieren)*

Mit der Befehlseingabe *Optionen/Programmumschaltung aktivieren* hat sich der Bildschirm des Programm-Managers geteilt.

- In der linken Hälfte am Bildschirm bleibt die *Hauptgruppe* stehen.

- Rechts erscheint eine neue, noch leere Liste in einem zusätzlichen Fenster. Dieses Fenster bleibt so lange erhalten, bis Sie *Optionen/Programmumschaltung aktivieren* wieder abschalten.

Wie *Abb. 4-28* zeigt, ist im rechten Fenster *Aktive Programme* unmittelbar nach dem Aktivieren der Programmumschaltung (Task Switch) noch kein Programm aufgelistet.

Rufen Sie nun ein Programm wie zum Beispiel SPEED.COM *auf*. Verlassen Sie dann die Arbeit mit diesem Programm durch Tippen der Tasten *Strg/Esc*. Sie gelangen wieder in die Menü-Oberfläche. Jetzt aber wird SPEED.COM im *Aktive Programme*-Fenster angezeigt (siehe umseitige *Abb. 4-29*).

*Schritt 2: SPEED.COM in Aktive Programme*

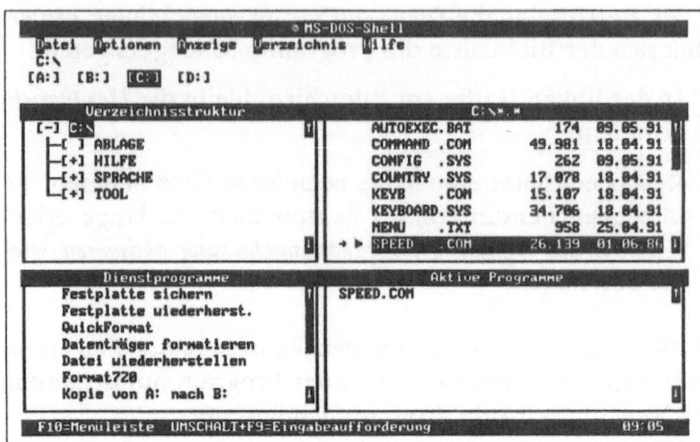

*Abb 4-29: Programm-Manager mit einem Eintrag im Fenster
"Aktive Programme"*

*Schritt 3: Word
in das Fenster
Aktive Programme
übernehmen*

Nun können Sie die erforderlichen Arbeiten in der Menü-Oberfläche verrichten; so zum Beispiel in der Hauptgruppe den Programmpunkt *Word Textverarbeitung* aufrufen, um einen Text zu bearbeiten. Verlassen Sie Word mit *Strg/Esc*, dann wird auch dieses Programm in das Fenster *Aktive Programme* aufgenommen (*Abb. 4-30*).

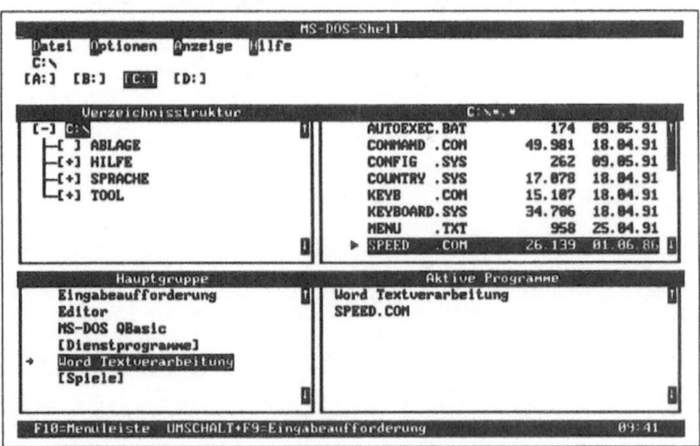

*Abb. 4-30: Zwei Eintragungen im "Aktive Programme"-Fenster*

Sie haben *SPEED.COM* und *Word Textverarbeitung* in das *Aktive Programme*-Fenster aufgenommen, in dem Sie das Programm mit *Strg/Esc* verlassen haben. Daneben haben Sie auch die Möglichkeit, ein Programm durch *Umschalt/Return* direkt in die Liste der aktiven Programme zu übernehmen. Ein Beispiel: Markieren Sie im *Hauptgruppe*-Fenster den Programmpunkt *MS-DOS QBasic* und tippen Sie *Umschalt/Return*. Jetzt listet das *Aktive Programme*-Fenster drei Programme auf (*Abb. 4-31*).

*Schritt 4:*
*QBasic mit*
*Umschalt/Return in*
*Aktive Programme*
*übernehmen*

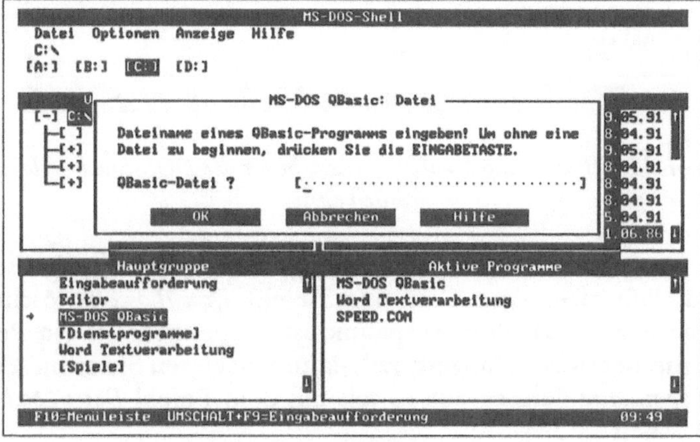

*Abb. 4-31: QBasic durch Umschalt/Return in das Fenster Aktive Programme übernommen*

Anschließend gehen Sie ins *Aktive Programme*-Fenster, um dort den Menüpunkt *Word Textverarbeitung*; damit gelangen Sie wieder in die Textverarbeitung. Word meldet sich in dem Zustand zurück, in dem Sie das Programm zuvor mit der *Alt/Esc*-Taste verlassen haben.

Ein Programm wird aus der Liste im *Aktive Programme*-Fenster gelöscht, in dem man es ordnungsgemäß verläßt. Beenden Sie die Arbeit mit QBasic über den Menüpunkt *Datei/Beenden*, dann verabschiedet sich QBasic, und gleichzeitig wird der Programmpunkt MS-DOS QBasic aus Aktive Programme gelöscht. Andernfalls warnt Sie das System (siehe *Abb. 4-32*).

*Schritt 5:*
*Aktive Programme*
*beenden*

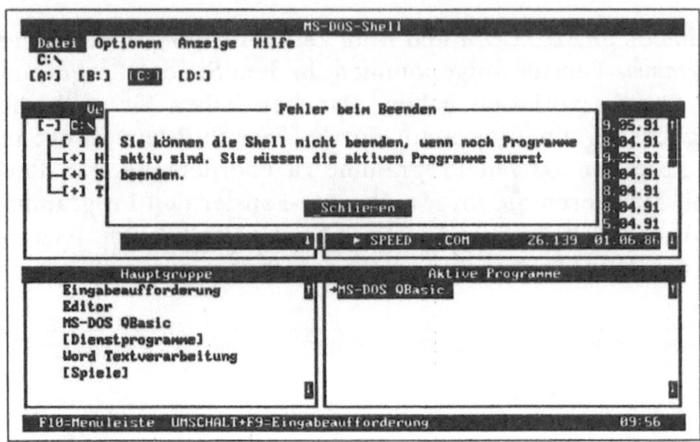

*Abb. 4-32: QBasic muß beendet werden, bevor die DOS-Shell verlassen
werden kann*

*Schritt 6:
Ein aktives
Programm
löschen*

Ein Programm, das im *Aktive Programme*-Fenster aufgelistet
wird, läßt sich nicht über den Befehl *Datei/Löschen* löschen
(siehe *Abb. 4-33*). Eine Ausnahme ist zu nennen: Ist ein Programm unerwartet "abgestürzt", dann markieren Sie es im *Aktive Programme*-Fenster, um es mit mit dem Befehl *Datei/Löschen*
zu löschen.

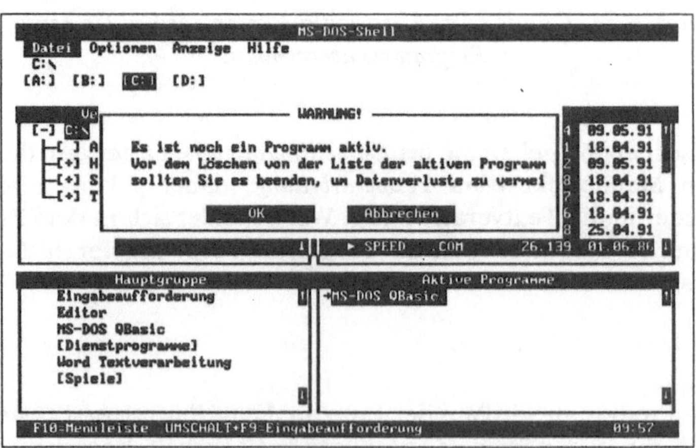

*Abb. 4-33: Zuerst beenden, dann löschen*

Die Verwaltung des *Aktive Programme*-Fensters beansprucht viel
Speicherplatz. Grund: Der Zustand des unterbrochenen Programms muß bis zur Rückkehr auf der Festplatte zwischenge-
speichert werden. DOS kann bei der Eingabe von *Optionen/Pro-
grammumschaltung aktivieren* den umseitigen Hinweis melden.

> Ihr Programm kann nicht auf Platte ausgelagert werden. Es
> ist nicht genügend Speicherplatz auf Ihrer Diskette. Das un-
> terbrochene Programm wird wieder gestartet. Sie müssen Platz
> auf der Platte frei machen, um diese Applikation zeitweilig
> verlassen zu können. Oder Sie müssen das Programm beenden,
> bevor Sie zur Menü-Oberfläche gehen.

Schaffen Sie Platz im aktiven Laufwerk (zumeist auf der Festplatte), und rufen Sie dann *Programmumschaltung aktivieren* erneut auf.

## Programmumschaltung im Überblick

Die Programmumschaltung (Task Switch) anstellen:
Den *Optionen/Programmumschaltung aktivieren*-Befehl aufrufen.

Die Programmausführung unterbrechen und dieses Programm dadurch in das *Aktive Programme*-Fenster übernehmen:
Die *Strg/Esc*-Taste drücken.

Ein Programm in das *Aktive Programme*-Fenster hinzufügen:
Das Programm in *Datei*-Fenster oder *Programme*-Fenster markieren und die *Umschalt/Return*-Taste drücken.

Von der Menü-Oberfläche zu einem anderen Programm
wechseln:
Doppelklick auf den Namen im *Aktive Programme*-Fenster.

Ein Programm aus dem *Aktive Programme*-Fenster entfernen:
Das jeweilige Programm ordnungsgemäß beenden. Beispiel:
dBASE mit Quit beenden.

Ein "abgestürztes" Programm aus dem *Aktive Programme*-Fen-
ster entfernen:
Den Programmnamen im *Aktive Programme*-Fenster markieren und mit dem *Datei/Löschen*-Befehl entfernen.

---

**FRAGEN ZU:**

**4.5 Mit mehreren Programmen arbeiten**

1. Ist *Programmumschaltung aktivieren* im *Optionen*-Menü eingeschaltet, dann kann man ein Programm bzw. eine Applikation wie zum Beispiel Word zeitweilig unterbrechen, um mit einem anderen Programm wie zum Beispiel *QuickFormat* zu arbeiten. Wie unterbricht man die Arbeit in einem Programm, um zur Menü-Oberfläche zu gelangen? Wie kehrt man wieder ins unterbrochene Programm zurück?

2. Es soll mit mehreren Programmen gearbeitet werden, so zum Beispiel mit Word (zur Textverarbeitung) und mit QBasic (zum Programmieren). Zwischendurch sollen auch die *Dienstprogramme* aufgerufen werden (zum Verwalten der Disketten). Welche Programmnamen erscheinen im *Aktive Programme*-Fenster? Wie nimmt man einen Programmnamen in dieses Fenster auf, und wie löscht man ihn wieder?

3. "Der Programmumschalter bzw. Task Switcher von DOS stellt kein Multitasking dar. Die Programme sind lediglich im Hintergrund eingefroren." Was halten Sie von dieser Behauptung?

4. Die maximal mögliche Anzahl der geöffneten und im *Aktive Programme*-Fenster angezeigten Programme wird durch die Speicherkapazität der Festplatte begrenzt. Aus welchem Grunde?

5. Viele Applikationen sehen eigene Menübefehle vor, um das jeweilige Programm temporär zum Betriebssystem zu verlassen. Beispiel: In Word kann man mit dem Menübefehl *Bibliothek/Betriebssystem* zu MS-DOS wechseln und später wieder mit *Exit* zurückkehren. Worin unterscheidet sich diese Möglichkeit von dem oben beschriebenen Menübefehl *Optionen/Programmumschaltung* von DOS?

---

**ANTWORTEN ZU:**

**4.5 Mit mehreren Programmen arbeiten**

1.  Mit der *Strg/Esc*-Taste wird das aktive Programm unterbrochen und der Programmname als Menüpunkt ins *Aktive Programme*-Fenster aufgenommen.

    Durch Anwählen des Programmnamens im *Aktive Programme*-Fenster kehrt man zum unterbrochenen Programm zurück.

2.  Im *Aktive Programme*-Fenster erscheinen zwei Namen:

    ```
    Word Textverarbeitung (ALT+H)
    MS-DOS QBasic
    ```

    Ein Programmname wird ins Fenster aufgenommen,
    wenn man das Programm durch *Strg/Esc* unterbricht, um
    in die Menü-Oberfläche zu wechseln. Ein Programmname wird aus dem Fenster gelöscht, nachdem man das
    Programm endgültig (zum Beispiel über *Quit* (für Word)
    oder *Datei/Beenden* (für QBasic)) verlassen hat.

3.  Die Behauptung trifft zu: Multitasking bedeutet Aufgaben bzw. Arbeiten (engl. Tasks) mit den entsprechenden Programmen gleichzeitig durchgeführt werden können. Dies ist nicht möglich; es ist immer nur *ein* Programm aktiv.

4.  Schaltet man mit *Strg/Esc* zu einem anderen Programm
    um, lagert DOS den Inhalt des Arbeitsspeichers vom
    RAM in versteckten Dateien auf die Festplatte aus. Erst
    beim Zurückschalten werden die Dateien aufgelöst und
    so wieder Platz auf der Festplatte geschaffen.

5.  Die Einrichtung *Optionen/Programmumschaltung aktivieren*
    von DOS geht wesentlich weiter: Nach der Unterbrechung sind alle Befehle der Menü-Oberfläche verfügbar.
    Der Benutzer kann von einer Applikation zur anderen
    wechseln. Die unterbrochenen Programme werden über
    ein zusätzliches Fenster verwaltet.

Im vorliegenden Abschnitt 4 haben Sie erfahren, wie man die DOS-Shell den eigenen Wünschen entsprechend anpassen bzw. gestalten kann:

- Eigene Programme zusätzlich in das Programme-Fenster aufnehmen.

- Neue Programmgruppen in das Programme-Fenster aufnehmen.

Desweiteren haben Sie getestet, wie man Programme zur Ausführung bringt. Dabei kann man mit einem Programm oder mit mehreren Programmen "gleichzeitig" (Task Switch) arbeiten.

Im folgenden Abschnitt 5 wenden wir uns einem besonders wichtigen Programm zu - dem Editor von MS-DOS. Mit diesem Editor können Sie Textdateien bequem bearbeiten und verwalten.

# 5 Text verarbeiten mit dem MS-DOS Editor

## 5.1 Text erfassen und drucken

Am PC soll eine kurze Textmitteilung eingegeben und ausgedruckt werden. Diese Aufgabe läßt sich bequem über den von MS-DOS Editor erledigen, der im Programm-Fenster angeboten wird.

*A:\INFO1.TXT*
*als Dateiname*
*angeben*

Rufen Sie den Editor auf, in dem Sie *Editor* im Programm-Fenster doppelt anklicken. Wenn Sie mit der Tastatur arbeiten: Gehen Sie mit der *Tab*-Taste in das *Hauptgruppe*-Fenster, bewegen Sie die Markierung mit der Pfeil-Taste auf *Editor* und bestätigen Sie mit der *Return*-Taste. Am Bildschirm werden Sie über eine Dialogbox aufgefordert, den Namen der zu bearbeitenden Datei einzugeben. Geben Sie jetzt B:\INFO1.TXT ein, damit der Text unter dem Dateinamen INFO1.TXT im Stammverzeichnis \ der Diskette B: gespeichert wird; die Angabe des Zeichens \ (siehe *Abschnitt 1.4*) ist wichtig und wird vom Editor erwartet.

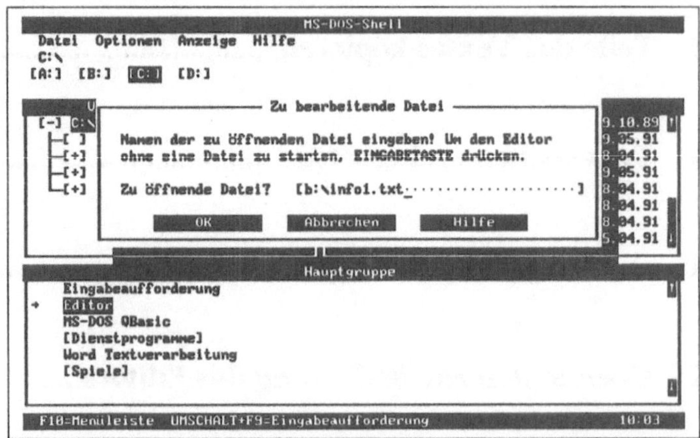


*Abb. 5-1: Den MS-DOS Editor aufrufen und B:\INFO1.TXT als Dateinamen angeben*

*A:\INFO1.TXT*
*als*
*leere Textdatei*

Der Editor sucht im Stammverzeichnis \ der Diskette B: nach einer Datei namens INFO1.TXT, um sie als aktive Datei in den Hauptspeicher zu kopieren. Da er eine Datei INFO1.TXT nicht finden kann, stellt er einen leeren Editor-Bildschirm bereit, den er aber mit INFO1.TXT benennt. Der Cursor steht in der linken oberen Ecke. Der Editor wartet nun darauf, daß Sie Text eingeben bzw. bearbeiten (editieren). Dabei unterstützt Sie der Editor über die Menü-Befehle *Datei*, *Bearbeiten*, *Suchen*, *Optionen* und *Hilfe*, die in der Menüleiste angezeigt werden.

Geben Sie nun den in *Abb. 5-2* angezeigten Text ein. Bewegen Sie den Cursor nach rechts in Richtung Mitte, geben Sie "Mitteilung" ein. Drücken Sie zweimal die Return-Taste und tippen Sie dann "Das wöchentliche ..." ein usw. Um den sechszeiligen Text auf Diskette zu speichern, rufen Sie den Menü-Befehl *Datei* und dann dessen Unterbefehl *Speichern* auf: Der Inhalt der aktiven Datei INFO1.TXT wird nun auf die Diskette B: in deren Stammverzeichnis kopiert.

*Text in die Datei B:\INFO1.TXT eingeben*

*Abb. 5-2: Den vierzeiligen Text eingeben und mit dem Befehl Datei/Speichern unter dem Namen INFO1.TXT in B:\ speichern*

Schrittfolge, um den Inhalt der aktiven Datei INFO1.TXT auf die Diskette zu speichern bzw. sicherzustellen:

1. Den Cursor an der jeweiligen Position im Text stehen lassen (die Position ist also beliebig).

2. Den Menü-Befehl *Datei* aufrufen: *Datei* anklicken (Maus) bzw. bei gedrückter *Alt*-Taste den Anfangsbuchstaben D tippen (Tastatur).

3. Den Unterbefehl *Speichern* aufrufen: *Speichern* anklicken (Maus) bzw. den Buchstaben S eintippen (Tastatur).

Nach der Ausführung des *Datei/Speichern*-Befehls steht der Cursor an der bisherigen Position im Text; der Editor wartet also darauf, daß Sie den Text weiter bearbeiten. Insbesondere bei längeren Texten ist es sinnvoll, diesen wiederholt mit der Befehlsfolge *Datei/Speichern* auf Diskette zu sichern.

*Den Text ausdrucken*

Rufen Sie *Drucken* als Unterbefehl von *Datei* auf, um die Mitteilung auszudrucken; der Befehlsaufruf von *Datei/Drucken* erfolgt analog zum oben dargestellten Aufruf von *Datei/Speichern*.

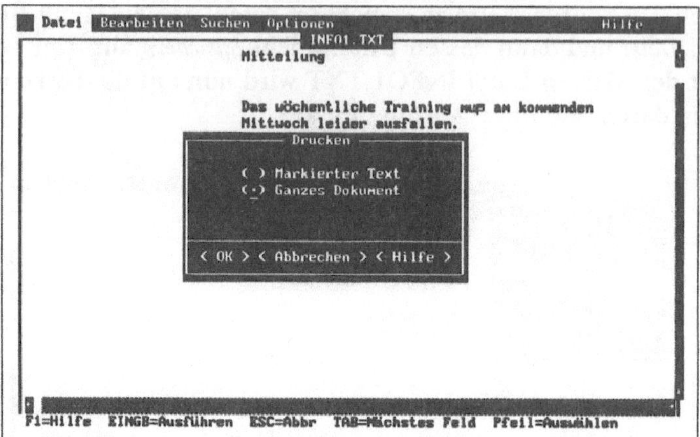


*Abb. 5-3: Dialogbox des Datei/Drucken-Befehls zum Ausdrucken des markierten Textes*

Klicken Sie das OK-Feld an, um - wie in der Dialogbox angeboten - den gesamten Inhalt der Datei auszudrucken.

*Den markierten Text ausdrucken*

Soll nur ein Teil der Datei ausgedruckt werden, muß dieser zuvor markiert werden. Markieren Sie wie folgt: Den Cursor in die linke obere Ecke setzen, dann bei gedrückter *Umschalt*-Taste (*Shift*-Taste) den Cursor mit Maus oder Pfeiltaste zur rechten unteren Ecke bewegen.

*Den MS-DOS Editor verlassen*

Der Text INFO1.TXT wurde eingegeben, gespeichert und ausgedruckt. Verlassen Sie nun den MS-DOS Editor über *Beenden* als Unterbefehl des *Datei*-Befehls.

*Beenden* meldet sich gegebenenfalls über eine Dialogbox mit der Frage *Geladene Datei ist nicht gespeichert. Jetzt speichern?*. In diesem Fall haben Sie zwischen dem letzten *Speichern*-Befehl und dem *Beenden*-Befehl noch irgendeine (auch noch so kleine) Änderung an der aktiven Datei vorgenommen. Verlassen Sie die Dialogbox über das OK-Feld, dann wird uach diese Änderung noch auf Diskette gesichert, um erst danach den MS-DOS Editor zu verlassen.

---



1. Was versteht man unter "Editieren".

2. Wie ruft man den MS-DOS Editor auf, und wie verläßt man dieses Programm wieder?

3. Die *Texterfassung* umfaßt stets zwei Tätigkeiten: Zunächst wird der Text Zeile für Zeile an der Tastatur eingegeben und dadurch im RAM gespeichert. Würde man jetzt den Strom am PC ausschalten, dann wäre der Text verloren. Aus diesem Grunde muß der Text nach der Eingabe aus dem RAM auf eine Diskette oder auf die Festplatte gesichert werden; erst danach ist der Text dauerhaft gespeichert.

   Welche Befehle sind aufzurufen, um Text einzugeben und anschließend zu speichern?

4. Man hat einen Text editiert und unter dem Namen XYZ-.TXT gespeichert. Nun soll ein neuer Text eingegeben und unter dem Dateinamen HINWEIS.TXT gespeichert werden. Welche der folgenden zwei möglichen Vorgehensweisen ist sinnvoller?

   a) Mit dem Befehl *Datei/Neu* die aktive Datei XYZ.TXT im RAM löschen, den neuen Text in den RAM eingeben und abschließend mit dem Befehl *Datei/Speichern* auf Diskette sichern.

   b) Mit dem Befehl *Datei/Öffnen* die aktive Datei im RAM von XYZ.TXT in HINWEIS.TXT umbenennen, den Text eingeben und dann mit *Datei/Speichern* auf Diskette sichern.

5. Wie läßt sich Text insgesamt oder teilweise ausdrucken?

6. Die nur 413 Bytes (Zeichen) große Datei EDIT.COM stellt den MS-DOS Editor bereit. Wie ist dies möglich?

1.  Das Bearbeiten (Eingeben, Ändern, Drucken, Speicher, Laden, Zusammenführen usw.) von Text bezeichnet man als Editieren. Ein Editor ist ein Programm, das diese Tä.tigkeiten möglichst komfortabel unterstützt und kontrolliert.

2.  Der MS-DOS Editor wird über den gleichnamigen Menüpunkt des Programm-Managers aufgerufen und über den Befehl *Datei/Beenden* verlassen. Man kann den MS-DOS Editor auch durch Eingabe von EDIT am DOS-Prompt aufrufen.

3.  Befehl *Datei/Neu* zur Texteingabe (eine neue, leere aktive Datei wird zum Editieren bereitgestellt) und Befehl *Datei/Speichern* zum Sicherung als Textdatei auf Diskette bzw. Festplatte.

4.  Beide Möglichkeiten sind gleich sicher: Vor dem Löschen der aktiven Datei und auch vor dem Öffnen prüft das System, ob die bisherige aktive Datei zuvor gesichert worden ist. Die Möglichkeit a) hat den Vorteil, daß die aktive Datei bereits von Anfang an benannt ist (hier mit HINWEIS.TXT) - und nicht erst später vor dem Abspeichern.

5.  Ruft man den Befehl *Datei/Drucken* auf, wird zunächst angeboten, den gesamten Text auszudrucken (der entsprechende Schalter ist an). Um nur Teile der aktiven Datei auszudrucken, ist wie folgt zu verfahren: 1. Den Text bei gedrückter *Umschalt*-Taste markieren und 2. im *Datei/Drucken*-Befehl den Schalter *Ausgewählten Text* anstellen.

6.  EDIT.COM ist in dem Verzeichnis gespeichert, in dem die Systemdateien des Betriebssystems MS-DOS stehen. EDIT.COM ruft den MS-DOS Editor auf, der als Teil in QBASIC.EXE enthalten ist.

## 5.2 Teile des Textes kopieren

Die in *Abschnitt 5.1* auf eine Diskette gespeicherte Textdatei INFO1.TXT soll geändert und dann unter dem Namen INFO1A.TXT zusätzlich auf Diskette abgelegt werden. Da Änderungen stets nur im Hauptspeicher (RAM) vorgenommen werden können, ergibt sich folgendes 4-Schritte-Vorgehen:

> Befehlsfolge, um eine Datei zu laden, zu ändern und unter einem anderen Namen zusätzlich auf Diskette zu speichern:

1.  Die aktive Datei mit *Datei/Neu* im Hauptspeicher löschen.

2.  Datei INFO1.TXT mit *Datei/Öffnen* in den RAM laden.

3.  Die Datei INFO1.TXT im RAM ändern bzw. editieren: Wir wählen dazu den *Bearbeiten*-Befehl mit den Unterbefehlen *Ausschneiden, Kopieren, Einfügen* und *Löschen*.

4.  Die aktive Datei in INFO1A.TXT umbenennen und unter diesem neuen Namen zusätzlich auf Diskette speichern. Dazu dient der Befehl *Datei/Speichern unter...*

Löschen Sie zunächst mit *Neu* als Unterbefehl von *Datei* die aktive Datei im Hauptspeicher. Am oberen Bildschirmrand wird der Name der aktiven Datei durch "Unbenannt" ersetzt. Rufen Sie dann *Öffnen* als Unterbefehl von *Datei* auf, um die Datei INFO1.TXT in den RAM zu laden (siehe *Abb. 5-4*):

*Schritt 1:*
*Datei INFO1.TXT*
*laden*

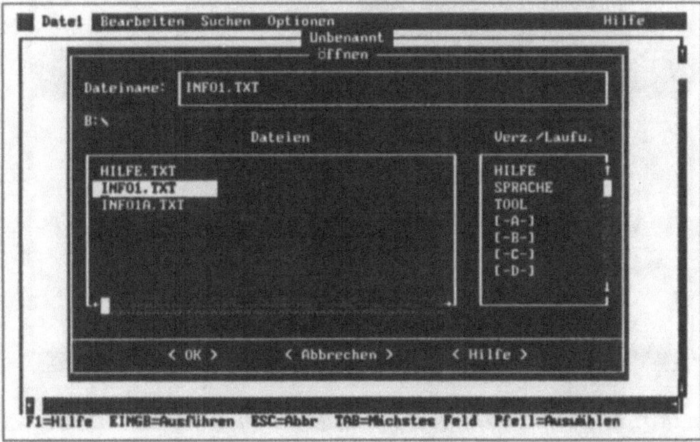


*Abb. 5-4: INFO1.TXT mit Befehl Datei/Öffnen in den RAM laden*

Aktivieren Sie im *Verz./Laufw.*-Fenster des *Öffnen*-Befehls das Diskettenlaufwerk B:; klicken Sie dazu [-B-] an (Maus) bzw. bewegen Sie mit *Tab*-Taste und den *Pfeil*-Tasten die Markierung auf [-B-] und schließen Sie mit der *Return*-Taste ab (Tastatur).
Der *Öffnen*-Befehl zeigt im *Dateiname*-Feld zunächst *.TXT als Suchbegriff an; das Jokerzeichen "*" besagt, daß im aktiven laufwerk nach Dateien mit beliebigen Dateinamen und dem Dateityp TXT gesucht werden soll. Ersetzen Sie im Name-Feld *.TXT durch *.*, um nach Dateien mit beliebigen Namen (erster "*") und beliebigen Dateitypen (zweiter "*") im Datei-Feld suchen zu lassen. Nun werden im Datei-Fenster mehrere Dateien angezeigt (siehe *Abb. 5-4*). Markieren Sie darin die Datei INFO1.TXT, um Sie mit Anklicken bzw. Return-Taste von der Diskette in den RAM zu kopieren.
Die Datei INFO1.TXT ist geöffnet, d. h. sie befindet sich als aktive Datei im RAM und kann editiert werden.

*Schritt 2:*
*Text markieren*

Markieren Sie nun die zwei Zeilen "Das wöchentliche ... ausfallen." und die anschließende Leerzeile wie folgt:
1. Cursor auf "D" von "Das" setzen, also nach oben links.
2. Die Umschalt-Taste bzw. Shift-Taste gedrückt halten und mit der Pfeil-Taste die Markierung bis in die Leerzeile über "Der Trainer" ausdehnen.

*Schritt 3:*
*Markierten Text*
*ins Clipboard*
*kopieren*

Rufen Sie jetzt *Kopieren* als Unterbefehl von *Bearbeiten* auf, um die drei immer noch markierten Textzeilen in das Clipboard als Zwischenspeicher zu kopieren (siehe *Abb.5-5*):

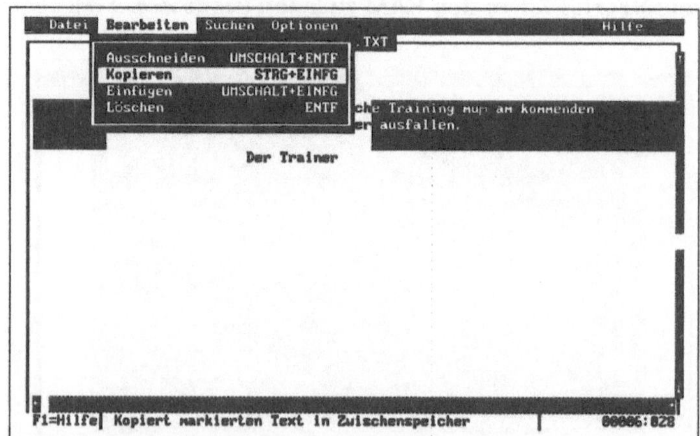


*Abb. 5-5: Mit dem Befehl Bearbeiten/Kopieren den zuvor markierten Text in den Zwischenspeicher (Clipboard) kopieren*

Das Clipboard ist ein Speicherbereich des RAM, der über den Menü-Befehl *Bearbeiten* als Zwischenspeicher verwaltet wird. *Datei/Kopieren* kopiert den markierten Text in den Zwischenspeicher, wobei der bisherige Inhalt des Zwischenspeichers gelöscht wird. Mit dem Befehl *Bearbeiten/Einfügen* fügen Sie den Inhalt des Zwischenspeichers an die Cursorposition in den Text ein, wodurch der nachfolgende Text verschoben wird. Sie können dieses Einfügen beliebig oft wiederholen - an gleiche oder an zwischendurch verschobene Cursorpositionen.



Bewegen sie den Cursor auf das "D" von "Der Trainer" und rufen Sie dann *Einfügen* als Unterbefehl von *Bearbeiten* auf: Der dreizeilige Inhalt des Zwischenspeichers wird in den Text eingefügt und die Zeile "Der Trainer" wird nach unten verschoben. Der Cursor steht weiter auf dem "D" von "Der Trainer". Rufen Sie weitere drei Mal nacheinander den *Einfügen*-Befehl auf, und Sie erhalten den in *Abb. 5-6* wiedergegebenen Text.

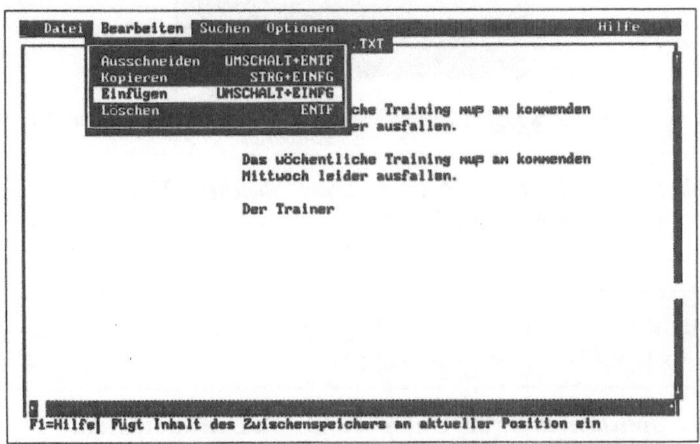


*Abb. 5-6: Cursor auf "D" von "Der" und das erste Mal den Bearbeiten/Einfügen-Befehl aufrufen*



*Kopieren* kopiert den markierten Text in den Zwischenspeicher, während *Einfügen* als Gegenstück den Inhalt des Zwischenspeichers an die Cursorposition einfügt. Text markieren Sie durch Bewegen des Cursors bei gedrückter *Umschalt*-Taste. Neben *Kopieren* und *Einfügen* hat *Bearbeiten* noch zwei weitere Unterbefehle: *Ausschneiden* kopiert den den markierten Text in den Zwischenspeicher und löscht ihn dann in der aktiven Textdatei. Löschen entfernt den markierten Text in der aktiven Textdatei und läßt den Zwischenspeicher unverändert.

Die am Bildschirm angezeigte aktive Datei INFO1.TXT umfaßt die viermalige Mitteilung "Das wöchentliche Training ...".
In der passiven Datei INFO1.TXT auf der Diskette B: hingegen ist nur ein einmalige Mitteilung "Das wöchentliche Training ..." gespeichert. Mit dem Befehl *File/Save* würde INFO1-
.TXT durch die aktive Datei überschrieben. Mit dem Befehl
*Datei/Speichern unter* hingegen können Sie die aktive Datei unter
einem neuen Namen - wie z.B. INFO1A.TXT - zusätzlich auf
die Diskette speichern (siehe *Abb. 5-7*).

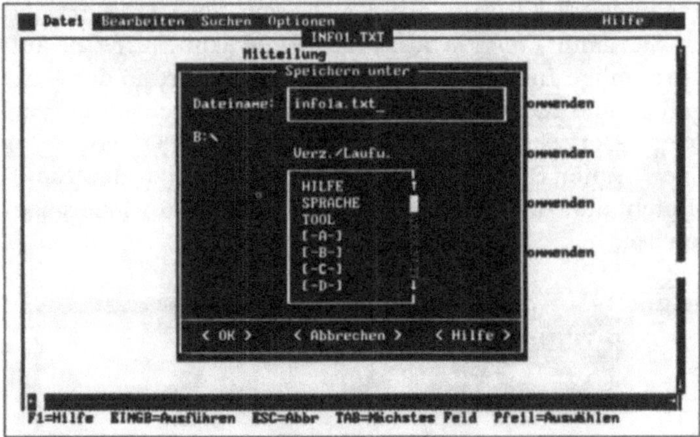


*Abb. 5-7: Befehl "Datei/Speichern unter" speichert INFO1.TXT unter
dem neuen Namen INFO1A.TXT zusätzlich auf Diskette ab*

*"Speichern"
und
"Speichern
unter"*

Befehlsfolge, um die aktive Datei mit *Datei/Speichern unter* zusätzlich auf Diskette zu speichern:

1.   *Speichern unter* als Unterbefehl von *Datei* aufrufen.

2.   Im *Dateiname*-Feld der Dialogbox den bisherigen Dateina-
     men (hier INFO1.TXT) durch den neuen Namen (hier
     INFO1A.TXT) ersetzen.

3.   Im *Verzeichnis/Laufwerke*-Fenster das Angebot [-B-] unver-
     ändert übernehmen, wenn weiterhin auf die Diskette B:
     gespeichert werden soll.

4.   Die Dialogbox über das OK-Feld verlassen, um INFO1A-
     .TXT zusätzlich zu INFO1.TXT zu speichern.

*Datei/Speichern* speichert unter dem bisherigen Dateinamen, *Da-
tei/Speichern unter* dagegen unter einem neuen Dateinamen ab.

**FRAGEN ZU:**

**5.2 Teile des Textes kopieren**

1.  Wozu dienen die drei Unterbefehle *Ausschneiden*, *Kopieren* und *Einfügen* der *Bearbeiten*-Menübefehls?

2.  Der Zwischenspeicher (Clipboard) ist ein Bereich des RAM, den der MS-DOS Editor reserviert, um darin zeitweilig Text zu speichern. Es gibt keinen gesonderten Befehl, um den Inhalt des Clipboards zu löschen. Durch welche Tätigkeiten bzw. Befehle läßt sich das Clipboard dennoch löschen?

3.  Was bewirkt das folgende Fünf-Schritte-Vorgehen: 1. Die Datei INFO1.TXT mit *Datei/Öffnen* laden. 2. Den zweiten Textabsatz markieren und den Befehl *Bearbeiten/Kopieren* aufrufen. 3. Die aktive Datei mit *Datei/Neu* im RAM löschen. 4. den Befehl *Bearbeiten/Einfügen* aufrufen. 5. Den Inhalt der aktivem Datei mit dem Befehl *Datei/Speichern unter* als Datei INFOXXXX.TXT speichern.

4.  Welche Texteinheiten werden durch die Befehle *Datei/Neu*, *Bearbeiten/Löschen* bzw. *Bearbeiten(Kopieren* gelöscht?

5.  Bearbeitet man einen Text, dann sollte man diesen zwischendurch immer wieder mit *Datei/Speichern* sichern. Aus welchem Grunde?

6.  Mit dem Befehl *Datei/Speichern* wird der Inhalt der aktiven Datei aus dem RAM unter ihrem bisherigen Namen auf Diskette bzw. Festplatte gespeichert. Ist die aktive Datei (noch) unbenannt, erfragt der *Speichern*-Befehl den Dateinamen sowie Verzeichnispfad.

    Mit dem Befehl *Datei/Speichern als...* wird der Inhalt der aktiven Datei unter einem anderen, neu eingegebenen Namen  zusätzlich auf Diskette bzw. Festplatte gespeichert; außerdem wird die aktive Datei ...?...

---

**ANTWORTEN ZU:**

**5.2 Teile des Textes kopieren**

1.  *Kopieren* überträgt den Text, der zuvor bei gedrückter
    *Umschalt*-Taste markiert worden ist, in das Clipboard.

    *Einfügen* überträgt den Inhalt des Clipboards in den Text
    und fügt ihn an die Cursorposition ein.

    *Ausschneiden* stimmt mit *Kopieren* überein, löscht den mar-
    kierten Text aber aus dem RAM nach dem Übertragen.

    *Löschen* löscht den markierten Text in der aktiven datei
    (nicht aber im Zwischenspeicher bzw. Clipboard).

2.  Der Befehl *Bearbeiten/Kopieren* löscht den Inhalt des Clip-
    boards - kopiert dann jedoch den markierten Text neu ins
    Clipboard. Somit läßt sich das Clipboard löschen: *Bearbei-
    ten/Kopieren* aufrufen, ohne Text markiert zu haben.

3.  Der zweite Textabsatz des Datei INFO1.TXT wird unter
    dem Namen INFOXXXX.TXT als neue, gesonderte Datei
    auf Diskette bzw. Festplatte gespeichert. Der Inhalt des
    Clipboards bleibt also auch dann erhalten, wenn man die
    aktive Datei löscht, aus welcher der Textinhalt stammt.

4.  *Datei/Neu* löscht die aktive Datei aus dem RAM. *Bearbeiten-
    /Löschen* löscht den markierten Text aus der aktiven Datei.
    *Bearbeitren/Kopieren* löscht den Inhalt des Clipboards (um
    dann den markierten Text ins Clipboard zu übertragen).

5.  Wiederholte Datensicherung: Mit jedem Aufruf des Be-
    fehls *Datei/Speichern* wird die passive Datei auf Diskette
    durch den Inhalt der aktiven Datei des RAMs überschrie-
    ben. Damit ist gewährleistet, daß bei einem Systemzusam-
    menbruch (z.B. Stromausfall) nur die Änderungen seit der
    letzten Datensicherung verloren gehen.

6.  ... umbenannt. Die aktive Datei im RAM erhält den neu
    an der Tastatur eingegebenen Dateinamen.

---

## 5.3  Text suchen und ersetzen

Zum Suchen und Ersetzen von Textteilen in der aktiven Datei stellt der Editor den Menü-Befehl *Suchen* bereit. Wir wollen diesen Befehl anhand der Datei INFO1A.TXT von *Abschnitt 5.2* erproben. Falls sich diese Datei nicht noch auf dem Bildschirm befindet - öffnen Sie sie mit dem Befehl *Datei/Öffnen*.

Rufen Sie nun den Befehl *Suchen* auf. Am Bildschirm wird ein Menü mit drei Unterbefehlen aufgeklappt (siehe *Abb. 5-8*):

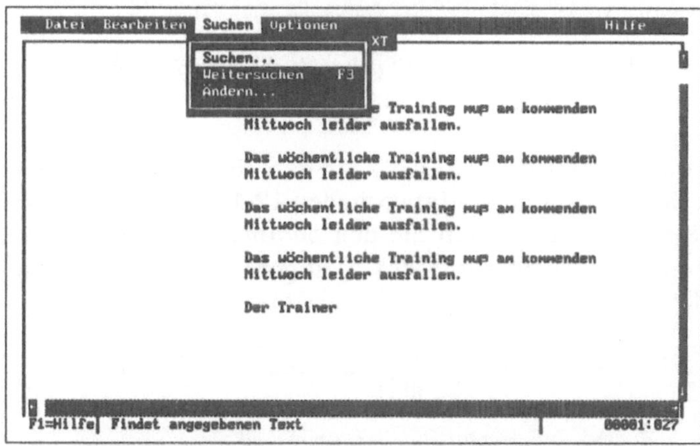


*Abb. 5-8: Drei Unterbefehle des Menü-Befehls Suchen*

Mit dem *Suchen/Suchen...*-Befehl können einen beliebigen Text suchen lassen. Rufen Sie *Suchen...* auf, geben Sie "Mittwoch" als Suchtext ein und verlassen Sie die Dialogbox über das OK-Feld (siehe *Abb. 5-9*):
*Suchen...* durchsucht den aktiven Text vom Anfang an und bleibt beim ersten Auftreten des Suchtextes stehen, wobei "Mittwoch" markiert erscheint.

*"Mittwoch" im Text suchen*

Rufen Sie nun den *Weitersuchen...*-Befehl auf, und die Markierung wird zum nächsten "Mittwoch" vorgerückt. Auf diese Weise können Sie einen Suchtext in der Datei Schritt für Schritt betrachten.

Erreicht ein Unterbefehl von *Suchen* das Dateiende, erscheint eine Dialogbox mit der Meldung "Suchbegriff nicht gefunden".

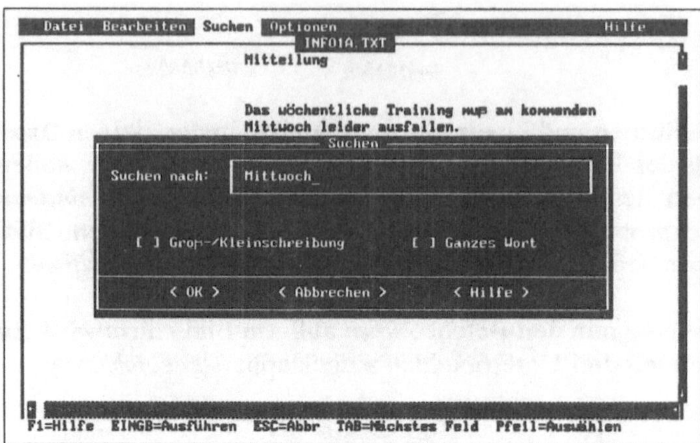

*Abb. 5-9: "Mittwoch" mit dem Suchen/Suchen-Befehl suchen lassen*

*"Mittwoch"
durch
"Mittwoch,
den 12.4.,"
ersetzen*

Wir wollen im Text INFO1A.TXT den fünf Mal enthaltenen Text "Mittwoch" durch "Mittwoch, den 12.4.," ersetzen. Markieren Sie "Mittwoch", rufen Sie den *Suchen/Ändern...*-Befehl auf, geben Sie die Texte wie in *Abb. 5-10* gezeigt ein und verlassen Sie die Dialogbox über das *Suchen und bestätigen*-Feld.

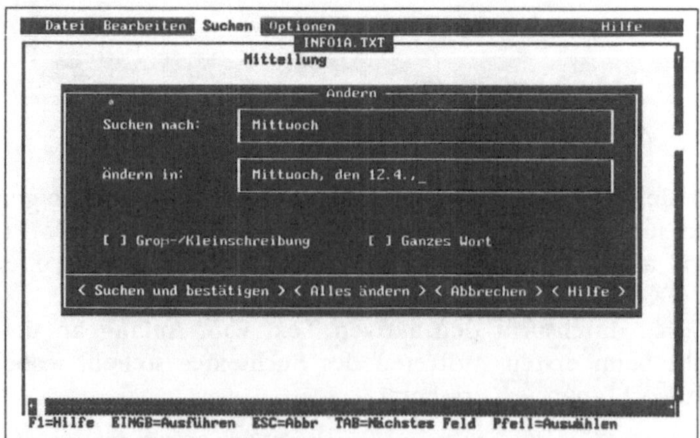

*Abb. 5-10: Befehl Suchen/Ändern aufrufen, um "Mittwoch" durch
"Mittwoch, den 12.4.," zu ersetzen*

Da die Dialogbox über das *Suchen und bestätigen*-Feld - wie voreingestellt - verlassen worden ist, wird bei jedem Match nachgefragt, ob der jeweilige Suchtext auch zu ersetzen ist oder nicht (siehe *die umseitige Abb. 5-11*).

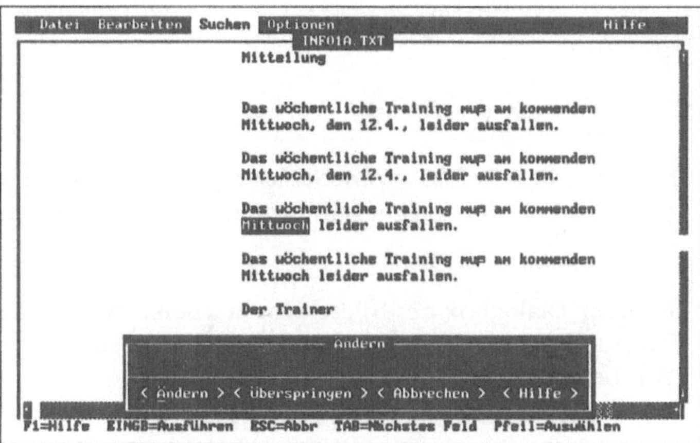

*Abb. 5-11: Suchen fragt über die Ändern-Dialogbox bei jedem Match nach, ob ersetzt werden soll oder nicht*

Aktivieren Sie beim *Ändern*-Befehl den Schalter *Groß-/Klein-schreibung* (durch Anklicken bzw. durch Drücken der Leerta-ste), dann unterscheidet der Suchbefehl zwischen Groß- und Kleinschreibung: "Mittwoch", "MITTWOCH" und "MittWoCh" sind dann verschiedene Suchbegriffe.

*Groß- und Kleinschreibung*

Aktivieren Sie den Schalter *Ganzes Wort*, dann muß der Such-begriff als eigenes Wort auftauchen; so ergibt zum Beispiel "Mittwoch" in "Mittwochabend" oder "mittwochs" keinen Match.

*Ganzes Wort beim Suchen*

Um eine Zeichenfolge (man spricht auch von einem String) im Text zu löschen, dann tragen Sie den String im *Suchen nach*-Feld ein und lassen Sie das *Ändern in*-Feld leer. Verlassen Sie die *Ändern*-Dialogbox über den *Alles ändern*-Ausgang, und alle gefundenen Strings werden ohne Bestätigung gelöscht. Einen String löschen bedeutet somit das gleiche wie "einen String durch einen Leerstring ersetzen".

*Text suchen und löschen*

**FRAGEN ZU:**

**5.3 Text suchen und ersetzen**

1. Sie rufen den Befehl *Suchen/Suchen* auf und geben im *Suchen nach*-Feld den Suchbegriff "green" ein. Was passiert?

2. In einer Dialogbox am Bildschirm erscheint die Meldung "Geladene Datei ist nicht gespeichert. Jetzt speichern?". Was bedeutet dies?

3. Die Textdatei MENU.TXT ist im Stammverzeichnis der Festplatte gespeichert. In dieser Datei soll durch den Editor das Wort "Sidekick" gesucht und jedes Mal in "Sidekick 2.0" geändert werden. Abschließend soll die Datei MENU-.TXT wieder auf die Festplatte gespeichert werden. Wie gehen Sie vor?

4. Im aktiven Text sollen der Text "Unterschrift:", der irgendwo im Text steht, an das Ende der Textdatei verschoben werden. Was versteht man unter verschieben"? Wie gehen Sie vor?

5. Wie gehen Sie vor, um den Satz "Freiburg im Schwarzwald.", der mehrmals im Text vorkommen kann, aus dem aktiven Text zu löschen (es sollen keine Bestätigungen eingeholt werden)?

---

**ANTWORTEN ZU:**

**5.3 Text suchen und ersetzen**

---

1.  Der Editor sucht im aktiven Text nach dem Wort "green". Beim ersten Auftreten wird das Wort "green" markiert und der Cursor steht auf dem "g" als Anfangsbuchstabe. Durch·Aufrufen des Befehls *Suchen/Weitersuchen* kann man das nächste Wort "green" aufsuchen. Wird das Wort nicht gefunden, dann erscheit die Meldung "Suchbegriff nicht gefunden".

2.  Die aktive, gerade editierte Datei wurde verändert und ist nich nicht gesichert worden.

3.  Vorgehensweise: 1. Den Befehl *Datei/Öffnen* aufrufen und im Dateiname-Fenster; dann *C:\MENU.TXT* eingeben: die Datei wird in den RAM geladen. 2. Den Befehl *Suchen/Ändern* aufrufen; im *Suchen nach*-Fenster " und im *Ändern in*-Fenster "Sidekick 2.0" eingeben. 3. Verläßt man die *Ändern*-Dialogbox über den *Suchen und bestätigen*-Ausgang, dann fragt das System vor jeder Änderung nach. 4. Mit dem Befehl *Datei/Speichern* den Text geändert auf die Festplatte zurückschreiben.

4.  Verschieben bedeutet "Text an ein Ziel kopieren und an der ursprünglichen Stelle löschen". Vorgehensweise: 1. *Suchen/Suchen/Unterschrift:* aufrufen, um das Wort "Unterschrift:" zu markieren. 2. Das Wort mit der *Entf*-Taste löschen. 3. Den Cursor zum Dateiende bewegen und das Wort "Unterschrift:" mit der *Einfg*-Taste an die Cursorposition kopieren.

5.  Vorgehensweise: 1. Den Befehl Suchen/Ändern aufrufen. 2. Im *Suchen nach*-Feld "Freiburg im Schwarzwald." eingeben, im *Ändern in*-Feld jedoch nichts eingeben. 3. Die *Ändern*-Dialogbox über das *Alles ändern*-Feld verlassen.

---

## 5.4  Die Umgebung des Editors einstellen

Vom *Optionen*-Befehl der Menü-Oberfläche von DOS zu trennen ist der gleichnamige Befehl des MS-DOS Editors. Dieser hat nur zwei Unterbefehle: *Bildschirmanzeige* und *Pfad für Hilfe*.

*Optionen/*
*Bildschirmanzeige*

Rufen Sie den Menübefehl *Optionen* auf, um über den Unterbefehl *Bildschirmanzeige* den Bildschirm so einzustellen, wie es Ihnen am besten paßt.

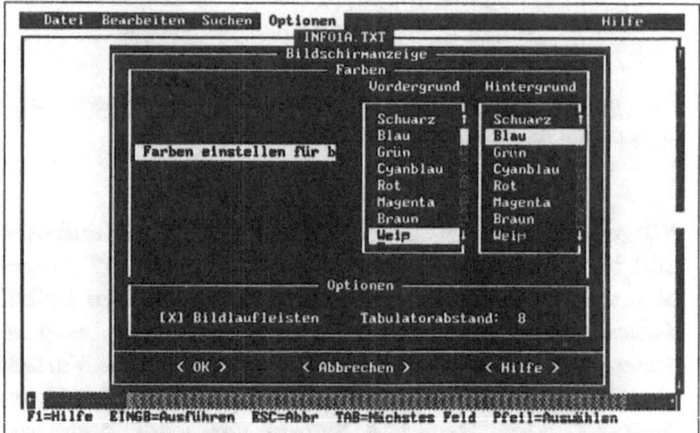


*Abb. 5-12: Optionen/Bildschirmanzeige zur Gestaltung des Bildschirms*

*Optionen/*
*Pfad für Hilfe*

Über *Pfad für Hilfe* als zweiten Unterbefehl des Menübefehls *Optionen* können Sie einen Suchpfad für die Datei EDIT.HLP angeben. Dies ist nur dann erforderlich, wenn EDIT.HLP nicht im gleichen Laufwerk bzw. Pfad gespeichert ist wie EDIT.COM und QBASIC.EXE.

In der Datei EDIT.HLP sind die Hilfetexte des MS-DOS Editors gespeichert.
EDIT.COM ist die Datei, die den MS-DOS Editor als Bestandteil von QBASIC.EXE aufruft.

*Der Editor*
*ist Teil von*
*QBASIC.EXE!*

Ein Hinweis: Speichern Sie die Dateien EDIT.COM, EDIT.-HLP, QBASIC.EXE und QBASIC.HLP möglichst im gleichen Verzeichnis.

## 5.5 Übersichten zur Bedienung des Editors

### 5.5.1 Belegung der Tasten

**Tastenbezeichnungen englisch - deutsch:**

Arrow = Pfeiltaste, Ctrl = Strg, Del = Entf, End = Ende, Enter = Eingabe, Home = Pos1, Ins = Einfg, PgUp = Bild hoch, PgDn = Bild runter, Return = Eingabe, Shift = Umschalt.

**Tasten zur Befehlsabkürzung (Hot Keys):**

*Hot Keys*

```
Einfügen:
Einfg                Umschalten zwischen Einfügen/Überschreiben
Pos1, Strg/N         Zeile oberhalb
Ende, Eingabe        Zeile unterhalb
Umschalt/Einfg       vom Clipboard
Strg/Einfg           ins Clipboard


Suchen:
Strg/QF              Erstmalig nach dem angegebenen Text suchen
F3                   Nochmals (weiter-)suchen


Markieren:
Umschalt/Pfeil       Aktives Zeichen
Umschalt/Ffeil       Aktive Zeile
Umschalt/Strg/Pfeil  Aktives Wort


Löschen:
Strg/Y               Die aktive Zeile ins Clipboard löschen
Strg/QY              Ab Cursor bis Zeilendende ins Clipboard
Umschalt/Entf        Den markierten Text ins Clipboard löschen
Entf                 Den markierten Text löschen


Hilfe anfordern:
F1                   Zum markierten Menübefehl bzw. Unterbefehl
Umschalt/F1          Zum Starten des MS-DOS Editors
```

**Tasten zum Rollen des Bildschirms (Text scrolling):**

*Scrolling*

```
Zeile hoch      Strg/Pfeil hoch, Strg/W
Zeile runter    Strg/Pfeil runter, Strg/Z
Seite hoch      Bild hoch, Strg/R
Seite runter    Bild runter, Strg/C
Fenster links   Strg/Bild hoch
Fenster rechts  Strg/Bild runter
Marke setzen    Strg/K0, Strg/K1, Strg/K2, Strg/K3 (max 4)
Gehezu Marke    Strg/Q0, Strg/Q1, Strg/Q2, Strg/Q3
```

**Tasten zum Bewegen des Cursors:**

```
Zeichen links        Pfeil links,  Strg/S
Zeichen rechts       Pfeil rechts, Strg/D

Wort links           Strg/Pfeil links, Strg/A
Wort rechts          Strg/Pfeil rechts. Strg/F

Zeile hoch           Pfeil hoch, Strg/E
Zeile runter         Pfeil runter, Strg/X
Zeilenanfang         Pos1, Strg/QS
Nächste Zeile        Strg/Eingabe, Strg/J
Zeilenende           Ende, Strg/QD

Fensteranfang        Strg/QE
Fensterende          Strg/QX
Nächstes Fenster     F6

Fenster +1           Alt/+
Fenster -1           Alt/-
```

**Tasten zur Markierung von Text:**

*Umschalt*
*=*
*Shift*

```
Zeichen links        Umschalt/Pfeil links
Zeichen rechts       Umschalt/Pfeil rechts

Wort links           Umschalt/Strg/Pfeil links
Wort rechts          Umschalt/Strg/Pfeil rechts

Aktive Zeile         Umschalt/Pfeil runter
Zeile hoch           Umschalt/Pfeil hoch

Schirm hoch          Umschalt/Bild hoch
Schirm runter        Umschalt/Bild runter

Zum Dateianfang      Umschalt/Strg/Pos1
Zum Dateiende        Umschalt/Strg/Ende
```

**Tasten zum Einfügen und Kopieren:**

```
Zwischen Einfüge- und Überschreibmodus              Einfg, Strg/V

Markierten Text ins Clipboard kopieren              Strg/Einfg
Markierten Text löschen und ins Clipboard           Umschalt/Entf
Zeile löschen und ins Clipboard kopieren            Strg/Y
Bis Zeilenende löschen und ins Clipboard kopieren   Strg/QY

Clipboard an die Cursorposition einfügen            Umschalt/Einfg

Leerzeile unter der Cursorpostion einfügen          Ende/Eingabe
Leerzeile über der Cursorposition einfügen          Pos1/Eingabe
```

## Tasten zum Suchen und Ersetzen:

```
Nach dem anzugebendem Text suchen             Strg/QF
Suche nach gleichen Text wiederholen          F3, Strg/L
Suchen und ersetzen                           Strg/QA
```

## Tasten zum Löschen von Text:

```
Das linksstehende Zeichen entfernen           <--, Strg/H
Das aktive Zeichen an der Cursorposition      Entf, Strg/G

Den Rest des Wortes ab Cursorposition         Strg/T
Den markierten Text                           Entf, Strg/G

Führende Leerstellen der markierten Zeilen    Umschalt/Tab
```

## Tasten zum Anfordern von Hilfen:

```
Hilfe zur Umgebung des MS-DOS Editors         F1
Hilfe verlassen                               Esc
Hilfe zum Starten des Editors                 Umschalt/F1
Hilfe-Menü anzeigen                           Alt/H

Zum nächsten Hilfe-Bildschirm gehen           Tab
Zum vorangehenden Hilfe-Bildschirm gehen      Umschalt/Tab
Zur nächsten Hilfe (Anfangsbuchstabe)         Buchstabe
Zur vorangehenden Hilfe (Anfangsbuchstabe)    Umschalt/
                                              Buchstabe
Zur nächsten Hilfe-Ebene                      Strg/F1
Zur vorangehenden Hilfe-Ebene                 Umschalt/
                                              Strg/F1
```

## Tasten zur Bedienung des MS-DOS Editors allgemein:

```
Vorgang:                               Taste drücken:

Menüleiste mit Menübefehlen aktivieren Alt-Taste
Einen Menü-Befehl aktivieren           Markierter Buchstabe
Einen Befehl aktivieren                Markierter Buchstabe

Zwischen Menüs und Befehlen wechseln   Pfeiltasten
Hilfe zu einem markierten Wort         F1-Taste
Hilfe-Anzeige verlassen                Esc-Taste
```

## 5.5.2  Bedienung mit Maus und Tastatur

### Einen Menü-Befehl aufrufen bzw. herunterklappen:

```
Maus:
Den Mauszeiger auf das gewünschte Befehlswort bewegen und an-
klicken.

Tastatur:
Bei gedrückter Alt-Taste den hervorgehobenen Buchstaben des
gewünschten Befehls tippen.
Alternative: Alt-Taste einmal drücken, mit den Pfeiltasten die
Markierung zum gewünschten Befehl bewegen und die Eingabe-Ta-
ste drücken.
```

### Einen Befehl aus einem Menü aufrufen bzw. ausführen:

```
Maus:
Das Befehlswort im Rolladen-Menü anklicken.
Tastatur:
Den hervorgehobenen Buchstaben des gewünschten Befehls tippen.
```

### Eine Befehlswahl abbrechen:

```
Maus:
Ein beliebiges Zeichen außerhalb des Menüs anklicken.
Tastatur:
Die Esc-Taste drücken.
```

### In einer Dialogbox eine Eingabe vornehmen:

*Klick*
*und*
*Doppelklick*

```
Maus:
Das gewünschte Texteingabe-Feld anklicken.
Im Listen-Feld die Wahl doppelt anklicken.
Im Optionen-Feld die Option anklicken.
Im Check-Feld ein Klick auf [ ] ausführen und damit ein X in
das Fenster [ ] eintragen.

Tastatur:
Mit der Tab-Taste den Cursor in das gewünschte Texteingabe-
Feld bewegen.
Im Listen-Feld die Markierung auf die Wahl bewegen und die
Eingabe-Taste drücken.
Im Optionen-Feld den "." mit der Pfeil-Tasten auf die Option
bewegen.
Im Check-Feld den Cursor mit der Tab-Taste auf [ ] bewegen und
mit der Leertaste ein X eintragen.
```

### 5.5.3 Den Editor am DOS-Prompt direkt aufrufen

Innerhalb der Menü-Oberfläche von DOS rufen Sie den Editor auf, in dem Sie den Auswahlpunkt *Editor* des Programm-Managers aktivieren.

Der Editor läßt sich aber auch in der Befehls-Oberfläche von DOS aufrufen: Geben Sie am Promptzeichen von DOS, also zum Beispiel am Promptzeichen C:\>, den EDIT-Befehl ein, dann wird dadurch das QBASIC-System (genauer: die Datei QBASIC.EXE) und der darin enthaltene Editor direkt aufgerufen. Hinter dem EDIT-Befehl können Sie dabei die folgenden Kommandozeilen-Parameter angeben:

*C:\>EDIT als Befehl eingeben*

```
EDIT [Dateiname] [/B] [/G] [/H] [/NOHI]
                                    [ ] optional

Parameter:      Bedeutung des Parameters:

Dateiname       Die Datei beim Editor-Aufruf in den RAM laden.

/B              Den Editor mit Monochrome-Bildschirm aufrufen,
                wenn ein Farb-Bildschirm verfügbar ist. B für
                Black-white.

/G              Den CGA-Bildschirm so schnellals möglich
                aufbauen. Falls Schnee sichtbar wird, kann die
                verfügbare Hardware den /G-Parameter nicht
                verarbeiten; dann nochmals ohne /G starten.

/H              Den Editor mit der größtmöglichen Anzahl von
                Bildschirm-Zeilen starten.

/NOHI           Den Editor mit einem Bildschirm starten, der
                keine hohe Auflösung ermöglicht.
```

*Abb. 5-13: Kommandozeilen-Parameter von EDIT*

C:\>EDIT A:\INFO1.TXT

*Zwei Beispiele für den EDIT-Aufruf mit Parametern*

    ruft den Editor auf, lädt dabei die Datei INFO1.TXT von der Diskette A: in den RAM und stellt den Inhalt der Datei zum Editieren (Benutzereingabe ist unterstrichen).

C:\>EDIT /B

    ruft den Editor auf und stellt einen leeren Monochrome-Bildschirm (schwarz-weiß) zum Editieren bereit.

Im vorliegenden Abschnitt 5 haben Sie erfahren, wie man mit dem *MS-DOS Editor* arbeitet. Dabei haben Sie den Editor entweder von der Menü-Oberfläche (DOS-Shell) oder von der Befehls-Oberfläche aus aufgerufen.

Im folgenden Abschnitt 6 gehen wir auf die Befehls-Oberfläche von MS-DOS ein - genauer: Die in dieser Oberfläche verfügbaren Befehle werden zum Nachschlagen in allgemeiner Form beschrieben und an Beispielen erläutert.

# 6 Befehle der Befehls-Oberfläche

## 6.1  Von der DOS-Shell zur Befehls-Oberfläche

*MS-DOS
mit zwei
Oberflächen*

In den Abschnitten 1 - 4 haben wir uns mit der *DOS-Shell bzw.
Menü-Oberfläche* befaßt: Sie wählen Dienstleistungen aus, die
MS-DOS in Form von Menüs angebietet.
Mit jeder Menüwahl werden ein oder mehrere Befehle aufge-
rufen. "Hinter" jeder Dienstleistung stehen also Befehle.

In der *Befehls-Oberfläche* von MS-DOS können Sie diese Befehle
selbst direkt aufrufen. Dazu müssen Sie natürlich die Schreibweise (Syntax) der Befehle kennen. Im vorliegenden Abschnitt
6 werden die Befehle von MS-DOS in alphabetischer Ordnung
zum Nachschlagen wiedergegeben - jeweils in allgemeiner
Form und an Beispielen .

*Die DOS-Shell
endgültig
verlassen*

Rufen Sie den Befehl *Beenden* im *Datei*-Menü auf, dann wird die
Menü-Oberfläche bzw. DOS-Shell verlassen, und MS-DOS meldet sich ">" als dem Bereitschaftszeichen der Befehls-Oberfläche. Vor dem ">"-Zeichen erscheint zumeist der aktive Verzeichnispfad. Drei Beispiele:

```
C:\>                    Stamverzeichnis \ der Festplatte C: aktiv
C:\DOS>                 Verzeichnis \DOS ist aktiv
C:\HILFE\DOS>           Unterverzeichnis HILFE des Verzeichnisses
                        \DOS ist aktiv
```

Der Cursor steht hinter dem ">"-Zeichen, und das System wartet auf Ihre Befehlseingabe. Die Befehle, die Sie eingeben
können, sind in Abschnitt 6.2 aufgelistet und erklärt.

Zum Verlassen der Befehls-Oberfläche geben Sie den Befehl
DOSSHELL ein, und am Bildschirm meldet sich die DOS-Shell
mit ihrem Bildschirm (*Abb. 1-1*).

*Die DOS-Shell
nur zeitweilig
verlassen*

Natürlich haben Sie auch die Möglichkeit, nur zeitweilig von
der Menü-Oberfläche zur Befehls-Oberfläche zu wechseln. Wir
sind darauf ausführlich in Abschnitt 4.3 eingegangen: Sie aktivieren die *Hauptgruppe* des Programm-Managers und rufen den
Programmpunkt *Eingabeaufforderung* auf. MS-DOS meldet sich
mit der Befehls-Oberfläche, und Sie geben Ihre Befehle ein.

Durch Eingabe des Befehls EXIT gelangen Sie wieder von der
Befehls-Oberfläche in die DOS-Shell zurück.

## 6.2  Befehlsübersicht nach Alphabet

Die Befehle von MS-DOS (bis Version 5.0 einschließlich) werden mit den folgenden drei Angaben beschrieben:

```
1. Angabe:
   Befehlswort, Befehlszweck, Befehlsart

   - intern (interner Befehl, permanent im RAM verfügbar)
   - extern (externer Befehl, der beim Aufruf geladen wird)
   - Stapel (als Befehl in einer Stapeldatei nutzbar)
   - config.sys (als Befehl in Datei config.sys nutzbar)
   - DOS-Version (wie 3.3, 4.0 und 5.0)


2. Angabe:
   Allgemeines Format zum Aufrufen des Befehls

   - Format in Kursivschrift
   - Mehrere zulässige Formate stehen untereinander
   - [   ] kennzeichnet Angaben, die optional sind
   - (...) kennzeichnet einen oft wiederholbaren Begriff
   - / steht für "entweder / oder"
   - d: bezeichnet das Laufwerk bzw. Drive (wie A:, B:,...)


3. Angabe:
   Beispiele zu typischen Anwendungen des Befehls

   - Befehlsaufruf jeweils links
   - Zugehörige Erläuterung rechts
```

*Schreib-
weise
der
Befehle*

## ANSI.SYS
Tastaturtreiber zur Definition von Grafikzeichen, Cursor-
steuerung und Tastenbelegung (Einheitentreiber, config.sys).

*device=[d:][Pfad] ansi.sys [/x][/L]*

/x      Die erweiterte Tastatur mit 101 Tasten nutzen.
/L      Wieder die Zeilenanzahl (Lines) gemäß MODE ein-
        stellen (eine Applikation kann z.B. 25 Zeilen ange-
        nommen haben).

```
device=c:\dos\ansi.sys    Gerätetreiber in c:\dos aktivieren.
device=ansi.sys /x        Erweiterte Tastatur nutzen (F11, F12).
```

## APPEND

Auf Dateien in Pfaden zugreifen, als ob sie im aktiven Verzeichnis abgelegt wären (extern, ab 3.3).

*append [/x] [/e]*
*append [Pfadname1[;Pfadname2]...] [/x:on/off][/path:on/off]*

| | |
|---|---|
| */e* | Suchpfade im DOS-Umgebungsspeicher in der Variablen APPEND speichern. |
| */x:on* | append-Pfad für search, first, find first und exec. |
| */x:off* | Suchpfad für path nicht mehr nutzbar (Default). |
| */path:on* | append-Suchpfad auch dann nutzen, wenn ein Verzeichnis angegeben wurde (on als Default). |

```
path c:\tool\d        Ab jetzt kann man alle im Verzeichnis
append /e             c:\tool\d abgelegten Dateien aufrufen,
append c:\tool\d      als wenn sie im aktuellen Verzeichnis lägen.

append \tool /x       Wie append \tool, gefolgt von path \tool.
append ;              Alle Suchpfade wieder entfernen.
append                Den aktiven Suchpfad anzeigen lassen.
```

## ASSIGN

Einem Laufwerk einen anderen Laufwerksbuchstaben zuordnen, d.h. den Zugriff umleiten (extern).

*assign [x=y [...]]*

```
assign a=b            Von a: auf b: umleiten (dir a: zeigt b:).
assign a=c b=c        Umleitung auf Festplattenlaufwerk c:.
assign b=             Umleitung nur des Laufwerks b: aufheben.
assign                Die Voreinstellung wiederherstellen.
```

## ATTRIB

Die Dateiattribute einstellen (extern).

*attrib [+r/-r][+a/-a] [+s/-s] [+h/-h][d:][Pfad][Pfadname] [/s]*

| | |
|---|---|
| *+r* | Read only-Attribut setzen: Nur-Lese-Attribut. |
| *+a* | Archiv-Attribut setzen: Dateiänderung seit dem letztem xcopy/m bzw. backup. |
| *+s* | Datei als Systemdatei kennzeichnen. |
| *+h* | Hidden file: Datei als versteckt kennzeichnen. |
| */s* | Auch Subdirectories berücksichtigen. |

```
attrib +r dd.txt          Datei dd.txt als "Nur-Lese-Datei".
attrib -r dd.txt          Nur-Lese-Attribut entfernen.
attrib +r -a dd.txt       Archiv-Attribut entfernen (bei xcopy /m
                          und backup keine Dateikopie mehr).
attrib +r *.com           com-Dateien vor dem Löschen schützen.
attrib dd.txt             Aktuellen Status der Attribute zeigen.
```

## AUTOEXEC.BAT .

Spezielle Stapeldatei, die beim Systemstart von MS-DOS im Bootlaufwerk gesucht und automatisch ausgeführt wird.

```
copy con autoexec.bat     Datei erstellen,
...                       Befehle zeilenweise eingeben und mit
Strg/Z                    Strg-Z beenden (ab 5.0: DOSKEY).

autoexec.bat              Beim Start die Befehle ausgeführen.
```

## BACKUP

Daten von einer Platte auf eine andere Platte (Diskette, Festplatte) sichern (extern).

*backup [Pfadname1][Pfadname2] [/s][/m][/a][/f:Größe]*
*[/d:Datum][/t:Zeit][/L:Pfadname]*

| | |
|---|---|
| */s* | Unterverzeichnisse (Subdirectories) kopieren. |
| */m* | Seit dem letzten Backup geänderte Dateien kopieren. |
| */a* | Dateien auf die Zielplatte hinzuaddieren (ohne die bisherigen Dateien zu überschreiben). |
| */d:...* | Die seit dem Datum geänderten Dateien kopieren. |
| */r:...* | Nur die "jüngeren" Dateien kopieren. |
| */L:Pfad* | Einen Eintrag in Logdatei BACKUP.LOG einfügen. |
| */f:...* | Die Zielplatte (Pfadname2) formatieren: /f:360, /f:720, /f:1200, /f:1440, /f:2880 für 360 KB, 720 KB usw.. |

```
backup c:*.* a:           Festplatte ohne Verzeichnisse nach a:.
backup c:*.* a: /s        Festplatte samt Verzeichnisse nach a:.
backup c:*.* a: /s/f      Disk formatieren (ab 4.0 automatisch).

backup c:*.* a: /f:1440   Diskette in A: mit 1.44 MB formatieren.
backup c:*.txt a: /s/m    Nur die geänderten txt-Dateien.
backup c:*.pas a: /s/a    Dateien nach a: hinzukopieren.

backup c:*.pas a: /s/d:1.1.89
                          Nach 1.1.89 geänderte Dateien.
backup c:*.* a: /d:1.1.89/t:9.00
                          Nach 9 Uhr geänderte Dateien.
backup c:*.* a:           Logdatei backup.log in a: ablegen.
```

## BREAK

Den Abbruch über die Tasten *Strg/C* prüfen (config.sys)

*break [on/off]*

| | |
|---|---|
| break on | Eingabe auf Strg/C bzw. Strg/Abbr prüfen. |
| Break off | Standard wird wieder gesetzt. |

## BUFFERS

Speicher für n bzw. m Puffern auf Platte bzw. im Cache-Speicher bereitstellen (config.sys).

*buffers=n[,m]*

| | |
|---|---|
| buffers=20 | 20 Pufferspeicher (durch select erzeugt). |
| buffers=15,1 | Defaultwerte bei 512-640 KB RAM. |

## CALL

Eine Stapeldatei aufrufen (Stapel).

*call [d:][Pfad][Stapeldateiname][Parameter]*

| | |
|---|---|
| rem stapel0.bat | stapel1.bat in stapel0.bat aufrufen, |
| call stapel1 | ausführen und mit stapel0.bat fortfahren. |
| call sta77 a b | sta77.bat mit Parametern a und b aufrufen. |
| call stap %1 /v | stap.bat mit Ersetzungsparameter %1 rufen. |

## CHCP

Die aktive, durch COUNTRY.SYS definierte Zeichensatztabelle anzeigen bzw. ändern (intern, ab 3.3).

*chcp [TabellenNr]*

| | |
|---|---|
| chcp | Die aktive Landes Zeichensatztabelle bzw. Code Page anzeigen. |
| chcp 850 | Die Seite 850 einstellen (437 US, 850 mehrsprachig, 860 Protugal, 861 Island, 863 Franz-Canada, 865 Norwegen). |
| nlsfunc c:\country.sys | Von der bisherigen Default-Tabelle 437 |
| chsp 850 | zur mehrsprachen Tabelle 850 wechseln (nlsfunc und mode prep vorausgesetzt). |

## CD
Das aktive Verzeichnis wechseln (intern).

*cd [d:][Pfad]*

```
cd \            Ins Stammverzeichnis \ wechseln.
cd c:\tool\dbaseIns Unterverzeichnis \tool\dbase wechseln.
cd c:tool\dbase ... dabei vom aktiven Verzeichnis ausgehen.
cd c:           Das aktive Verzeichnis (Pfad) in c: anzeigen.
cd ..           Ins übergeordnete Verzeichnis zurückgehen.
```

## CHDIR
Wie Befehl CD. CHDIR für Change Directory (intern).

## CHKDSK
Den Speicherstatusbericht für ein Laufwerk bzw. eine Datei
angeben. CHKDSK für Check Disk als Abkürzung (extern).

*chkdsk[d:][Pfadname][/f][/v]*

*/f*      Plattenfehler nach Bestätigung korrigieren.
*/v*      Den Namen jeder geprüften Datei anzeigen.

```
chkdsk c:       Statusbericht mit einer Liste aller Dateien
                und Verzeichnisse für die Festplatte c:.
chkdsk c:/v >prnStatusbericht komplett ausdrucken.
chkdsk a: /f    Disk prüfen, Fehler melden und korrigieren.
```

## CLS
Bildschirm löschen (intern, Stapel)

```
cls        Den Bildschirm löschen (Farbe bleibt).
```

## COMMAND
Einen Befehlsprozessor laden und neu starten (extern).

*command [Pfadname] [ctty] [/e:nn] [/p] [/c Bef]*

*ctty*    andere Einheit für Ein-/Ausgabe (siehe CTTY).
*/e*      Zwischen nn=160 (Default) und nn=32768 Byte für
         Umgebungswerte reservieren.
*/p*      Eine neue Kopie des Prozessors permanent machen.

*/c Bef*        Einen neuen Prozessor starten, den Befehl
                ausführen und zum alten Prozessor zurückkehren.

```
command    Eine Prozessorkopie in unveränderte Umgebung
           laden (Kopie später mit exit verlassen).
command /c dir a:
           dir a: mit Prozessorkopie ausführen (danach
           ist der Primär-Prozessor wieder aktiv).
command /p Befehlsprozessor permanent laden (alten Prozes-
           sor überschreiben und autoexec.bat starten).
command /p/e:640
           Zusätzlich 640 Byte für Umgebungswerte
           (Environment) reservieren.
```

## COMP

Den Inhalt zweier Dateien nach COPY vergleichen (extern).

*comp [Pfadname1] [Pfadname2] [/d] [/a] [/l] [/n:x] [/c]*

*/d*   Abweichungen hexadezimal anzeigen.
*/a*   Abweichungen als Zeichen anzeigen.
*/l*   Zeilennummer (line) anstelle des Offsets anzeigen.
*/n:x* Die ersten x Zeilen der Dateien vergleichen.
*/c*   Groß-/Kleinschreibung nicht unterscheiden.

```
comp dd.txt dd.sik         Dateien auf Gleichheit prüfen.
comp c:\*.pas b:*.bak      Vergleich aller PAS-Dateien.
```

## COPY



Dateien auf Diskette bzw. Festplatte kopieren (intern).

*copy [Pfadname1] [Pfadname2] [/v][/b][/a]*
*copy [Pfadname1] [/v][/b][/a] [Pfadname2]*

*/v*   Korrekte Speicherung von Zieldateien prüfen (verify).
*/b*   Dateien als Binärdateien gemäß Dateigröße kopieren.
*/a*   ASCII-Textdateien (Dateiende Strg-Z) kopieren.

```
copy q.txt z.txt      q.txt nach z.txt kopieren.
copy c:q.txt b:z.txt  Von c: nach b: kopieren.
copy c:\tp\*.pas b:   Alle pas-Dateien nach b: kopieren.
b:\tpl>copy a:\p.pas  p.pas von a:\ ins derzeit aktive Verzeichnis
                      b:\tpl kopieren.
copy a:*.* b: /v      Kopien mit den Originalen vergleichen.
copy a:t.txt b: /a    ASCII-Datei bis zum 1. Strg-Z kopieren.
copy a:t.bin b: /b    t.bin als Binärdatei kopieren.
```

## COPY
Dateien zusammenfügen bzw. anhängen (intern).

*COPY Dateiname1 +Dateiname2 [+...] DateinameN*

```
copy d.txt+e.txt z.txt   Zwei Dateien zu z.txt zusammenfügen.
copy z.txt+e.txt         e.txt an Datei z.txt anhängen.
```

## COPY
Eingabe von einer Einheit aus (intern).

*COPY Eingabeeinheit Datei*

```
copy con dd.txt Tastatureingabe in Datei dd.txt speichern
...             Text über Tastatur eintippen
strg-z          Mit Strg-Z die Tastatureingabe beenden.
```

## COPY
Eine Datei zum Drucker kopieren, d.h. ausdrucken (intern).

*COPY Datei Ausgabeeinheit*

```
copy dd.txt prn Text von dd.txt drucken (prn oder lpt1).
copy d.txt prn /a
                ASCII-Datei bis zum 1. Strg-Z drucken.
copy t.bin prn /b
                Binärdatei (zum Beispiel eine formatierte
                Textdatei) mit Steuerzeichen ausdrucken.
copy dd.txt con Text am Bildschirm (Console) anzeigen.
```

## COUNTRY
Die Länderanpassung vornehmen (config.sys). Landesnummern: 049 D, 001 USA, 033 F, 032 B, 045 DK, 044 GBR, 039 I, 081 J, 002 CDN, 003 Lateinamerika, 031 NL, 047 N, 351 P, 046 S, 041 CH, 785 Arabisch, 972 Israel, 086 China, 088 Taiwan. Zeichensatznummern siehe CHCP (Change Code Page).

*country=Landesnummer [,Zeichensatz [,Dateiname]]*

```
country=049,437 Deutsche Datum-/Zeitangaben (Default).
country=049,437,c:\dos\country.sys
                Anzugeben, wenn country.sys nicht im
                Stammverzeichnis der Bootplatte abgelegt ist.
country=049, , c:\dos\country.sys
                Vereinfachung, da 437 der Default ist.
```

## CTTY
Die Standardeinheit für die Ein-/Ausgabe ändern (intern).

*ctty Einheitenname*

```
Einheiten: aux, com1,com2, con, ext, lpt1,lpt2,lpt3, prn, nul.
ctty prn              Drucker nun als Standardausgabeeinheit.
ctty con              Tastatur/Bildschirm wieder Standard.
```

## DATE
Das Datum setzen bzw. anzeigen (intern).

*date [tt.mm.jj]*

```
date 02.10.89         Ein neues Systemdatum festlegen.
date                  Das aktuelle Datum anzeigen.
```

## DEBUG
Den Maschinensprache-Editor aufrufen (extern).

*debug [Pfadname [Parameter]]*

```
debug p.pas           Den Debugger aufrufen mit p.pas.
```

## DEL
Datei löschen: wie erase (intern)

## DEVICE
Einen Einheitentreiber in den RAM laden (config.sys).

*device=[d:][Pfad] Dateiname[.erw] [Parameter]*

Einheitentreiber auf DOS-Diskette: ansi.sys (Tastatur, ab 2.0),
display.sys (Bildschirm, ab 3.3), driver.sys (Diskette, ab 3.2),
printer.sys (Drucker, ab 3.3), vdisk.sys bzw. ramdrive.sys (RAM-
Disk, ab 3.0), xmaem.sys (IBM PS/2 EM-Adapter-Simulation
(MMS-DOS 4.0), xma2ems.sys (LIM-4.0-Treiber, 4.0), himem-
.sys, emm386.sys (ab 5.0), smartdrv.sys (ab 5.0).

```
device=ansi.sys       Bildschirm-/Tastaturtreiber installieren.
device=c:\ansi.sys    Treiber in Unterverzeichnis suchen.
```

## DEVICEHIGH

Einheitentreiber in einen durch EMM386.EXE resevierten Speicher laden (config.sys, ab 5.0).

*devicehigh [Größe = HexGröße] Pfadname*

## DIR

*Directory anzeigen*

Die Dateinamen in einem oder mehreren Verzeichnissen als Inhaltsverzeichnis bzw. Directory anzeigen lassen (intern).

*dir [d:][Pfad][Dateiname[.erw]] [/p] [/w]*
    *[/a:Attr][/o:Ordn][/s][/b][/l]*

| | |
|---|---|
| */p* | Bei vollem Bildschirm (page) warten. |
| */w* | Breite (wide) Anzeigen von 5 Dateien je Zeile. |
| */a:attr* | Nur Dateien mit angegebenen Attributen anzeigen: h (hidden, versteckt), -h (alle Dateien außer versteckten Dateien), s (Systemdateien), -s (Nicht-Systemdateien), d (Verzeichnis), -d (Nur Dateien), a, -a (Archiv) r, -r (Nur-Lese, Read only). |
| */o:ordn* | Die Sortierfolge festlegen: n (Name), -n (Name absteigend), e, -e (Dateityp, Extension), d, -d (Datum und Zeit), s, -s (Größe, size), g, -g (Verzeichnisgruppen). |
| */s* | Jedes Vorkommen der Datei in allen Subdiretories. |
| */b* | Im DATEINAME.DATEITYP-Format anzeigen. |
| */l* | In Kleinbuchstaben (lowercase) anzeigen. |

```
dir            Alle Dateien im aktiven Verzeichnis des aktiven
               Laufwerks anzeigen.
dir b:         Alle Dateien des Laufwerks b: anzeigen.
dir b:*.*      Wie oben.
dir c:\dos     Directory von c:\dos anzeigen.
dir /w/p       Directory breit und seitenweise anzeigen.
dir b:dd.txt   Testen, ob Datei dd.txt in b: existiert.
dir c:\*.prg/w Nur alle prg-Dateien anzeigen.
dir b:*.* > prn Das Directory von b: ausdrucken.
dir b:*.* | sort > prn
               Zuerst sortieren, dann ausdrucken.
dir b:*.* | \hilfe\sort > prn
               Der sort-Befehl ist im Pfad \hilfe abgelegt.
dir b:*.* | find /v "<DIR>"
               Directory ohne die Unterverzeichnisse.
dir b:\*.pas /s Alle pas-Dateien in allen Verzeichnissen bon b:.
dir b:\*.pas/s/oZusätzlich nach Namen und Dateitypen sortiert.
dir /o:e-s     Nach Dateityp und nach der Größe sortieren.
dir /s/w/o/a:-d Nur Verzeichnisse, die Dateien enthalten.
dir /a:r-h     Nur-Lese-Dateien, die nicht versteckt sind.
```

## DIRCMD

Umgebungsvariable, um DIR-Optionen in AUTOEXEC.BAT
durch entsprechende Schalter voreinzustellen.

*set dircmd=Schalter*

```
set dircmd=/w      Breite Anzeige dir/w als Default verankern.
set dircmd/o:ed    Nach dem Dateityp und dem Datum sortieren.
set                Die aktuellen Einstellungen anzeigen.
```

## DISKCOMP

Inhalt zweier Disketten Spur für Spur vergleichen (extern).

*diskcomp [d1:] [d2:] [/1][/8]*

/1   Nur die erste Diskettenseite vergleichen.
/8   Nur die ersten 8 Sektoren je Spur vergleichen.

```
diskcomp a: b:     Anwendung nach diskcopy-Befehl sinnvoll.
diskcomp           Vergleich bei einem Laufwerk.
diskcomp a: a:     Vergleich bei einem Laufwerk.
```

## DISKCOPY

*Diskette
kopieren*

Den Inhalt einer Diskette auf eine andere formatierte oder un-
formatierte Diskette Spur für Spur kopieren (extern).

*diskcopy [d:] [d:] [/1] [/v]*

/1   Nur die erste Seite der Diskette kopieren.
/v   Die Zieldiskette bzw. Kopie prüfen (verfify).

```
diskcopy a: b:     Von a: nach b: Spur für Spur kopieren.
diskcopy           Diskettenkopie nur im aktiven Laufwerk.
diskcopy a: a:     Diskettenkopie in nur einem Laufwerk.
```

## DISPLAY.SYS

Die Zeichensatztabelle für die Bildschirmausgabe festlegen
(Einheitentreiber, config.sys, ab 3.3)

*device=[d:][Pfad] display.sys con[:]=(Typ[,Zeichensatz][,n])*

Typ Bildschirmadapter MONO, CGA, EGA, LCD, EGA, VGA
angeben (Default: aktiver Monitor).

| | |
|---|---|
| *Zeichensatz* | 437 (US), 850 (mehrsprachig); siehe CHCP. |
| *n* | Anzahl 0-12 der zulässigen Zeichensätze. |

Wichtig: display.sys darf in config.sys immer erst *nach* ansi.sys eingerichtet werden.

```
device=c:\display.sys con:=(ega,437,2)
                Für die Konsole werden EGA-Bildschirm und
                bis zu 2 Zeichensatztabellen definiert.
device=c:\display.sys con:=(,,2)
                DOS setzt Typ und Tabellennummer selbst ein.
```

## DOS

Teile des Betriebssystems in die HMS (High Memory Area) laden (config.sys, ab 5.0).

*dos=high/low*
*dos=umb / noumb*

| | |
|---|---|
| *high* | Teile von MS-DOS in die HMA laden. |
| *low* | umb abschalten, d.h. konventionellen RAM benutzen. |
| *umb* | Zwischen konventionellem und erweitertem RAM umschalten. |
| *noumb* | Den umb-Schalter abstellen (noumb als Default). |

```
dos=umb,low     Kombination der Schalter ("," trennt).
dos=low,umb     Idetischer Befehl.
```

## DOSKEY

*Befehle editieren*

Befehlszeilen wiederholen, editieren bzw. ihnen einen Namen geben (extern, ab 5.5).

*doskey [/reinstall] [/bufsize=n] [/dmacs] [dhist]*
       *[insert/overstrike] [Makroname=Text]*

| | |
|---|---|
| */reinstall* | Eine neue Kopie von DOSKEY installieren. |
| */bufsize=n* | Den 512 Byte-Puffer auf n Bytes vergrößern. |
| */dmacs* | Alle verfügbaren DOSKEY-Makros auflisten. |
| */dhist* | Alle eingegebenen Befehlszeilen auflisten. |
| */insert* | Einfügemodus (overstrike als Default). |
| */overstrike* | Überschreibemodus (Default). |
| *Makro=Text* | Die als Text eingegebenen Befehle als Makro unter dem Makronamen speichern. |

```
doskey                  Das Programm speicherresident in-
                        stallieren (belegt 4 KB im RAM).
doskey /dhist           Alle Zeilen am Bildschirm auflisten.
doskey /dhist> s.bat Die Zeilen in die Datei s.bat schreiben.
doskey /dmacs> m.bat Alle Makros in m.Bat schreiben.

doskey dirs=dir/o:n  dirs als Makro speichern (der Befehl
                        dirs gibt ein sortiertes  Directory aus).
doskey dirs=            Das Makro dirs wieder löschen.
```

**Tasten nach der Installation von DOSKEY:**

```
Cursor hoch         die letzte Befehlszeile bereitstellen
Cursor runter       die nächste Befehlszeile bereitstellen
Cursor links        Cursor ein Zeichen nach links setzen
Cursor rechts       Cursor ein Zeichen nach rechts setzen
Entf                das Zeichen am Cursor löschen
Einfg               Einfüge-/Überschreibemodus umschalten
Rück                das linksstehende Zeichen löschen
Bild hoch           zur ersten Befehlszeile gehen
Bild runter         zur neuesten Befehlszeile gehen
Pos1                zum Zeilenanfang gehen
Ende                zum Zeilenende gehen

Esc                 die aktive Zeile löschen
Strg-/links         den Cursor ein Wort nach links setzen
Strg-rechts         Cursor ein Wort rechts
Strg-Pos1           alle Zeichen bis zum Zeilenanfang löschen
Strg-Ende           alle Zeichen bis zum Zeilenende löschen
F7                  alle gespeicherten Befehlszeilen anzeigen
Alt-F7              alle gespeicherten Befehlszeilen löschen
F8                  eine bestimmte Zeile bereitstellen
F9                  eine Zeilennummer eingeben und aktivieren
F10                 alle gespeicherten Makros anzeigen
Alt-F10             alle gespeicherten Makros löschen
```

**Eine Stapeldatei namens STAPEL.BAT neu eingeben:**

```
1. Mit Alt-F7 alle bislang eingegebenen Befehlszeilen löschen.
2. Die Befehle Zeile für Zeile eingeben.
3. doskey /dhist>stapel.bat eingeben, um alle von doskey
   aufgezeichneten Befehle in die Datei stapel.bat zu speichern.
4. Mit der Eingabe edit stapel.bat den Editor aufrufen, um
   die letzte Zeile (doskey /dhist stapel.bat wurde auch
   mit abgespeichert) wieder aus stapel.bat zu entfernen.
```

Das Makro neu richtet ein Verzeichnis neu ein, benennt es mit
dem vom Benutzer eingegebenen Namen und aktiviert dann
dieses neue Verzeichnis:

```
doskey neu=md $1$tcd %1
```

Dabei werden die MS-DOS-Befehle md (Directory einrichten)
und cd (Directory wechseln) sowie die Spezialzeichen $1 und $t
(siehe nächste Seite) verwendet.

**Spezielle Zeichen zur Makro-Definition mit DOSKEY:**

```
$G oder $g          die Ausgabe umleiten entsprechend ">"
$L oder $l          die Eingabe umleiten entsprechend "<"
$B oder $b          Datenübergabe durch Verkettung gemäß "|"
$T oder $t          Befehle trennen
$$                  Kennzeichnung des Dollarzeichens
$1 bis $99          Parameter $1, $2, ... als Platzhalter
                    ($1 in doskey entspricht %1 im Stapel)
$*                  neun Parameter $1 bis $9 (alles ersetzt)
```

# DOSSHELL

*DOS-Shell starten*

Die Menü-Oberfläche bzw. Shell aufrufen (extern, ab 4.0).

*dosshell [/T] [/G] [/B] [/N] [/S]*

| | |
|---|---|
| /T[:LMHVSU] | Die Shell im Text-Modus mit den angegebe nen Auflösungen (wie L=Low, M=Medium, H=High, ...) aufrufen. |
| /G[:LMHVSU] | Die Shell im Grafik-Modus mit den angegebe- nen Auflösungen aufrufen. |
| /B | Meldungen durch Ton (Beeps) unterstützen. |
| /N | Meldungen durch Ton abstellen (No Beeps). |
| /S | Mausknöpfe wechseln (Swap mouse buttons left/right). |

```
dosshell        Menü-Oberfläche bzw. Shell auf rufen.
dosshell /g     Menü-Oberfläche im Grafik-Modus aufrufen.
```

# DRIVER.SYS

Blockeinheitentreiber, um ein physikalisches Laufwerk einem logischen Laufwerk zuzuordnen (Einheitentreiber, config.sys).

*device=driver.sys /d:LaufwerksNummer [/c] [f:Gerätetyp]*
*[/h:Köpfe][/s:Sektoren][/t:Spuren]*

| | |
|---|---|
| /d | Laufwerk (Drive), A=0, B=1, C=2, ... Achtung: Das erste Laufwerk hat die Nummer 0! |
| /c | "Change-line-support" des Laufwerks berücksichtigen. |
| /t | Spuren (Tracks) je Seite, 1 bis 999, Default ist 80. |
| /s | Sektoren je Spur, 1 bis 99, Default ist 9 |
| /h | Schreib-/Lese-Köpfe (Heads), 1 bis 99, Default ist 2. |
| /f | Gerätetypen (File), siehe unten: |

| Gerätetyp | Laufwerk | Spuren | Sektoren | Tpi | Ab Version: |
|---|---|---|---|---|---|
| 7 | 1,44 MB | 80 | 18 | 270 | 3.3 |
| 2 | 720 KB | 80 | 9 | 135 | 3.2 |
| 1 | 1,2 MB | 80 | 15 | 96 | 3.0 |
| 0 | 360 KB | 40 | 9 | 48 | 2.0 |
| 0 | 320 KB | 40 | 8 | 48 | 1.1 |
| 0 | 180 KB | 40 | 9 | 48 | 2.0 |
| 0 | 160 KB | 40 | 8 | 48 | 1.0 |

```
device=driver.sys /d:3 /t:80 /s:9 /h:2 /f:1
    richtet für einen AT mit zwei 1.2-MB-Disketten und Fest-
    platte ein logisches 4. Laufwerk (d) mit 80 Spuren (t),
    9 Sektoren (s), 2 Köpfen (h) und 1.2 MB (f) ein.
device=driver.sys /f2
    Externes zweites 3.5"-720 KB-Laufwerk wird als Laufwerk
    d: installiert.
device=driver.sys /f2
    Ein und dasselbe Laufwerk erhält die logischen Lauf-
    werksbezeichnungen d: und e:.
```

## DRIVPARM

Parameter für Einheitentreiber beim Start von MS-DOS neu
definieren, ohne dabei ein neues logisches Laufwerk zu erzeugen (config.sys).

*drivparm=/d:n [/c] [/f:Laufwerkstyp][/h:Köpfe][/i]*
*[/n] [/s:Sektor] [/t:Spuren]*

*/d:*   Laufwerksnummer 0 für A:, 1 für B:, 2 für C:, ...
*/c*   Zugriff bei geschlossener (closed) Laufwerksklappe?
*/f:*   0 für bis 360K, 1 für 1.2 MB, 2 für 720 KB/3.5", 5 für
    Festplatte, 6 für Band, 7 für 1.44 MB/3.5" (2 Default).
*/h:*   Anzahl der Köpfe (heads); Default abhängig von /f.
*/i*   3.5"-Laufwerk, das nicht unterstützt wird.
*/n*   Ein nicht-ersetzbaren Einheitentreiber liegt vor.
*/s:*   Anzahl der Sektoren je Spur; Default abhängig von /f.
*/t:*   Anzahl der Spuren je Seite; Default abhängig von /f.

```
drivparm=/d:1 /f:7 /h:2 /s:18 /t:80
    Das Laufwerk B: von 720 KB auf 1.44 MB umdefinieren.
```

## ECHO

Bei der Ausführung einer Stapeldatei (batch) Meldungen anzeigen (als Default) oder nicht (Stapel).

*echo [on/off/Nachricht]*

```
echo off                  Meldungen abschalten (on ist Default).
@echo off                 @ verhindert Anzeigen des Befehls.
echo Diskette einlegen    Nachricht "Diskette einlegen" zeigen.
echo Fehlerhaft: < > |     Als Textausgabe sind > < | nicht
                          erlaubt.
echo Steuersatz 14 %%     Das %-Zeichen im Text doppelt angeben.
echo                       Zustand von echo (on, off) anzeigen.
echo Umschalt-Leertaste   Leerzeile ausgeben (Umschalt gedrückt
                          lassen und die Leertaste tippen).
echo Neues Papier > prn   Texthinweis am Drucker ausgeben.
echo Klaus und > mem.txt  Zwei Textzeilen in der Datei mem.bat
                          speichern.
echo Tilli >> mem.txt     durch Umleitung ">" ablegen.
```

## EDIT

*Den Editor aufrufen*

Den bildschirmorientierten MS-DOS Editor starten, um Textdateien zu bearbeiten (extern, ab 5.0). Siehe Abschnitt 5.

*edit [d:][Pfad][Textdateiname] [/b][/g][/h][/nohi]*

*/b*      Schwarz-weiß-Bildschirm einstellen.
*/g*      Bei CGA schneller Bildaufbau.
*/h*      Maximale Zeilenanzahl ausnutzen.
*/nohi*   8 anstelle von 16 Farben.

Achtung: qbasic.exe muß im gleichen Verzeichnis wie edit.com gespeichert sein, da der Editor ein Bestandteil der Datei qbasic.exe ist.

```
edit                 Editor mit leerem Bildschirm starten.
edit a:\brief2.txt   Die Datei brief2.txt bereitstellen.
```

## EDLIN

```
Den zeilenorientierten Editor starten (extern).
```

*edlin [d:][Pfad][Textdateiname]*

```
edlin b.bin          b.bin als Binärdatei editieren.
```

Die Kommandos von EDLIN sind umseitig wiedergegeben. Ab MS-DOS 5.0 ist mit EDIT ein komfortabler bildschirmorientierter Editor verfügbar.

**Zusammenfassung der Kommandos des EDLIN-Editors:**

```
5   Die Zeile mit Nummer 5 anzeigen (mit der Return-Taste
    wird die Nummer der aktiven Zeile angezeigt)

a   Zeilen von der Datei in den RAM hinzufügen (append):
    100a      Die restlichen 100 Zeilen von Diskette einlesen

c   Zeilen an die angegebene Zeilennummer kopieren (copy):
    1,4,6c    Zeilen 1-4 nach 6 kopieren (1-5 und 6-9 gleich)

d   Eine oder mehrere Zeilen löschen (delete):
    9,14d     Die Zeilen 9-14 löschen und die Zeilen
              dann neu durchnumerieren

e   Die aktive Datei sichern und edlin beenden (end)

i   Text vor die angegebene Zeilennummer einfügen (insert):
    8i        Die einzufügende Zeile 8 mit 8:*_ eingeben

L   Zeilen anzeigen bzw. auflisten (list):
    6,12L     Die Zeilen 6-12 am Bildschirm anzeigen lassen
    6L        Die nächsten 23 Zeilen ab Zeile 6 anzeigen

m   Einen Textblock bewegen, also kopieren und löschen (move):
    9,12,1m   Die Zeilen 9-12 zur Zeile 1 bewegen
    ,+9,60m   Die nächsten 9 Zeilen zur Zeile 60 bewegen

p   Eine Bildschirmseite mit 23 Zeilen anzeigen (page):
    70,200p   Die Zeilen 70-200 seitenweise anzeigen lassem

q   Den Zeileneditor verlassen, ohne zu speichern (siehe e)

r   In der Datei suchen und Text setzen (replace):
    1,?30raltStrg-Zneu
              Im Zeilenbereich 1-30 alle Wörter
              "alt" durch "neu" ersetzen

s   In der Datei suchen und den Cursor positionieren (search):
    3,14sDM   Bereich 3-14 das 1. Auftreten von "DM" absuchen

t   Eine Datei an die Zeile kopieren und einfügen (transfer):
    6tb.doc   Die Datei b.doc ab Zeile 6 in den RAM einfügen

w   Zeilen (wenn RAM zu klein) in die Datei schreiben (write)
```

## EMM386.EXE

Expanded Memory in Extended Memory simulieren (Einheitentreiber, ab 5.0).

*emm386 [on/off/auto] [w=on / w=off]*

on          Den Treiber emm386.exe aktivieren.
w=on        Den Weitek-Coprozessor aktivieren.

## ERASE

Eine Datei oder eine Dateigruppe auf Diskette oder Festplatte löschen (intern).

*erase Pfadname [/p]*

/p        Vor dem Löschen eine Bestätigung abfragen.

```
erase b:dd.txt   Eine Datei dd.txt in Laufwerk b: löschen.
erase c:\*.bat   Alle bat-Dateien von c:\ entfernen.
erase c:\tp\*.*  Alle Dateien im Verzeichnis c:\tp löschen.
erase *.* /p     Jede zu löschende Datei einzeln bestätigen.
erase ???.*      Dateien löschen mit max. 3 Zeichen langen Namen.
```

## EXE2BIN

Eine exe-Datei (executable) in eine Binärdatei (com bzw. bin als Dateityp) ändern (extern).

*exe2bin [Pfadname1] [Pfadname2]*

## EXIT

Die derzeit aktive Kopie des Prozessors COMMAND.COM verlassen und zum Start-Prozessor zurückgehen (intern).

*exit*

## FASTOPEN

Die Zugriffszeit für oft verwendete Dateien bzw. Verzeichnisse verkürzen (extern, ab 3.3).

*fastopen d:[[=]n] ... [/x]*

d:        Laufwerk, für das offene Dateien aufzuzeichnen sind.
n        Anzahl der Dateien zwischen 10 und 999 angeben.
/x        Aufzeichnung im Extended Memory ablegen (ab 4.0).

```
fastopen c:=80  Die letzten 80 Festplattenzugriffe aufzeichnen.
install=c:\fastopen.exe c:=80
                fastopen in config.sys im RAM installieren.
fastopen c:=80 d:=80
                Zugriffe auf c: und die RAM-Disk d: verwalten.
```

## FC
Zwei Dateien vergleichen und die Unterschiede anzeigen (extern, ab 5.0).

*fc [/a] [/b] [/c] [/L] [/Lb n] [/n] [/t] [/w] [/nnn] [/Pfad1] [/Pfad2]*

/a    Zwei ASCII-Dateien zeilenweise vergleichen.
/b    Zwei Dateien Byte für Byte vergleichen und anzeigen.
/c    Alle Buchstaben in Großschreibung umsetzen.
/L    Vergleich im ASCII-Modus als Default für die Dateitypen exe, com, sys, obj, lib und bin.
/Lb   Den Zeilenpuffer (Line buffer) von 100 auf n setzen.
/n    Zeilennummern bei ASCII-Vergleich anzeigen.
/t    Tabs nicht zu 8-Zeichen-Spaces erweitern.
/w    Whitespace (also Tabs und Spaces) komprimieren.
/nnn  Anzahl zu prüfender Zeilen angeben.

```
fc /a br1.txt br2.txt     Zwei ASCII-Dateien vergleichen
fc /b mem1.exe mem2.exe    Zwei exe-Dateien binär vergleichen.
```


## FCBS
Die Anzahl der File Control Blocks festlegen (config.sys).

*fcbs=x*

x     Anzahl maximal offener Dateien zwischen 1 und 255.

```
fcbs=4       Default-Einstellung von DM-DOS.
```


## FDISK
Die Festplatte menügesteuert konfigurieren, d.h. eine Partition einrichten, ändern, löschen bzw. die Daten anzeigen (extern).

*fdisk*


## FILES
Die Anzahl der Dateien festlegen, die gleichzeitig im Zugriff gehalten werden können; Default ist 8 (config.sys).

*files=AnzahlDateien*

```
files=20        Bis zu 20 Dateien zugleich offen (8-255).
```

## FIND

Filterbefehl, um einen String in Datei(en) zu suchen (extern).

*find [/v][/c][/n][/i] "String" [Pfadname] [...]*

/v      Zeilen anzeigen, die den String nicht enthalten.
/c      Zeilenanzahl mit dem String nennen (count).
/n      Relative Zeilennummer nennen (rel. zu Dateianfang).
/i      Groß-/Kleinschreibung ignorieren.

```
find "Klaus" b:dd.txt   Alle Zeilen mit String "Klaus" nennen.
find /n "Klaus" b:dd.txtZusätzlich die Zeilennummern nennen.
find /c /n "Klaus" b:dd.txt
                        Zusätzlich die Anzahl nennen.
find /v "Klaus" b:dd.txtZeilen, die "Klaus" nicht enthalten
find /v "{" p.pas > n.pas
                        Datei n.pas ohne Kommentar.
dir | "<DIR>"           Nur die Unterverzeichnisse anzeigen.
```

## FOR

Befehl zur Schleifenbildung (Stapel). Eine Schleifen-Schachtelung ist nicht möglich. Wird der FOR-Befehl im Direktmodus bzw. in der Menü-Oberfläche eingesetzt, dann muß % anstelle von %% geschrieben werden.

*for [%%Variable] in (Menge) do [Befehl][Argumente]*

*%%Var* Variablen, durch Strings aus Menge zuersetzen.
*Menge* Datei(en), die durch Befehl zu verarbeiten sind.
*Befehl* ... in der Schleife wiederholt auszuführen.

```
for %%a in (*.txt) do dir      Directory aller txt-Dateien.
for %%b in (1 2 3 4) do echo %%bZahlen 1-4 untereinander.
for %%c in (b1.txt b2.txt) do type %%c > prn
                          Zwei Textdateien ausdrucken.
for %%c in (b1 b2) do type %%c.txt > prn
                          Wie oben, ohne Dateityp-Suche.
```

## FORMAT

Eine Diskette oder Festplatte formatieren, d.h. in Spuren und Sektoren einteilen und ein Directory anlegen (extern).

*format d: [/q] [/v:Name][/s][/b]*
*format d: [/f:Kap][/u] [/v:Name][/s][/b]*
*format d: [/1][/4][/u] [/v:Name][/s][/b]*
*format d: [/8][/u] [/s][/b]*
*format d: [/n:Spuren][/t:Sektoren][/u] [/v:Name][/s][/b]*

*Parameter*   /b   Blanks zur späteren Aufnahme von DOS reservieren.
*von*         /f   Alle Spuren formatieren (full format); ohne /f werden
*FORMAT*           nur die fehlerhaften Spuren formatiert.
              /f:  Die Kapazität der Diskette angeben; /n und /t dürfen
                   nicht gleichzeitig genannt werden.
              /n:  Die Anzahl von Sektoren je Spur angeben.
              /p   Information zum Formatieren ausdrucken (print).
              /q   Schnell (quick) formatieren (nur FAT und Root neu).
              /r   Spuren neu formatieren und beschreiben, aber FAT
                   und Root unverändert lassen (reformat).
              /s   Die Systemdateien io.sys, msdos.sys und command-
                   .com auf die Platte als bootfähige Platte kopieren.
              /t:  Die Anzahl von Spuren (tracks) je Diskette angeben.
              /u   Bedingungslos (unconditional) formatieren (alle Daten
                   löschen; kein Wiedergewinnen der Daten mehr möglich).
              /v:  Einen Plattennamen (max. 11 Zeichen) eintragen.
              /1   Nur eine Seite der Diskette formatieren.
              /4   360 KB-Diskette im 1.2 MB-Laufwerk formatieren.
              /8   8 Sektoren je Spur formatieren.

```
format b:              Diskette in Laufwerk b: formatieren.
format b: /s           Zusätzlich: System übertragen.
format b: /s/v         Zusätzlich: Name eintragen.
format b: /s/v:priv    PRIV als Namen auf Diskette eintragen.
format b: /s/v/4       1,2 MB-Laufwerk: nur 360 KB form.
format a: /1           5.25"-Diskette einseitig formatieren.
format c: /v/s         Partition der Festplatte formatieren.
format a: /n:9 /t:80   720 KB-Diskette in 1,44 MB-Laufwerk mit
                       9 Sektoren und 80 Spuren.
format a: /f:720       Identische Vereinfachung zu oben.
format a: /q           Bereits formatierte Diskette nochmals
                       schnell (quick) formatieren.
format a: /u           Formatieren und alle Daten löschen.
```

*Sicheres Formatieren:* Weder /u noch neue Diskettengröße sind
angegeben; Dateizuordnungstabelle (FAT) und Stammverzeichnis werden gelöscht, jedoch keine Daten. Späteres Wiederherstellen mit UNFORMAT ist somit möglich.

```
/f:...    Kapazität:        Diskette:                Spuren: Sektoren:
160       160K   160KB      160  KByte, SS, 5.25"       40         8
180       180K   180KB      180  KByte, SS, 5.25"       40         9
320       320K   320KB      320  KByte, DS, 5.25"       40         8
360       360K   360KB      360  KByte, DS, 5.25"       40         9
720       720K   720KB      720  KByte, DS,  3.5"       80         9
1200      1200K  1200KB     1.2  MByte, DS, 5.25"       80        15
1.2       1.2M   1.2MB
1440      1440K  1440KB     1.44 MByte, DS,  3.5"       80        18
1.44      1.44M  1.44MB
2880      2880K  2880KB     2.88 MByte, DS , 3.5"       80        36
2.88      2.88M  2.88MB
```

## GOTO

In einer Stapeldatei unbedingt verzweigen. Das Sprungziel
(Label) muß mit ":" beginnen und allein in einer Zeile stehen.
In der Befehlszeile bzw. im Programmstartbefehl (Menü-
Oberfläche) ist goto nicht erlaubt (Stapel).

*goto Sprungziel*

```
goto ende              Zur Zeile mit Sprungziel :ende gehen.
if %2==444 goto abbruch Bedingt zum Label :abbruch verzweigen.
```


## GRAFTABL

Einen Grafikzeichensatz laden. Fünf länderspezifische Zei-
chensatztabellen: 437 USA (Standard-IBM-Zeichensatz), 850
Mehrsprachige Zeichen, 860 Portugal, 863 Frankreich, 865
Norwegen werden unterstützt (extern).

*graftabl [437/850/860/863/865]*
*graftabl /status*

```
graftabl               Grafikzeichen ASCII 128-255 in den RAM
                       laden, um im Grafikmodus zu arbeiten.
graftabl 850           Mehrsprachige Sonderzeichen hinzuladen.
graftabl /status       Zeichensatztabelle anzeigen.
```


## GRAPHICS

Einen Grafik-Druckertreiber laden, um den Bildschirminhalt
(Farbe bzw. Grafik) ausdrucken zu können (extern).

*graphics [Typ] [Pro-Datei][/r][/b][Lcd] [/printbox:Kennung]*

*Typ*   Druckertypen: color1, color4, color8, default, deskjet,
        graphics, graphicswide, laserjetii, paintjet, quietjet,
        quitjetplus, ruggedwriter, ruggedwriterwide, thermal
        bzw. thinkjet.

*Pro*   Eine Datei mit den Druckeroptionen (printer options)
        angeben; als Default wird GRAPHICS.PRO gesucht.
*/r*    Schwarz als schwarz drucken (Default ist: schwarz als
        weiß und weiß als schwarz drucken)
*/b*    Hintergrund farbig drucken (für color1, color4).
*/Lcd*  CGA durch LCD ersetzen.
*/printbox*
        Entweder STD oder LCD angeben.

```
graphics graphics       Grafiken auf IBM-Frucker ausgedruckbar.
graphics                Identischer Befehl.
graphics color8 /b      color8-Typ; auch Hintergrund drucken.
graphics color4 /i      color4-Typ; invers drucken.
graphics therm /lcd     Therm-Drucker mit LCD-Bildschirm.
graphics graphicswide
                        Grafikdrucker mit 11-Zoll-Papierbreite.
graphics grafik2.pro Standard-Profile-Datei graphics.pro
                        durch Datei grafik2.pro ersetzen.
```

## HIMEM.SYS

Extended Memory verwalten (Einheitentreiber, config.sys, ab 5.0).

*device=[d:][Pfad] himem.sys [/hmamin=m]*
       *[/numhandle=n][/int15=xxx][/machine:xxx]*
       *[/a20control:on/off][/shadowram:on/off]*

*/hmamin=m*   m KB Speicher angeben (m 0-63); Default 0.
*/numhandle*  Höchstzahl EMB-Blöcke 1-128; Default 32.
*/int15=xxx*  xxx KB-Speicher für INT15-Interface.
*/machine:x*  Den A20-Handler nennen: 1 IBM, 2 PS/2, 3
             Phoenix, 4 HP Vectra, 5 AT&T, 6 Acer1100, 7
             Toshiba1600, 8 Wyse12.5.
*/a20control* A20 Zeilen-Kontrolle, falls on.
*/shadowram*  Shadow-RAM abschalten, falls off.

```
device=himem.sys        Angabe in config.sys vor anderen
                        Befehlen, die XMS-Speicher nutzen.
device=c:\dos\himem.sys /hmamin=30
                        Applikation greift auf XMS-Speicher nur
                        dann zu, wenn sie über 30 KB belegt.
```

## IF

In einer Stapeldatei eine Auswahlstruktur zur bedingten Verzweigung kontrollieren (Stapel).

*if [not] Bedingung Befehl*
*if [not] errorlevelNr Befehl*
*in [not] exist Dateiname Befehl*

```
if %1==Klaus goto text  Gleichheit von Strings als Bedingung.
if exist d.txt goto anf Existenztest von d.txt als Bedingung.
if not exist d.dat echo Die Datei D.DAT ist nicht vorhanden
if errorlevel 1 goto xx Fehlerstatus 1 als Bedingung abfragen.
```

## INSTALL

Ein Programm im RAM resident halten, d.h. als TSR-Programm (Terminate and Stay Resident) installieren . Über config.sys können folgende Programme ab DOS-Version 4.0 bereits bei der Systemkonfiguration im RAM resident installiert werden: FASTOPEN.EXE, KEYB.EXE, NLSFUNC.EXE und SHARE.EXE (config.sys).

*install=[d:][Pfad] Dateiname [Parameter]*

```
install=c:\fastopen c:=80      80 Festplattenzugriffe merken.
install=c:\\dos\keyb gr,437,c:\dos\keyboard.sys
                               Die Tastatur einstellen.
```

## JOIN

Ein Verzeichnis bzw. Directory umleiten (extern).

*join [d1: [d2:] Pfad]*
*join d: /d*

```
join b: c:\neu  b: mit Pfad c:\neu verknüpfen (Diskette als
                Verzeichnis \neu auf Festplatte umlegen).
join            Alle Verknüpfungen anzeigen.
join b: /d      Die obige Verpnüpfung wieder löschen.
```

## KEYB

Die Tastatur anpassen, in dem man Zeichensätze für Sprachen, die von US-Englisch abweichen, in den RAM lädt (extern, ab 3.3).

*keyb [xx[,yyy]],[Pfadname] [/e] [/id:nnn]*

| | |
|---|---|
| *xx* | Angabe des Tastaturcodes |
| *yyy* | Angabe der Zeichensatztabelle (Code page); bei fehlender Angabe Standardzeichensatztabelle. |
| *Pfad* | Den Pfad zur Tastaturdefinitionsdatei angeben. |
| */e* | Erweiterte Tastatur berücksichtigen (enhanced). |
| */id:nnn* | Angabe des Tastaturcodes (Keyboard Code). |

```
keyb           Zustand des Tastaturtreibers anzeigen.
keyb gr        Zeichensatztabelle 437 (Standard) und
               deutsche Tastatur (keyboard.sys) gewählt.
keyb gr,437, c:\hilfe\keyboard.sys
               Tabelle in Verzeichnis \hilfe abgelegt.
install=c:\hilfe\keyb.com gr,,\hilfe\keyboard.sys
               Tastaturbelegung bereits in config.sys (ab 4.0).
Strg-Alt-F1    Zur US-Tastenbelegung wechseln.
Strg-Alt-F2    Wieder zur bisherigen Tastatur zurück.
```

**Übersicht der Codes für KEYB.EXE:**

| Land: | Tastaturcode xx: | Zeichensatztabelle yyy: |
| --- | --- | --- |
| Australien | us | 437,850 |
| Belgien | be | 437,850 |
| Canada-Franz | cf | 863,850 |
| Dänemark | df | 865,850 |
| Finnland | su | 437,850 |
| Frankreich | fr | 437,850 |
| Deutschland | gr | 437,850 |
| Italien | it | 437,850 |
| Lateinamerika | la | 437,850 |
| Niederlande | nl | 437,850 |
| Norwegen | no | 865,850 |
| Portugal | po | 860,850 |
| Spanien | sp | 437,850 |
| Schweiz-Franz | sf | 437,850 |
| Schweiz-Deutsch | sg | 437,850 |
| UK | uk | 437,850 |
| US als Default | us | 437,850 |

# KEYBGR.COM

Tastatur für Land GR bzw. Germany laden (extern, bis 3.2).

*keybgr [e]*

```
keybgr         Die deutsche Tastatur laden (keybgr.com).
keybgr e       Wie oben, aber erweiterte Tastatur XT/AT.
keybfr         Die französische Tastatur laden (keybfr.com).
```

# KEYBOARD.SYS

Tastaturdefinitionsdatei mit den verschiedenen Tastenbelegungen und Zeichensatztabellen für KEYB.COM bzw. KEYB.EXE:

ø    Ab MS-DOS 3.3: KEYB.EXE mit KEYBOARD.SYS aufrufen. Trennung von zwei Dateien.

ø    Bis MS-DOS 3.2: KEYBGR.COM, KEYBFR.COM, KEYBIT.COM ... aufrufen. Zahlreichen Dateien mit den jeweiligen Zeichensätzen und Tastaturbelegungen.

## LABEL
Den Namen (max. 11 Zeichen) einer Platte ändern (extern).

*label [d:][Name]*

```
label c:festsystem     Festplatte erhält den Namen festsystem.
label c:               Name für c: mit Return-Taste löschen.
c:\dos\label b:        label suchen, Diskette in b: benennen.
```

## LASTDRIVE
Den größten Laufwerksbuchstaben festlegen (config.sys).

*lastdrive=x*

x als Laufwerksbuchstabe zwischen A und Z mit E als Default.

```
lastdrive=d    Ignoriert, da 5 Laufwerke a-e Default sind.
lastdrive=p    Auf höchstens 16 Laufwerke kann ab jetzt
               gleichzeitig zugegriffen werden.
```

## LOADHIGH
Ein Applikationsprogramm in reservierten Speicher laden,
nachdem EMM386.EXE installiert und dos=umb in config.sys
aufgerufen worden ist (extern, ab 5.0).

*loadhigh [d:][Pfad]Dateiname*

## MD
Ein Verzeichnis auf Platte erstellen (intern). Siehe MKDIR.

*Neues*
*Verzeichnis*

*md [d:]Pfad*

```
md tool        tool als neues Unterverzeichnis zum aktiven
               Verzeichnis im aktiven Laufwerk anlegen.
md c:tool      tool als Unterverzeichnis auf der Festplatte.
md \tool       Unterverzeichnis zum Stammverzeichnis.
md c:\tool\db  Verzeichnis db in c:\tool.
md db          Wie oben, falls c:\tool aktiv ist.
```

## MEM
Freien und belegten RAM-Speicher melden (extern, ab 4.0).

*mem [/program]*
*mem [/debug]*

```
mem          Über Speicherplatz im RAM informieren.
mem /program Auch die residenten Programme auflisten.
mem /debug   Neben Programmen auch die internen Gerätetreiber
             und Programmier-Information nennen.
```

## MIRROR

Über Dateien informieren, um die Befehle UNFORMAT und
UNDELETE anzuwenden (extern, ab 5.0).

*mirror [d:][...][/tdrive[-entries] [/1]*
*mirror [/u] [/partn]*

*d:*   Laufwerk, für das Information gesichert werden soll.
*/tdrive*

Ein residentes Prüfprogramm für Dateien,
die gelöscht wurden, laden (t für tracking). Name und
Speicherplatz jeder Datei, die gelöscht wird, wird in
der Datei PCTRACKR.DEL gespeichert.

*-entries*

Maximalzahl 1-999 von Einträgen in gelöschter Datei.

*/1*   Nur den letzten Zustand der Diskette aufzeichnen.
*/partn*

Zustand der Festplatten-Partitions in Datei speichern.

*/u*   Das Lösch-Prüf-Programm aus dem RAM löschen.

```
mirror             Eine Kopie von FAT (File Allocation Table)
                   und Root-Directory des aktiven Laufwerks
                   speichern.
mirror c: /ta /tc  FAT und Root-Directory von c: sichern und
                   das Delete-Tracking für die Laufwerke a: und
                   c: installieren.
```

## MKDIR

Wie Befehl MD. Schreibweise für Make Directory (intern).

## MODE (Drucker)

Die über die parallele Schnittstelle angeschlossenen Drucker
konfigurieren (extern).

*mode LPTn[:][c] [,[l][,r]*
*mode LPTn[cols=c][lines=l][retry=r]*

```
mode lpt1 132,8    1-132 Zeichen/Zeile bei 8 Zeilen/Zoll
                   Vorschub für Drucker festlegen.
```

## MODE (Druckerumleitung)
Die Ausgabe vom parallelen zum seriellen Port umleiten (extern).

*mode LPTn[:]=COMm*

```
mode lpt1=com2  Alle Druckaufträge an die serielle Schnitt-
                stelle COM2 umleiten.
```

## MODE (Port)
Die Konfiguration des seriellen Ports kontrollieren (extern).

*mode COMm [:] b [,p[,d[,s[,r]]]]*
*mode COMm baud[parity=p][data=d][stop=s] [retry=r]*

*COMm* m=1,2,3,4 für die COM-Portnummern (1 als Default).
*b* Die ersten 2 Zeichen der Übertragungsrate (11 für
110 baud, 12 für 1200 baud, 19 für 19200 baud).
*p* Parität n none, e even, o odd, m mark, s space (e als
Default).
*d* Nummer der Datenbits: 5, 6, 7 oder 8 (7 als Default).
*s* Nummer der Stopbits: 1, 1.5 oder 2 (1 als Default).
*r* e (error), b (busy), r (ready) oder none.

```
mode com2:24,,,2Schnittstelle COM2 auf 2400 Baud, 2
               Stopbits (sonst Standardwerte) einstellen.
```

## MODE
Den Status der installierten Einheiten anzeigen (extern).

*mode [Einheit][/status]*

```
mode            Den aktuellen Status von Mode anzeigen.
mode con        Den Status der Console anzeigen.
```

## MODE (Code Page)
Zeichensatztabellen (Code Pages) für Drucker oder Konsole
verwalten (extern).

*mode Einheit codepage prepare=((yyy [yyy]) [Pfadname])*
*mode Einheit codepage select=yyy*
*mode Einheit codepage [/status] [refresh]*

*yyy*   Zeichensatztabellen-Nummer (z.B. 437, siehe KEYB).
*Pfad*Name der CPI-Datei (Code Page Information-File)
       wie ega.cpi, 4201.cpi, 4208.cpi, 5202.cpi, lcd.cpi.

```
mode con codepage    Die aktive Zeichensatztabelle anzeigen.
mode con codepage /sta
                     Wie oben (status als sta abkürzbar)
```

## MODE (Bildschirm)
Den Bildschirm-Modus bzw. Video-Adapter wählen (extern).

*mode display,n*
*mode [display],shift [,test]*
*mode con [:][cols=m] [lines=n]*

| | |
|---|---|
| *displ* | Bildschirm definieren durch: 40 oder 80 (Zeichen/Zeile). BW, MO (Farbe bzw. MONO). |
| *n* | Anzahl der Zeilen: 25, 43 oder 50. |
| *shift* | L (CGA-Display links verschieben) oder R (rechts). |
| *test* | Den Bildschirm ausrichten. |
| *m* | Anzahl der Zeichen je Zeile: 40 oder 80. |

```
mode 80,r  Bildschirm mit 80 Zeichen/Zeile, um zwei
           Zeichen nach rechts verschoben anzeigen.
mode con cols=80 lines=43
           Bildschirm 80 Spalten und 43 Zeilen.
```

## MODE
Die Tastatur-Wiederholungsfrequenz setzen (extern).

*mode con[:] [rate=r][delay=d]*

| | |
|---|---|
| *rate* | Werte 1-32 für entspr. Zeichen je Sekunde. |
| *delay* | Werte 1-4 für 0.25, 0.5, 0.75 bzw. 1 Sekunde Zeitverzögerung "Tastendruck <--> Wiederholung". |

## MORE
Bildschirm-Filterbefehl zur Ausgabe am Bildschirm (extern).

*more < Quellendateiname*
*Quellendateiname | more*

```
more < b:d.txt          d.txt bildschirmseitenweise (mit 25
                        Zeilen jeweils) anzeigen.
type b:d.txt | more     Wie oben, aber more über Pipe aufrufen.
dir c:\tool | more      Das Directory bildschirmweise ausgeben.
```

## NLSFUNC
Landesspezielle Funktionen (National Language Support Functions)
zumeist in config.sys laden (extern).

*nlsfunc [Pfadname]*
*install=[d:][Pfad] nlsfunc [Pfadname]*

```
nlsfunc                 country.sys als Standarddatei laden
                        (als Voraussetzung für chcp).
nlsfunc c:\dos\country.sys
                        Die Datei explizit nennen und laden.
install=c:\dos\nlsfunc\country.sys
                        nlsfunc bereits in config.sys laden.
nlsfunc neup.sys        neup.sys statt von country.sys laden.
```

## PATH

*Zugriffspfade<br>für MS-DOS<br>angeben*

Einen Verzeichnispfad setzen, in dem ausführbare Dateien
(COM, EXE, BAT) gesucht werden sollen. Bei gleichen Dateinamen wird zuerst die COM-Datei, dann die EXE-Datei und
dann die BAT-Datei gesucht (intern).

*path [d:Pfad1] [;d:Pfad2] [...]*

```
path                    Die gesetzten Pfade anzeigen.
path c:\sprache         In einem Pfad suchen.
path c:\hilfe\dosbef;a:\util   Zwei Suchpfade in c: und in a:.
path c:\system;b:\system   Identischer Pfadname in zwei
                        verschiedenen Laufwerken.
path ;                  Alle gesetzten Pfade entfernen.
```

Ist QBASIC.EXE im Verzeichnis C:\BASIC gespeichert, EDIT-
.COM hingegen im Verzeichnis C:\DOS, dann kann der Editor nur mit folgendem Pfad aufgerufen werden:

```
path c:\basic           Suchpfad für Editor
```

## PAUSE
Die Ausführung einer Stapeldatei unterbrechen (Stapel).

*pause*

```
@echo Taste          Die Meldung "Taste" ausgeben und dann die
pause                Ausführung unterbrechen (ohne weitere Meldung).
```

## PRINT

Eine Datei aus der Warteschlange drucken, während MS-DOS
einen anderen Befehl ausführt (extern).

**Den Drucker einmalig einrichten (Schritt 1):**

*print [/d:Einheit][/b:Puffer][u:InArbeitPuls][/m:maxPulszahl]*
*[s:Zeitscheibe][/q:Schlangengröße][/t][Pfadname][/c][/p]*

*/b:*    Puffergröße in Bytes. 512-16384 (Default 512).
*/u*    Zeit zum Warten bis bereit. 1-255 (Default 1).
*/m:*    Zeit zum Drucken eines Zeichens. 1-255 (Default 2).
*/s:*    Zeit für print-Befehl. 1-255 (Default 8).
*/q:*    Zwischen 4 und 32 Dateien in Schlange. Default 10.
*/t*    Alle Dateien aus der Schlange entfernen.
*/c*    Letzte und nächste Datei aus Schlange löschen.
*/p*    Letzte und nächste Datei in Schlange einfügen.

Ausgabegerät LPT1 einrichten: 40 Dateien in Schlange
(queue), Puffer 1024 Byte groß, Druckerspooler mit 8 Taktzyk-
len (als Default) aufgerufen (maximal 200 Zyklen), 5 Taktzyk-
len ohne Zeitüberschreitungsfehler warten.

```
print /d:lpt1 /q:40 /b:1024 /s:8 /m:200 /u:5
```

**Nach dem Einrichten wiederholt ausdrucken (Schritt 2):**

*print [/c][/t][/p] [Pfadname]...]*

```
print                Alle aktuellen Druckaufträge anzeigen.
print d.txt /c       Drucken von d.txt stoppen (c=cancel).
print /t             Drucken insgesamt beenden (t=terminate).
print b:*.txt        txt-Dateien in die Warteschlange setzen.
```

## PRINTER.SYS

Druckerzeichensätze einstellen für Parallel-Ports PRN, LPT1,
LPT2 bzw. LPT3 (Einheitentreiber, config.sys, ab 4.0).

*device=[d:][Pfad] printer.sys lptx=(Typ[,hwcp][,...][,n])*

*x*          Nummer des Parallel-Ports.
*Typ*        Druckertyp: 4201, 4208, 5202.
*hwcp*       Zeichensatztabelle (Code Page): 437 US, 850 *Mehr-*
             *sprachig,* 860 Portug., 863 Can.-F, 865 Norwegen.
n          Anzahl zusätzlicher Zeichensatztabellen.

```
device=printer.sys lpt1=(4202,437,2)      2 Zeichensatztabellen
```

## PROMPT

Das Bereitschaftszeichen von MS-DOS ändern (extern).

*prompt [Prompt-Definitionsstring]*

Zeichen für Prompt-Definitionsstring: Pipe $b, Datum $d, Escapezeichen (01bh) $e, Größerzeichen $g, Backspace $h, Kleinerzeichen $l, Laufwerk $n, Pfad $p, Gleichheitszeichen $q, Systemzeit $t, Versionsnummer $v, CR/LF-Sequenz $_ und Dollarzeichen $$.

```
prompt $d$p$g          Datum, Pfad und Größerzeichen
                       werden ab jetzt als Promptzei-
                       chen angezeigt.
prompt $n$g            Laufwerk, Größerzeichen
                       (entspricht dem Default der MS-
                       DOS Befehls-Oberfläche).
prompt                 Standard-Prompt aktivieren.
prompt $e[0;59;"dir *.* "p   Taste F1 mit dem dir-Befehl
                       belegen.
prompt $e[0;60;"dir *.* "13p  Taste F2 mit dir belegen und
                       sofort ausführen (13=Return).
```

## QBASIC

QBasic starten (extern). QBASIC.EXE ist ein Programmentwicklungssystem, das den MS-DOS Editor verwendet und einen Interpreter als Sprachübersetzer verwendet. Der QBasic-Interpreter entspricht in etwa dem Compiler von QuickBasic.

*qbasic [Progr[/run]] [/h][/nohi][/b][/editor][/g][/mbf]*

*Progr*   Basic-Programm als Quelltextdatei, die zu laden ist, damit sie sofort editiert werden kann.

*/run*   Das geladene Programm sogleich ausführen.

*/h*   Die größte Zeilennummer am Bildschirm anzeigen.

*/nohi*   Nicht-hochauflösenden Bildschirm (no high intensity) aktivieren.

*/b*   Auf Farbbildschirm schwarz/weiß (black/white).

*/editor*   Den MS-DOS Editor bereitstellen (Default).

*/g*   Den besten CGA-Monitor nutzen.

*/mbf*   Die Funktionen CVS, CVD, MKS$ und MKD$ sollen wie die Formatnummern von MBasic, GwBasic bzw. BasicA arbeiten.

```
c:\dos\qbasic           QBasic suchen und aufrufen.
c:\dos\qbasic b:\castle  Wie oben, aber dann das Programm
                        CASTLE.BAS laden und anzeigen.
c:\dos\qbasic b:\castle /run
                        Wie oben, und das Programm ausführen.
```

## RAMDRIVE.SYS
Eine RAM-Disk als virtuelle Platte einrichten (Einheitentreiber,
config.sys). Siehe VDISK.SYS. Der RAM-Disk wird der jeweils
nächste freie Laufwerksbuchstabe zugeordnet (z. B. Disketten
A: und B:, Festplatte C: und RAM-Disk D:).

*device=[d:][Pfad] ramdrive.sys [Größe][Sektorgröße][n][/e][/a]*

| | |
|---|---|
| *Größe* | Größe der RAM-Disk 16 bis 4096 KB. Default 64. |
| *Sektor* | Sektorgröße 128, 256, 512 Bytes (Default 512). |
| *n* | Anzahl der Dateien von 2 bis 1024. Default 64. |
| */e* | RAM-Disk in Extended Memory (XMS) einrichten (zuvor XMS-Manager mit HIMEM.SYS install.). |
| */a* | RAM-Disk in Expanded Memory (EMS) einrichten. |

```
device=ramdrive.sys              64 KB RAM-Disk im normalem RAM.

device=ramdrive.sys 512          Wie oben, aber 512 KB RAM-Disk.
device=c:\dos\ramdrive.sys 256 512 128
                                 RAM-Disk 256 KB groß bei 512
                                 Byte/Sektor für max. 128
                                 Dateieinträge.

device=c:\dos\himem.sys          Zuerst Extended RAM installieren.
device=ramdrive.sys /e           Dann RAM-Disk in Extended RAM (XMS).

copy c:\to\excel*.* d:\          Excel-Dateien in RAM-Disk kopieren.
```

## RD
*Ein leeres Verzeichnis aus einem Verzeichnisbaum löschen (intern).*

*rd [d:]Pfad*

```
rd tool                 tool als leeres Verzeichnis im aktiven Pfad.
rd c:\tool\util         util im Verzeichnis c:\tool löschen.
```

## REBUILD
Die Dateien einer mit FORMAT gelöschten Diskette bzw. die
mit ERASE gelöschten Dateinamenseinträge wiedergewinnen
(intern, ab 5.0).

*rebuild d:[/j]*
*rebuild d:[/I] [/test]*
*rebuild [/partn] [/I]*

/j      Mit MIRROR erzeugte Dateien bleiben unverändert.
/I      Ohne */partn:* Jede gefundene Datei/Verzeichnis listen.
        Mit */partn:* Die Partitions-Tabelle in MB anzeigen.
/test  Wiedergewinnung anzeigen ohne umzuformatieren.
/partn  Fehlerhafte Partitions-Tabelle der Festplatte reparieren (MIRROR-Datei PARTNSAV.FIL lesen).

Die Schalter */j*, */I* und */test* nur setzen, wenn die über MIRROR erzeugten Dateien unberücksichtigt bleiben sollen.

```
rebuild /partn  Die Partitions-Tabelle der Hard-Disk herstellen.
```

## RECOVER

Eine Datei sektorweise lesen und die Daten aus fehlerfreien Sektoren retten (extern).

*recover d: / Pfadname*

d:     Laufwerk, von dem alle Dateien zu lesen sind.
Pfad  Zugriffspfad zu der einzelnen Datei, die zu lesen ist.

```
recover a:\f.txtDie wiedergewonnene Datei f.txt wird unter
                dem Namen FILE0001.REC gespeichert.
recover a:\*.*  Die wiedergewonnenen Dateien werden unter den
                Namen FILE0001.REC, FILE0002.REC, ... abgelegt.
recover a:      Wie oben: Gesamten Disketteninhalt herstellen.
```

## REM

Bemerkungen in eine Befehlsfolge einfügen zur a) Erklärung, b) Übersicht bzw. c) Auskommentierung (config.sys, Stapel).

*rem [Bemerkung]*

```
rem Deutsche Tastatur    a) Die Zeile bei Ausführung ignorieren.
country=049
rem                      b) Leerzeile zur Übersichtlichkeit.
rem install=ramdrive.sysc) Durch Voranstellen von rem wird der
                            install-Befehl "auskommentiert".
```

## RENAME

Namen einer oder mehrerer Dateien ändern (intern).

*ren[ame] [d:][Pfad] Dateiname1 Dateiname2*

```
rename c: d.txt w.txt    d.txt in w.txt umbenennen.
ren b:*.bak *.pas        Alle bak-in pas-Dateien umbenennen.
```

## REPLACE
Dateien auf Platte ersetzen bzw. aktualisieren (extern).

*replace Pfadname [d:][Pfad][/a][/p][/r][/s][/w][/u]*

/a   Neue Dateien ins Zielverzeichnis hinzufügen (add),
     nicht aber überschreiben.
/p   Bestätigung einholen (prompt), dann schreiben.
/r   Auch Nur-Lese-Dateien (Read only-Files) ersetzen.
/s   Auch alle Subdirectories durchsuchen.
/w   Warten, bis Diskette eingelegt ist; dann beginnen.
/u   Nur die Dateien im Zielverzeichnis ersetzen, die älter
     als die im Quellverzeichnis sind.

```
replace b:*.bat c:\            bat-Dateien im Zielpfad c:\ durch
                               gleichnamige Dateien von b:
                               ersetzen.
replace b:*.bat c:\/s          In c:\ Dateien suchen und ersetzen.
replace b:*.bat c:\/a          Im Zielpfad fehlende Dateien
addieren.
replace b:*.bat c:\/r          Auch "Nur-Lese-Dateien" ersetzen.
replace b:*.bat c:\/r/s        Auch Unterverzeichnisse durchsuchen.
replace b:*.bat c:\p           Bei jeder Datei fragen: Benutzer
                               kann einzeln ersetzen bzw. addieren.
replace a:*.* c:\tool/w        Vor Start Tastatureingabe abwarten.
```

Ausgabe von errorlevel-Werten durch REPLACE: 0 (erfolg-
reich), 2 (Datei nicht gefunden), 3 (Pfad nicht gefunden), 5
(nicht alle Dateien wurden gefunden), 8 (zu wenig Speicherplatz), 11 (Format ungültig), 15 (Laufwerk ungültig).


## RESTORE
Dateien nach BACKUP wieder zurückspeichern (extern).

*restore d:[Pfadname] [/s][/p][/b:Datum1]*
       *[/a:Datum2][/e:Zeit1][/l:Zeit2][/m][/n]*

/s   Alle Unterverzeichnisse speichern (subdirectories).
/p   Vor dem Speichern den Benutzer fragen (prompting).
/b:  Nur Dateien speichern, wenn die letzte Änderung vor
     (before) dem Datum liegt.
/a:  ... wenn Änderung nach (after) dem Datum liegt.
/e:  ... wenn Änderung früher (earlier) als die Zeit ist.
/l:  ... wenn Änderung später (later) als die Zeit ist.
/m   ... wenn Änderung nach dem letzten BACKUP lag.
/n   Nur Dateien speichern, die nicht länger auf der
     Zieldiskette abgelegt sind.

```
restore b: c:*.*          Alle auf der backup-Diskette in b: ge-
                          sicherten Dateien auf die Festplatte
                          zurückkopieren.
restore b: c:*.* /s       Zusätzlich die Unterverzeichnisse.
restore b: c:*.* /s /p    Zusätzlich bei geänderten und Nur-Lese-
                          Dateien zur Sicherheit nachfragen.
restore b: c:\tp\b.bat    Eine einzelne Datei wiederherstellen.
```

## RMDIR

Verzeichnis löschen. Indentisch mit Befehl RD.

## SET

Umgebungsvariablen (Environment) setzen bzw. anzeigen (intern).

*set [Variablenname=[String]]*

*Var*     Variable, die gesetzt bzw. geändert werden soll.
*String*  Wert, der der Variablen zugewiesen werden soll.

```
set                       Alle Umgebungsvariablen anzeigen (zu-
                          mindest comspec und path erscheinen).
set anwend=\tool\dbase    Variable anwend erhält Pfad zugewiesen.
dir %anwend%              ... in Stapeldatei in % % schreiben.
set anwend=Tillmann       Tillmann als neuer Wert für anwend.
set anwend=               Variable anwend wird gelöscht.
set path=c:\hilfe\dosbef  Einen zusätzlichen Suchpfad auf der
                          Festplatte definieren.
```

## SETVER

Unter MS-DOS 5.0 Dateien ausführen, die eine frühere Versionsnummer von MS-DOS erfordern (extern, ab 5.0).

*setver d:[Dateiname] [n.nn]*
*setver d:[Dateiname] [/delete]*

*n.nn*     Die erforderliche DOS-Version nennen, wie 4.01, 3.3.
*/delete*  Die Datei wieder aus der Versions-Tabelle entfernen.

```
setver a:                 Versions-Tabelle anzeigen mit Dateien
                          und ihren DOS-Versionsnummern.
setver a:ld.exe 3.30      ld.exe in Versions-Tabelle eintragen.
setver a:mm.exe /delete   Datei mm.exe aus der Tabelle löschen.
```

## SHARE
File sharing für das Netzwerk installieren (extern).

*share [/f:Dateigröße][/L:Sperren]*

*/f:*   Geimeinsamer Speicher in Bytes. Default 2048 Bytes.
*/L:*   Gleichzeitig zu lockende Dateien. Default 20 Dateien.

```
install=share                  share mit Defaults in config.sys
                               laden.
install=share /f:2048          Wie oben: 2048 Byte als Default für
                               Netzwerk-Dateien bereitstellen.
install=share /f:1024 /l:40    40 Dateien sind maximal zu locken.
```

## SHELL
Einen neuen Befehlsprozessor zuordnen (config.sys).

*shell=[d:][Pfad] Befehlsprozessor [/e:Umgebung] [/p] [/m]*

*/e*   Reserviert Speicherplatz für den Umgebungsspeicher
       (160 bis 32768 Byte, Default 160 Byte).
*/p*   Startet autoexec.bat nach dem Laden des Befehls-
       prozessors jeweils neu.
*/m*   Lädt Fehlermeldungen in den RAM (bei PC mit nur
       einer Diskette erforderlich).

```
shell=c:\sys\command.com            Bei DOS-Start Prozessor von
                                    c:\sys laden.
shell=c:\sys\mmand.com /e:512       Umgebungsspeicher 512 KB:
shell=c:\sys\command.com /e:512 /p
                                    command.com permanent laden.
shell=c:\sys\command.com /e:512 /p /msg
                                    Fehlermeldungen laden.
```

Der shell-Befehl beeinflußt die Umgebungsvariable comspec
nicht! Deshalb muß man nach dem Laden des Prozessors in au-
toexec.bat die Variable comspec neu setzen. Sonst kann der Befehlsprozessor bei der Rückkehr nicht nachgeladen werden:

```
set comspec=c:\sys\command.com      Prozessorname in comspec neu
                                    eintragen.
```

## SHIFT
Parameter bei jedem Befehlsaufruf um 1 verschieben (Stapel).

*shift*

Man kann bis zu neun Parameter %1 - %9 an eine Stapeldatei übergeben. shift verschiebt die Parameterliste um eine Stelle nach links (%9 wird zu %8, und %9 wird somit neu verfügbar).


## SMARTDRV.SYS

Einen Cache-Speicher in Extended oder Expanded Memory einrichten, um Plattenzugriffe zu beschleunigen (Einheitentreiber, Config.sys, ab Version 5.0).

*device=[d:][Pfad] smartdrv.sys [Init][Min][/a]*

| | |
|---|---|
| *Init* | Anfangsgröße des Cache-Speichers 128-8192 KB (Default 256 KB). |
| *Min* | Mindestgröße des Cache-Speichers in KB (Vorsorge: Applikationen können Cache vermindern). |
| */a* | Nicht Extended Memory (XMS), sondern Expanded Memory (EMS) für den Cache-Speicher nutzen. |

```
device=c:\dos\smartdrv.sys        XMS für Cache nutzen:
                                  himem.sys zuvor installieren.

device=c:\dos\smartdrv.sys /a     EMS für Cache nutzen:
                                  emm386.sys zuvor installieren.

device=smartdrv.sys 2048 512      2048 KB-Cache, über 512 KB.
```


## SORT

Filterbefehl zum Sortieren (extern).

*[Quelle] | sort [/r][/+n]*
*sort[/r][/+n] < Quelle*

| | |
|---|---|
| *Quelle* | Datei bzw. Befehl mit dem zu sortierenden Daten. |
| */r* | Absteigende Sortierfolge (revers): Z-A, 9-0. |
| */+n* | Ab Spalte n sortieren. Default ab Spalte n=1. |
| \| | Pipe-Zeichen (Alt-124): sort als Filter-Befehl. |
| < | Kleiner-Zeichen als Umleitungszeichen. |

```
sort < Ein > Aus          Sortierte Übergabe von der Eingabedatei
                          an die Ausgabedatei.
sort < dd.txt             Sortierte Bildschirmausgabe von dd.txt.
type dd.txt | sort        Identische Ausgabe über eine Pipe.
sort < dd.txt > prn       Die sortierte Datei ausdrucken.
dir | sort /+14           Directory nach Dateigröße (diese wird
                          ab Spalte 14 angegeben) sortieren.
dir | sort /+14 /r        Zusätzlich: absteigende Sortierfolge.
```

```
dir | sort /+1 /r    Nach Dateinamen sortieren (/+1 als
                     Default kann auch weggelassen werden).
sort < dd.txt > dds.txt
                     Sortierte Datei als dds.txt speichern.
find "Max" dd.txt | sort
                     Sortierte Liste der Zeilen, die "Max"
                     enthalten (find nach sort umleiten).
```

## STACKS

Stack-Standardwerte für Hardware-Interrupts angeben (config.sys).

*stacks=n,s*

*n*    Anzahl von Stacks zwischen 8 und 64 festlegen.
*s*    Größe jedes Stacks zwischen 32 und 512 Bytes.

```
stacks=0,0           MS-DOS benutzt keine Stacks (sonst wird bei
                     jedem Interrupt einer der n Stacks zur
                     Speicherung benutzt).
stacks=9,512         9 Stacks zu je 512 Bytes bereitstellen und
                     verwalten.
```

## SUBST

Einem Laufwerksbuchstaben ein Verzeichnis zuordnen, wobei LASTDRIVE zu beachten ist (extern).

*subst [d: [d:] Pfad]*
*subst d: /d*

*d:*    Laufwerksbuchstabe des virtuelles Laufwerks.
*Pfad* Hier wird der Zugriffspfad genannt, der dem
       Laufwerksbuchstaben zuzuordnen ist.
*/d*    Das virtuelle Laufwerks ist wieder zu löschen.

```
subst                Alle derzeitigen Ersetzungen anzeigen.
subst e: c:\tool      Das Verzeichnis c:\tool durch e: ersetzen,
                     um ab jetzt einfache e: aufzurufen.
dir e:*.*            ... nun identisch mit dir c:\tool\*.*.
subst e: /d          Die Ersetzung e: wieder löschen.
```

Die folgenden Befehle arbeiten nicht mit SUBST-Laufwerken:

backup, chkdsk, diskcomp, diskcopy, fdisk, format, label, recover, restore und sys.

## SYS
Systemdateien von MS-DOS auf Platte kopieren (extern).

*sys [d1:][Pfad] d2:*

*d1:*    Laufwerk, von dem Systemdateien zu kopieren sind.
*Pfad*   Suchpfad für das d1:-Laufwerk.
*d2:*    Laufwerk, auf das die Systemdateien IO.SYS und
         MSDOS.SYS bzw. IBMDOS.COM und IBMBIO.COM
         (versteckt) zu kopieren sind.

```
sys dZiel:        command.com nicht übertragen.
sys b:            Systemdateien vom aktiven Laufwerk auf die
                  Diskette in Laufwerk A: kopieren.
copy command.com b:
                  Anschließend den Befehlsprozessor kopieren.

sys c:            DOS-System auf Festplatte kopieren.
sys a:\ b:        Systemdateien von a:\ nach b: kopieren.
```

## TIME
Die Systemzeit setzen oder ändern (intern).

*time [hh:mm:[:ss[.tt]]]*

```
time 10:45        Zeit auf 10:45:00.00 (10 Uhr 45 Minuten) mit
                  0-23 (hh), 0-59 (mm und ss) und 0-99 (tt).
time 10:50:30     Zeit auf 10 Uhr, 50 Min., 30 Sek. korrigiert.
time              Zeit anzeigen und Eingabeaufforderung.
```

## TREE
Den Verzeichnisbaum grafisch anzeigen (extern).

*tree [d:][Pfad][/f][/a]*

*/f*    Die Namen der Dateien in jedem Verzeichnis zeigen.
*/a*    Textzeichen anstelle von Grafikpunkten für Linien.

```
tree              Verzeichnisbaum des aktiven Pfades.
tree \            Baum mit allen Unterverzeichnissen.
tree /f           Auch die Namen aller Dateien nennen.
tree b: /f | more
                  Verzeichnisbaum von b: bildschirmweise.
tree c: \ /f > verz.txt
                  Baum von c: komplett in verz.txt ablegen.
tree /f > prn     Baum komplett ausdrucken lassen.
```

## TYPE
Den Inhalt einer Textdatei gemäß ASCII anzeigen (intern).

*type [Pfadname]*

```
type b:dd.txt                Inhalt von dd.txt am Bildschirm
                             anzeigen.
type c:\t\a.txt | more       Inhalt bildschirmweise anzeigen.
more < c:\t\a.txt            Identisch mit vorhergehendem Befehl.
type b:dd.txt > prn          Textdateinhalt ausdrucken lassen.
type b:dd.txt > neu.txt      Datei nach neu.txt kopieren.
type b:dd.txt >> neu.txt     Text an Inhalt von neu.txt anhängen.
```

## UNDELETE
Dateien, die mit ERASE bzw. DEL gelöscht worden sind, wiedergewinnen (extern, ab 5.0).

*undelete [Pfadname] [/list] [/dt]*
*undelete [Pfadname] [/list] [/dos]*
*undelete [Pfadname] [/list] [/all]*

*/list*  Die als gelöscht markierten Dateien auflisten.
*/dt*   Nur Dateien gewinnen, die in der von MIRROR
       angelegten Delete-Tracking-Datei PCTRACKR.DEL
       aufgezeichnet sind.
*/dos*  Nur Dateien gewinnen, die von MS-DOS als gelöscht
       markiert worden sind (erstes Zeichen im Dateinamen
       hat MS-DOS durch "#" ersetzt).
*/all*  Alle als gelöscht markierten Dateien wiedergewinnen
       (bei gleiche Dateinamen wird durch eines der Zeichen
       "#%&-0123456789AB...Z" (= Reihenfolge) ersetzt.

```
delete                       Alle gelöschten Dateien auf einmal
                             wiedergewinnen.
delete b:\*.prg /all         PRG-Dateien automatisch
                             wiedergewinnen.
```

## UNFORMAT
Möglichst viele Daten nach versehentlichem Formatieren wiedergewinnen (extern, ab 5.0). Siehe FORMAT.

*unformat d:[/j]*
*unformat d:[/p] [/n] [/l] [/test]*
*unformat [/partn] [/p] [/l]*

d:       Die Festplatte benennen.
/j       Durch MIRROR angelegte Dateien ausklammern.
/p       Wiedergewonnene Dateien ausdrucken.
/n       Wiederherstellen, ohne MIRROR zu verwenden.
/l       Die Partitions-Tabelle anzeigen (falls /partn).
/test    Das Wiedergewinnen nur anzeigen, nicht ausführen.
/partn   Partitions-Tabelle gemäß der von MIRROR erzeugten
         Datei PARTNSAV.FIL wiedergewinnen.

Nur für die Schalter /p, /l oder /test wird MIRROR nicht verwendet.

```
unformat c: /j       Daten auf der bereits formatierten
                     Festplatte unter Benutzung der MIRROR-
                     Hilfsdateien retten.
unformat b: /test    Daten retten ohne MIRROR-Hilfsdateien.
unformat a: /l /p    Diskette ohne MIRROR prüfen und Dateien
                     auflisten.
```

## VDISK.SYS

Eine RAM-Disk auf der Platte einrichten (Einheitentreiber,
config.sys). Alternative zum Treiber RAMDRIVE.SYS.

*device=[d:][pfad]vdisk.sys [Größe] [Sektorgröße] [Einträge]*
*[/e:MaxExt] [/x:MaxExp]*

*Größe*         Kapazität der RAM-Disk von 1 KB bis RAM-
               Größe (Default 64 KB).
*Sektorgröße*   128, 256 oder 512 (Default 128 KB).
*Einträge*      Anzahl der Dateinamen 2 - 512 (Default 64).
*/e:*           Bei AT, PS/2 und 386-PC RAM-Disk im
               Extended Memory anlegen. MaxExt=1-8
               Sektoren auf einmal aus der RAM-Disk lesen
               (Default 8).
*/x:*           Zuerst mit xma2ems.sys Expanded Memory
               einrichten, dann diesen anlegen und
               MaxExp=1-8 Sektoren einlesen (Default 8).

```
device=vdisk.sys       RAM-Disk mit Standardwerten.

device=c:\dos\vdisk.sys Treiber in Unterverzeichnis suchen.

device=vdisk.sys 256 128 112
                       RAM-Disk mit 256 KB und maximal 112

device=vdisk.sys Größe=256, Sektoren=128, Dateinamen=112
                       Wie oben (Kommentar wird ignoriert).
```

## VER
Die Versionsnummer von MS-DOS anzeigen (intern).

*ver*

```
ver          Zum Beispiel "MS-DOS Version 5.0" anzeigen.
```


## VERIFY
Die Aufzeichnung von Dateien auf Platte prüfen (intern).

*verify [on/off]*

```
verify       Status anzeigen: Standard ist off.
verify on    Ab jetzt alle Schreiboperationen prüfen.
```


## VOL
Die Datenträgerbezeichnung (vom Benutzer angegeben) und
die Seriennummer der Platte (vom FORMAT-Befehl eingetragen) anzeigen (intern).

*vol [d:]*

```
vol c:       Die Kennzeichnung der Festplatte anzeigen.
```

# XCOPY
Dateien und Verzeichnisse einschließlich der Unterverzeichnisse (ausgenommen versteckte Dateien und System-Dateien)
kopieren (extern).

*xcopy Pfadname1 [Pfadname2] [/a][/d:Datum]*
*[/e][/m][/p][/s][/v][/w]:*

/a       Nur Dateiem mit gesetztem Archiv-Attribut kopieren.
/d:      Nur Dateien kopieren, die nach dem angegebenen
        Datum geändert worden sind.
/e       Auch leere (empty) Unterverzeichnisse kopieren.
/m      Wie /a, aber die Archiv-Attribute in den Quelldateien
        ändern.
/p       Vor jedem Kopieren nachfragen (prompting).
/s       Auch alle nicht-leeren Unterverzeichnisse
        (subdirectories) kopieren.
/v       Jede kopierte Datei prüfen (verify).
/w      Zu Beginn des Kopiervorgangs warten.

```
xcopy b:\ c:\              Von b:\ nach c:\ kopieren (nur die
                           Dateien des Stammverzeichnisses
                           werden kopiert).

xcopy b:\ c:\ /s           Auch nicht-leere Unterverzeichnisse
                           kopieren.

xcopy b:\ c:\ /s /e        Auch leere Unterverzeichnisse
                           anlegen.

xcopy b:\ c:\ /s /e /a     Nur die seit xcopy bzw. backup
                           geänderten Dateien kopieren (das
                           Archiv-Flag bleibt, /a).

xcopy b:\ c:\ /s /e /m     Wie /a, aber das Archiv-Flag
                           zurücksetzen.

xcopy b:\ c:\ /p           Jede Dateikopie einzeln vom Benutzer
                           lassen bestätigen (/p).

xcopy b:\ c:\ /s /d:25.12.90
                           Nur jüngere Dateien kopieren (/d).

xcopy b:\tool c:\/s        Dateien und Verzeichnisse unterhalb
                           von b:\tool in das Stammverzeichnis
                           c:\ kopieren.

xcopy b:\ c:\ /v           Kopie nach dem Kopieren jeweils auf
                           Identität "Quellendatei - Zieldatei"
                           überprüfen (/v).

xcopy b:\ c:\ /w           Erst Diskettenwechsel abwarten (/w).
```

# Sachwortverzeichnis

# Effektiv starten mit TURBO C++

Professionelle Programmierung von Anfang an.

von Axel Kotulla

*1991. X, 208 S. inkl. Diskette. Gebunden.*
*ISBN 3-528-05131-0*

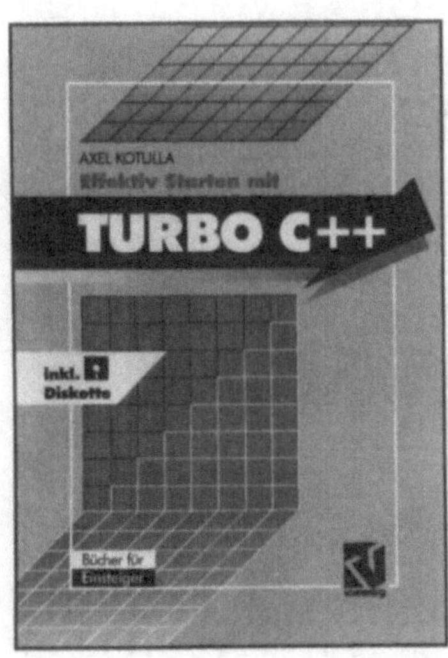

Das Buch ist das Ergebnis mehrsemestriger Lehrtätigkeit des Autors in VHS-Kursen. In wohlabgestimmten Schritten und doch „lockerem Stil", durchsetzt mit vielen Beispielen, Illustrationen und Hinweisen, eignet sich das Buch vor allem für das Selbststudium, aber auch für den Einsatz in Programmierkursen. Enthalten ist eine Diskette, die alle Programme des Buches und zusätzliches Programmaterial enthält.

Verlag Vieweg · Postfach 58 29 · D-6200 Wiesbaden 1

# TURBO PASCAL Version 6

Einführung in die Objektorientierte Programmierung.

von Martin Aupperle

*1991. X, 282 S. inkl. Diskette. Gebunden.*
*ISBN 3-528-05166-3*

Dieses neue Buch von Martin Aupperle zeigt die Möglichkeiten objektorientierter Programmierung mit Turbo Pascals neuer Version 6 auf. Als besonderes „Schmankerl" enthält das Buch eine detaillierte Beschreibung von Turbo-Vision, Borlands „object oriented application framework". Alle Programme des Buches sind auf der beiliegenden Diskette sofort einsetzbar. Ein Buch, das die Features von Turbo Pascal Version 6 mit Pfiff und Sachverstand nahebringt.

Verlag Vieweg · Postfach 58 29 · D-6200 Wiesbaden 1